suhrkamp taschenbuch 2052

Der Materialienband zu *Dubliner* erschien erstmals aus Anlaß der Neuübertragung dieser Erzählung durch Dieter E. Zimmer. An Texten von Joyce enthält er die Erstfassung der *Schwestern*, eine Reportage aus dem Jahr 1902 (*Motor Derby*), die für *Nach dem Rennen* benutzt wurde, und das Fragment einer nicht ausgearbeiteten Erzählung. Der Briefwechsel mit dem Verleger Grant Richards, der die Veröffentlichung der *Dubliner* aus Angst vor der Zensur acht Jahre hinauszögerte, wird in Auswahl abgedruckt. Einige Briefe von und an Stanislaus und Charles Joyce sowie Auszüge aus den Arbeiten von Stanislaus über seinen Bruder geben Einblick in die Entstehungs- und Publikationsgeschichte des Werkes. 18 Abbildungen und 2 Karten, ein Sachkommentar und eine Bibliographie beschließen den Band.
Der vorliegende Band ist eine in Textteil und Bibliographie aktualisierte Neuauflage von es 357.

Joyces »Dubliner«

Herausgegeben von
Klaus Reichert, Fritz Senn
und Dieter E. Zimmer

suhrkamp taschenbuch
materialien

Suhrkamp

suhrkamp taschenbuch 2052
Erste Auflage 1985

Druck: Nomos Verlagsgesellschaft, Baden-Baden
Umschlag nach Entwürfen von
Willy Fleckhaus und Rolf Staudt
Printed in Germany

1 2 3 4 5 6 – 90 89 88 87 86 85

Inhalt

I. Texte von James Joyce

Stephen Dedalus
Die Schwestern

Drei Nächte hintereinander hatte ich mich, wie von der Vorsehung geführt, zu jener Stunde in der Great Britain Street befunden. Drei Nächte auch hatte ich meine Augen zu jenem erleuchteten Fensterviereck gehoben und spekuliert. Mir schien klar, daß es nachts geschehen würde. Doch trotz der Vorsehung, die meine Schritte geleitet hatte, und trotz der ehrfürchtigen Wißbegier meiner Augen hatte ich nichts entdeckt. Jede Nacht war das Viereck in der nämlichen Weise erleuchtet, schwach und gleichmäßig. Es war kein Kerzenlicht, soweit ich sehen konnte. Also war es auch noch nicht geschehen.

In der vierten Nacht war ich zu jener Stunde in einem anderen Teil der Stadt. Es mag die gleiche Vorsehung gewesen sein, die mich dorthin führte – eine launische Art von Vorsehung, die mich übervorteilte. Während ich nach Hause ging, fragte ich mich, ob das Fensterviereck wie zuvor erleuchtet wäre oder ob es die zeremoniösen Kerzen zeigte, in deren Licht der Christ seine letzte Ruhe zu finden hat. Ich war darum nicht überrascht, als ich beim Abendessen feststellte, daß ich richtig prophezeit hatte. Old Cotter und mein Onkel redeten am Feuer und rauchten. Old Cotter ist der alte Schnapsbrenner, dem die Meute Preis-Setter gehört. Er war in der ersten Zeit unserer Bekanntschaft immer sehr unterhaltsam gewesen, wenn er vom »Entgeisten« und »Kühlen« sprach. Heute finde ich ihn langweilig.

Während ich meinen Haferbrei aß, hörte ich, wie er zu meinem Onkel sagte:

»Ohne Zweifel. Da oben – (er pochte unnötigerweise mit einer Hand an die Stirn) – Dachschaden.«

»So heißt es. Ich habe nie viel davon gemerkt. Ich habe ihn für völlig normal gehalten.«

»Das war er auch, zuzeiten«, sagte Old Cotter.

Ich witterte ahnungsvoll das »war« und schlang etwas Haferbrei hinunter.

»Geht's ihm besser, Onkel John?«

»Er ist tot.«

»Ach . . . er ist tot?«

»Vor ein paar Stunden gestorben.«

»Von wem hast du es?«

»Mr. Cotter hier hat uns die Nachricht gebracht. Er ist da vorbeigekommen.«

»Ja, ich kam zufällig vorbei, und da bemerkte ich das Fenster . . . Sie wissen schon.«

»Meinen Sie, daß sie ihn in die Kapelle bringen werden?« fragte meine Tante.

»O nein, Ma'am. Ich glaube kaum.«

»Sehr unwahrscheinlich«, stimmte ihm mein Onkel zu.

Also war mir Old Cotter trotz meiner drei Nächte langen Wachsamkeit doch zuvorgekommen. Es bringt einen oft auf, wie die Leute zufällig auf etwas stoßen, was man selber umständlich geplant hat. Ich war so sicher gewesen, daß er nachts sterben würde.

Nach dem Frühstück am folgenden Morgen ging ich und sah mir das kleine Haus in der Great Britain Street an. Es war ein unscheinbarer Laden, der unter dem vagen Namen »Tuchwaren« firmierte. Die Tuchwaren waren vornehmlich Kinderstiefel und Schirme, und an gewöhnlichen Tagen hing immer ein Schild mit der Aufschrift »Neubespannung von Schirmen« im Fenster. Jetzt war kein Schild zu sehen, denn die Fensterrouleaus waren herabgezogen, und ein Florstrauß war mit weißen Bändern an dem Klopfer befestigt. Drei Frauen aus dem Volk und ein Telegrammbote lasen die Karte, die an den Flor geheftet war. Ich ging ebenfalls hinüber und las: – »2. Juli 189– The Rev. James Flynn (vormals St. Ita's Church), im Alter von 65 Jahren. R.I.P.«

Erst fünfundsechzig! Er sah viel älter aus. Ich sah ihn in dem engen dunklen Zimmer hinter dem Laden oft am Feuer sitzen, von seinem Überzieher fast erstickt. Er schien sich mit Hitze fast betäubt zu haben, und die Bewegung seiner großen zitternden Hand zu seinen Nasenlöchern hin war automatenhaft geworden. Meine Tante, die das ist, was man gutherzig nennt, ging nie in den Laden, ohne ihm etwas High Toast mitzubringen, und immer, wenn er das Päckchen Schnupftabak aus ihren Händen entgegennahm, neigte er zum Zeichen des Dankes ernst den Kopf. Er saß vom frühen Morgen an den größeren Teil des Tages über in jenem stickigen Zimmer, während Nannie (die fast stocktaub ist) ihm die Zeitung vorlas. Seine andere Schwester, Eliza, kümmerte sich um den Laden. Diese beiden alten Frauen sorgten für ihn, verpflegten ihn, kleideten ihn. Das Kleiden war nicht schwierig, denn seine bejahrten Priesterkleider waren ganz grün vor Alter, und seine Hundslederpantoffeln waren unvergänglich. Wenn er des Anhörens der Nachrichten müde war, klopfte er mit der Schnupftabaksdose an die Stuhllehne, um sie nicht anzuschreien, und dann tat er, als lese er sein Gebetbuch. Er tat nur so, denn wenn Eliza ihm eine Tasse Suppe aus der Küche brachte, mußte sie ihn jedesmal wecken.

Als ich da stand und zu dem Flor und der Karte hochsah, die seinen Namen trug, wollte es mir nicht in den Kopf, daß er tot war. Er kam mir wie einer vor, der ewig weiterleben könnte, wenn er es nur wollte; sein Leben verlief so planmäßig und ereignislos. Ich glaube, er hat mehr mit mir gesprochen als mit irgend jemand sonst. Er hatte eine egoistische Verachtung für alles Weibervolk und ließ alle Dienste, die sie ihm erwiesen, mit höflichem Schweigen über sich ergehen. Natürlich war keine seiner Schwestern sehr intelligent. Nannie zum Beispiel hatte ihm jahrelang jeden Tag die Zeitung vorgelesen und konnte einigermaßen gut lesen, und trotzdem nannte sie sie immer den *Freeman's General.* Vielleicht fand er mich intelligenter und beehrte mich deshalb mit seinen Worten. Nichts, praktisch nichts geschah jemals, was ihn an sein früheres Leben hätte erinnern können (ich meine Freunde oder Besucher), und dennoch konnte er sich auf seine Weise an jede Einzelheit davon erinnern. Er hatte am Kolleg in Rom studiert und brachte mir bei, Lateinisch auf italienische Weise zu sprechen. Oft ging er die Antworten der Messe mit mir durch, lächelte dabei oft und schob gewaltige Prisen Schnupftabak abwechselnd in beide Nasenlöcher. Wenn er lächelte, entblößte er seine großen, verfärbten Zähne und ließ die Zunge auf der Unterlippe ruhen. Zuerst hatte mich diese seine Angewohnheit beklommen gemacht. Dann gewöhnte ich mich daran.

An jenem Abend besuchte meine Tante das Trauerhaus und nahm mich mit. Es war ein drückender Sommerabend aus stumpf gewordenem Gold. Nannie empfing uns auf dem Flur, und da es keinen Zweck hatte, irgend etwas zu ihr zu sagen, schüttelte ihr meine Tante für uns alle die Hand. Wir folgten der alten Frau die Treppe hoch und in das Totenzimmer. Durch den Spitzensaum des Rouleaus drang dämmriges goldenes Licht in den Raum, in dem die Kerzen wie bleiche dünne Flammen aussahen. Er war eingesargt worden. Nannie machte den Anfang, und wir drei knieten am Fußende des Bettes nieder. Es gab einige Minuten lang keinen Laut im Zimmer außer Nannies Gemurmel – denn sie betet geräuschvoll. Mir kam es vor, als lächele der alte Priester, wie er dort in seinem Sarge lag.

Aber nein. Als wir uns erhoben und zum Kopfende des Bettes traten, sah ich, daß er nicht lächelte. Da lag er feierlich und füllig in seinem braunen Rock, in den großen Händen locker seinen Rosenkranz haltend. Sein Gesicht war sehr grau und massig, mit erweiterten Nasenlöchern und von einem spärlichen weißen Pelz umrandet. Ein schwerer Geruch hing im Zimmer – die Blumen.

Wir saßen unten in dem kleinen Zimmer hinter dem Laden, meine Tante und ich und die beiden Schwestern. Nannie saß in einer Ecke und sagte nichts, doch ihre Lippen folgten je dem Sprecher mit einer schmerzhaft verständnisbemühten Bewegung. Ich sagte ebenfalls nichts, da ich zu klein war, aber meine Tante redete eine Menge, denn sie hat etwas von einer Klatschbase – harmlos.

»Jaja, er ist von uns gegangen!«

»Um seinen ewigen Lohn zu empfangen, Miss Flynn, ich bin sicher. Er war ein guter und gottesfürchtiger Mensch.«

»Er war ein guter Mensch, aber, sehen Sie ... er war ein enttäuschter Mensch ... Sehen Sie, sein Leben war sozusagen durchkreuzt.«

»Ach ja! Ich weiß, was Sie meinen.«

»Nicht daß er irgendwie verrückt war, wie Sie ja selber wissen, aber er war immer etwas komisch. Schon als wir alle zusammen aufwuchsen, war er komisch. Manchmal hat er einen Monat lang kein Wort nicht gesprochen. Sie wissen, so war er immer.«

»Vielleicht hat er zuviel gelesen, Miss Flynn?«

»Ach, er hat eine Menge gelesen, aber in letzter Zeit nicht. Aber es war seine Gewissenhaftigkeit, glaube ich, die hat seinen Geist angegriffen. Die Pflichten des Priesteramts waren zuviel für ihn.«

»Ist er ... friedlich ...?«

»Doch, ganz friedlich, Ma'am. Man hat gar nicht gemerkt, wann er den letzten Atemzug getan hat. Er hat einen schönen Tod gehabt, Gott sei gelobt.«

»Und alles ...?«

»Pater O'Rourke war gestern bei ihm und hat ihm die Letzte Ölung gegeben.«

»Er wußte also?«

»Ja; er war ganz gefaßt.«

Nannie nickte schläfrig und sah beschämt aus.

»Die arme Nannie«, sagte ihre Schwester, »sie ist ganz mitgenommen. All die Arbeit, die wir gehabt haben, eine Frau kommen lassen und ihn aufbahren; und dann der Sarg und alles fertigmachen für die Beisetzung. Gott weiß, wir haben alles getan, was wir konnten, so arm wie wir sind. Wir wollten nicht, daß ihm zuallerletzt was abging.«

»Sie waren wirklich beide sehr gut zu ihm, solange er lebte.«

»Ach, der arme James; er hat uns nicht viel Mühe gemacht. Man hat ihn im Haus nicht mehr gehört wie jetzt. Aber ich weiß, er ist nun fort und so ... Ich bring ihm seine Suppe nicht mehr rein, und Nannie liest ihm die Zeitung nicht mehr vor, und Sie, Ma'am, bringen ihm seinen Schnupftabak auch nicht mehr. Wie hat er diesen Schnupftabak gemocht! Der arme James!«

»O ja, Sie werden ihn in ein oder zwei Tagen mehr vermissen als jetzt.«

Stille legte sich über das Zimmer, bis die Erinnerung es wiedererweckte und Eliza langsam sagte –

»Es war dieser Kelch, den er zerbrochen hat ... Natürlich war es nicht schlimm. Ich meine, es war nichts drin. Aber trotzdem ... Es heißt, der Junge war schuld. Aber der arme James war so nervös, Gott sei ihm gnädig.«

»Ja, Miss Flynn, das hab ich gehört ... mit dem Kelch ... Er ... sein Geist war etwas angegriffen davon.«

»Er wurde so trübsinnig, redete mit niemand und ging immer rum. Oft war er nicht zu finden. Einmal nachts wurde er verlangt, und sie haben von oben bis unten nach ihm gesucht und konnten ihn nicht finden. Dann hat der Küster die Kapelle vorgeschlagen. Also haben sie die Kapelle aufgemacht (es war spät in der Nacht) und ein Licht mit reingenommen, um ihn zu suchen ... Und richtig, da war er, da saß er in seinem Beichtstuhl im Dunkeln, hellwach und wie wenn er leise für sich lachen täte. Dann wußten sie, daß etwas nicht stimmte.«

»Gott hab ihn selig!«

(Erschienen in *The Irish Homestead*, Dublin, 13. August 1904.)

Heiliger Abend

Mr. Callanan fühlte sich heimelig. Ein anständiges Feuer brannte im Kamin, und er wußte, daß es draußen kalt war. Er war den ganzen Tag über mit Mrs. Callanan in der Stadt einkaufen gewesen, und er hatte viele Freunde getroffen. Diese Freunde waren sehr freundlich gewesen, hatten die weihnachtlichen Wünsche erwidert, mit Mrs. Callanan über die Zahl ihrer Pakete gescherzt und Katsey in die Wange gekniffen. Einige sagten, daß Katsey ihrer Mutter ähnele, doch andere sagten, sie ähnele ihrem Vater – nur sehe sie besser aus: sie war ein recht hübsches Kind. Die Callanans – das heißt der Vater und die Mutter und Katsey und ein linkischer Bruder namens Charlie – waren dann in einen Kuchenladen gegangen und hatten vier Tassen Kaffee bestellt. Darauf war der Truthahn gekauft und sicher unter Mr. Callanans Arm verstaut worden. Auf dem Weg zu ihrer dichtbesetzten Tram begegnete ihnen Mr. Callanans ›Chef‹ und grüßte. Der Gruß wurde liebenswürdig erwidert.

-Das ist der ›Chef‹. Er hat gegrüßt – hast du gesehn?-

-Dieser Mann da?-

-Ach, er ist nicht so schlimm, wenn man ihn nur zu nehmen weiß. Aber man darf ihn nicht gegen den Strich bürsten.-

Es war Holz im Feuer. Jedes Weihnachten bekam Mr. Callanan von einem Freund, der einen Holzplatz in der Nähe von Ringsend hatte, eine kleine Ladung Holzscheite geschenkt. Weihnachten wäre kein Weihnachten gewesen ohne ein Holzfeuer. Zwei dieser Scheite lagen überkreuz oben auf dem Feuer und begannen zu glühen. Das wackere Licht des Feuers erleuchtete ein kleines, ordentliches Zimmer mit bienengewachsten Fransenborten säuberlich um einen hellen viereckigen Teppich. Auf dem Tisch in der Mitte des Zimmer stand eine Lampe mit einem Schirm. Der schräg aufgesetzte Schirm sprühte das Licht der Lampe auf eine der Wände und enthüllte so dem Auge das goldgerahmte Bild eines lockenköpfigen Kindes im Nachthemd, das mit einem Collie spielte. Das Bild hieß: »Kannst du nicht sprechen?«

Mr. Callanan fühlte sich heimelig, aber selber hatte er einen anschaulicheren Ausdruck für seinen Zustand: er fühlte sich mürbe. Er war eine plumpe Gestalt, wie er da in seinem Sessel saß; kurze dicke Beine, die wie klobige Pfeifen nebeneinander ruhten, kurze dicke Arme, die kaum kreuzweis über die Brust reichten, und ein schweres rotes Gesicht, das es sich über dem allem gemütlich machte. Sein schütteres Haar ging ins Graue über, und er sah wie ein Mann aus, der seinem behaglichen Winter nahegekommen war, während er mit seinen blauen Augen gedankenvoll die brennenden Scheite anblinzelte. Er dachte an nichts. Er hatte seine Ausgaben nachgerechnet und festgestellt, daß alles innerhalb des Spielraums bewerkstelligt worden war. Die Feststellung hatte zu einer Stimmung allgemeiner Nächstenliebe geführt und insbesondere zu dem Wunsch nach einem verwandten Geist, der sein Glück teile, nach einigen seiner alten Kumpel, einen vom richtigen Schlag.

Einer könnte vorbeikommen: Hooper vielleicht. Hooper und er waren von alther Freunde, und beide waren sie viele Jahre im gleichen Beruf gewesen. Hooper war Angestellter in einem Anwaltsbüro in der Eustace Street, und Mr. Callanan war Angestellter in einem Anwaltsbüro ganz in der Nähe am Wellington Quay. Oft trafen sie sich in Swan's Wirtshaus, wo jeder von ihnen täglich um die Mittagszeit zu einem Vier-Penny-Imbiß und einem halben Liter hinging, und wenn sie sich trafen, tauschten sie hellhörig Berufserfahrungen aus, denn sie waren juristische Rivalen. Dennoch, sie waren Freunde und konnten den Beruf für einen Abend vergessen. Mr. Callanan hätte gerne Hoopers barsche Stimme gehört, wie sie von der Tür aus riefe: »Tag Tom! Wie steht's denn?«

Der Kessel wurde in Hockstellung aufs Feuer gesetzt, um Wasser für den Punsch zu machen, und begann bald Dampfwölkchen auszustoßen. Mr. Callanan stand auf, um seine Pfeife zu stopfen, und während er sie füllte, warf er einige Blicke zu Katsey hinüber, die auf einem Teller emsig Rosinen entkernte. Viele Leute meinten, daß sie Nonne werden würde, aber es konnte nichts schaden, sie Schreibmaschine lernen zu lassen; nach den Ferien war noch Zeit genug dafür. Mr. Callanan begann in einer Weise, die auf technische Schwierigkeiten schließen ließ, das Wasser von Glas zu Glas zu schütten, und eben in diesem Augenblick kam Mrs. Callanan vom Flur herein.

-Tom, hier ist Mr. Hooper!-

-Führ ihn rein! Führ ihn rein! Ich wußte doch, auf Sie ist Verlaß, Paddy, wenn es Punsch gibt.-

-Ich komme sicher ungelegen ... viel zu tun heute abend, Mrs. Callanan ...-

-Ganz und gar nicht, Mr. Hooper. Sie sind so willkommen wie die Blumen im Mai. Wie geht's Mrs. Hooper?-

-Oh, wir können nicht klagen. Nur ein bißchen noch das alte Leiden, Sie wissen ... Verdauungsbeschwerden.-

-Scheußliche Sache das! Sonst ist sie wohlauf?-

-O ja, tadellos.-

-Na, setzen Sie sich, mein Bester, und fühlen Sie sich wie zu Hause.-

-Ich werd mir Mühe geben, Tom.-

(Das Fragment »Christmas Eve« [»Heiliger Abend«] besteht aus vier Seiten in Reinschrift, davon befinden sich drei in der Slocum Collection der Yale University Library und eine in der Cornell University Library. »Christmas Eve« wurde von John S. Slocum und Herbert Cahoon ediert und in *A James Joyce Miscellany: Third Series*, herausgegeben von Marvin Magalaner, Carbondale 1962, veröffentlicht. Eine vollständige Abschrift ist nicht erhalten. Am 31. 10. 1904 schrieb Joyce an Stanislaus: »Ich habe Kap. XII *[Stephen der Held]* (in Zürich) beendet und eine neue Erzählung, ›Heiliger Abend‹, zum Teil geschrieben.« Vermutlich gestaltete Joyce sie bald um zu »Hallow Eve« [»Der Abend vor Allerheiligen«], abgeschlossen am 15. 1. 1905 und später umbenannt in »Clay« [»Erde«]).

Das Motor-Derby

Interview mit dem französischen Champion (von einem Korrespondenten)

Paris, Sonntag

In der Rue d'Anjou, nicht weit von der Madeleine, befindet sich M. Henri Fourniers Geschäftslokal. ›Paris-Automobile‹ – eine Gesellschaft, deren Geschäftsführer M. Fournier ist – hat dort das Hauptquartier. Hinter dem Tor liegt ein großer, viereckiger, überdachter Hof, und auf dem Boden des Hofes sowie auf großen, vom Boden bis zum Dach reichenden Etageren sind Automobile aller Größen, Formen und Farben aufgereiht. Am Nachmittag geht es auf diesem Hof sehr geräuschvoll zu – die Stimmen der Arbeiter, die Stimmen der Käufer, die sich in einem halben Dutzend Sprachen unterhalten, das Läuten der Telephonklingeln, die Hupen, die die ›Chauffeure‹ betätigen, während die Wagen hereinkommen und hinausfahren – und es ist nahezu unmöglich, M. Fournier zu sprechen, wenn man nicht darauf gefaßt ist, zwei oder drei Stunden zu warten, bis man an die Reihe kommt. Doch die Käufer der ›Autos‹ sind, in gewissem Sinn, Leute, die Muße haben. Der Vormittag jedoch ist günstiger, und gestern früh gelang es mir nach zwei vergeblichen Versuchen, M. Fournier zu sprechen.

M. Fournier ist ein schlanker, aktiv wirkender junger Mann mit dunklem rötlichen Haar. Trotz der frühen Stunde wurde unser Interview hin und wieder von dem zudringlichen Telephon unterbrochen.

›Sie sind einer der Teilnehmer am Gordon-Bennett-Cup-Rennen, M. Fournier?‹

›Ja, ich bin einer der drei, die ausgewählt wurden, Frankreich zu vertreten.‹

›Und Sie sind auch Teilnehmer an dem Rennen um den Preis von Madrid, nicht wahr?‹

›Ja.‹

›Welches von diesen Rennen kommt als erstes – das irische Rennen oder das Madrider Rennen?‹

›Das Madrider Rennen. Es findet Anfang Mai statt, während das Rennen um den International Cup erst im Juli stattfindet.‹

›Ich nehme an, daß Sie sich aktiv auf Ihre Rennen vorbereiten?‹

›Nun ja, ich komme gerade von einer Tour nach Monte Carlo und Nizza zurück.‹

›Auf Ihrer Rennmaschine?‹

›Nein, auf einer Maschine von geringerer Stärke.‹

›Haben Sie beschlossen, was für eine Maschine Sie in dem irischen Rennen fahren werden?‹

›Es steht so gut wie fest.‹

›Darf ich den Namen erfahren – ist es ein Mercedes?‹

›Nein, ein Mors.‹

›Und seine Pferdestärke?‹

›Achtzig.‹

›Und auf dieser Maschine fahren Sie mit einer Geschwindigkeit von –?‹

›Sie meinen ihre Höchstgeschwindigkeit?‹

›Ja.‹

›Ihre Höchstgeschwindigkeit liegt so bei hundertundvierzig Kilometern die Stunde.‹

›Aber mit dieser Geschwindigkeit fahren Sie nicht während des ganzen Rennens?‹

›O nein. Natürlich ist ihre Durchschnittsgeschwindigkeit bei dem Rennen niedriger.‹

›Eine Durchschnittsgeschwindigkeit von wieviel?‹

›Ihre Durchschnittsgeschwindigkeit wird bei hundert Stundenkilometern liegen, vielleicht ein wenig darüber, irgendwo zwischen hundert und hundertundzehn Stundenkilometern.‹

›Ein Kilometer ist etwa eine halbe Meile, nicht wahr?‹

›Mehr, würde ich meinen. Wie viele Yards hat Ihre Meile?‹

›Siebzehnhundertsechzig, wenn ich mich nicht irre.‹

›Dann hat Ihre halbe Meile achthundertachtzig Yards. Unser Kilometer entspricht in etwa elfhundert Yards.‹

›Lassen Sie mich nachrechnen. Dann beträgt Ihre höchste Geschwindigkeit fast sechsundachtzig Meilen die Stunde, und Ihre Durchschnittsgeschwindigkeit beträgt einundsechzig Meilen die Stunde?‹

›Ich glaube schon, wenn wir richtig rechnen.‹

›Das ist ein erschreckendes Tempo! Das reicht, unsere Straßen zu versengen. Ich nehme an, daß Sie die Straßen gesehen haben, die Sie fahren müssen?‹

›Nein.‹

›Nein! Sie kennen also die Strecke nicht?‹

›Ich kenne sie oberflächlich. Das heißt, ich kenne sie von einigen Skizzen, die die Pariser Zeitungen gebracht haben.‹

›Aber sicherlich möchten Sie sie genauer kennen?‹

›O ja doch. In der Tat habe ich vor, noch vor Monatsende nach Irland zu fahren, um die Strecke in Augenschein zu nehmen. Vielleicht fahre ich in drei Wochen.‹

›Werden Sie einige Zeit in Irland bleiben?‹

›Nach dem Rennen?‹

›Ja.‹

›Ich fürchte nein. Ich würde gerne, aber ich glaube, ich kann nicht.‹

›Ich nehme an, daß Sie sich nicht gern nach Ihrer Meinung über das Ergebnis fragen lassen?‹

›Kaum.‹

›Dennoch, welche Nation fürchten Sie am meisten?‹

›Ich fürchte alle – Deutsche, Amerikaner und Engländer. Alle müssen sie gefürchtet werden.‹

›Und wie ist es mit Mr. Edge?‹

Keine Antwort.

›Er hat das letzte Mal den Preis gewonnen, nicht wahr?‹

›O ja.‹
›Dann sollte er Ihr gefährlichster Gegner sein?‹
›O ja . . . Aber, sehen Sie, Mr. Edge hat natürlich gewonnen, aber . . . jemand, der Letzter war und keine Siegeschancen hatte, könnte gewinnen, wenn die anderen Maschinen kaputtgehen.‹
Wie immer auch man diese Feststellung betrachtet, es erscheint schwierig, ihre Wahrheit in Zweifel zu ziehen.

(Erschienen in der *Irish Times*, Dublin, 7. April 1903)

She Weeps Over Rahoon

Rain on Rahoon falls softly, softly falling,
Where my dark lover lies.
Sad is his voice that calls me, sadly calling,
At grey moonrise.

Love, hear thou
How soft, how sad his voice is ever calling,
Ever unanswered and the dark rain falling,
Then as now.

Dark too our hearts, O love, shall lie and cold
As his sad heart has lain
Under the moongrey nettles, the black mould
And muttering rain.

(Vermutlich 1912 in Dublin geschrieben, aber ›Triest 1913‹ gezeichnet, im November 1917 in *Poetry* XI. 2 veröffentlicht, später in *Pomes Penyeach* [1927] aufgenommen.)

Sie weint über Rahoon

Regen fällt auf Rahoon, in sanftem Fallen,
Wo mein dunkler Geliebter ruht.
Trüb schallt seine Stimme herauf, in trübem Schallen,
In Monds grauer Hut.

Liebste, du weinst,
Wo sanft, wo trüb seiner Stimme ewiges Schallen,
Ewig ohn' Antwort, bei dunklen Regens Fallen,
Jetzt wie dereinst.

Trüb wird auch unser Herz, ach Liebste, schon bald,
Wie seins in schwarzer Flur
Hier ruht, unter mondgrauen Nesseln hier ruhn, so kalt
Im Regengemurr.

Triest 1914

II. Der Briefwechsel mit dem Verleger Grant Richards in Auswahl

15. *Oktober 1905*

Via S. Nicolò 30, II, Triest, Österreich

Sehr geehrter Mr. Grant Richards,
Mr. Symons schrieb mir, daß Messrs. Constable & Co., mit denen er über mich gesprochen hatte, mich bäten, ihnen die Manuskripte meiner beiden Bücher zu schicken. Daraufhin machte ich eine Abschrift von *Chamber Music* und schickte sie ihnen heute. Ich weiß nicht, ob Sie meine Handlungsweise für unhöflich halten, aber ich weiß kaum, was ich tun soll. Ich glaube, es ist besser, sie behalten meine Gedichte, da Messrs. Constable & Co. das Buch höchstwahrscheinlich ablehnen werden.

Das zweite Buch, das ich fertig habe, hat den Titel *Dubliner*. Es ist eine Sammlung von zwölf Short Stories. Möglicherweise sehen Sie darin ein Buch, das in den Handel zu bringen sich lohnen würde. Ich würde es Ihnen gerne vorlegen, bevor ich es an Messrs. Constable schicke, und falls Sie mir versprechen könnten, es bald herauszubringen, würde ich gern zustimmen. Unglücklicherweise bin ich durch die Umstände, in denen ich mich befinde, gezwungen, die beiden Bücher so bald wie möglich zu veröffentlichen.

Ich glaube, bisher hat noch kein Schriftsteller Dublin der Welt dargestellt. Es ist seit Jahrtausenden eine europäische Hauptstadt, man spricht von der Stadt als der zweiten des britischen Imperiums, und sie ist fast dreimal so groß wie Venedig. Überdies scheint mir der Ausdruck ›Dubliner‹ auf Grund vieler Einzelheiten, die ich hier nicht anführen kann, eine gewisse Bedeutung zu haben, und ich bezweifle, ob das gleiche von Wörtern wie ›Londoner‹ und ›Pariser‹ gesagt werden kann, die beide von Schriftstellern als Titel verwandt worden sind. Von Zeit zu Zeit sehe ich in Verlagsanzeigen Bücher über irische Themen angekündigt, so daß ich annehme, daß die Leute für den besonderen Hauch des Verderbens, der, wie ich hoffe, über meinen Erzählungen liegt, zu zahlen bereit sind.

Hochachtungsvoll Ihr JAS A JOYCE

Von Grant Richards

18. Oktober 1905

Sehr geehrter Mr. Joyce,
Natürlich habe ich nicht das geringste dagegen, daß Sie Ihr Manuskript an Messrs. Constable schickten, und ich hoffe für Sie, daß dieser Verlag sich zur Veröffentlichung der Gedichte entschließt; Sie könnten nicht in besseren Händen sein. Sollte das nicht der Fall sein, dann hoffe ich immer noch, daß wir vielleicht doch noch hier etwas mit ihnen machen können.
Ich würde mich sehr freuen, wenn Sie mir Gelegenheit gäben, *Dubliner* zu lesen.
Hochachtungsvoll Ihr Grant Richards

An Grant Richards

27. Januar 1906
Via S. Nicolò 30, II, Triest, Österreich

Sehr geehrter Mr. Grant Richards,
Ich bin gespannt, von Ihnen etwas über meine Bücher zu hören. Es ist fast zwei Monate her, seit ich Ihnen *Dubliner* geschickt habe, und ich habe jetzt noch eine weitere Erzählung dafür geschrieben, *Zwei Kavaliere*. Ich nehme an, daß einige Ihrer Pläne wegen der Wahlen aufgeschoben worden sind. Aber wahrscheinlich wird jetzt mein Land ins Gespräch kommen, so daß es die richtige Zeit für *Dubliner* wäre. Ich hoffe, Sie werden mir so bald wie möglich mitteilen, zu welcher Entscheidung Sie gekommen sind. Ihr ergebener

Jas A Joyce

An Grant Richards

12. Februar 1906
Via S. Nicolò 30, II, Triest, Österreich

Sehr geehrter Mr. Grant Richards,
Ich bin überrascht, von Ihnen keine Nachricht wegen meiner

Bücher erhalten zu haben. Ich bin gespannt zu erfahren, was Sie mit ihnen nun vorhaben. Sie werden meine Ungeduld, wie ich hoffe, unschwer verstehen und meine Aufdringlichkeit verzeihen. Die von Wien kommende Post aus England wurde vor einigen Tagen durch einen Brand vernichtet. Ist es möglich, daß darunter etwas an mich war? Ich wäre froh, wenn Sie mir vor dem 24. des nächsten Monats schrieben, da ich an diesem Datum umziehe und Ihr Brief verlorengehen könnte. Ich habe eine weitere Erzählung für *Dubliner* geschrieben und hätte vielleicht noch eine geschrieben, wäre ich nicht in einer solchen Ungewißheit über das Schicksal der ersten zwölf gewesen. Ihr ergebener JAS A JOYCE

VON GRANT RICHARDS

17. Februar 1906

Sehr geehrter Mr. Joyce,

Es tut mir leid, daß Sie noch einmal wegen Ihres Manuskriptes schreiben mußten. Ich habe es selbst für unseren Verlag gelesen und halte es in der Tat für sehr gut; aber ich glaube, die Absatzchancen, die ein Verleger natürlich bedenken muß, sind sehr gering. Von diesem Standpunkt aus betrachtet, hat es gerade die Eigenschaften, die einem Buch im Wege stehen: es handelt von Irland, und immer wieder heißt es, daß Bücher über Irland sich nicht verkaufen; und es ist eine Sammlung von Kurzgeschichten. Trotzdem, ich selber schätze es so sehr, und einige Leute, die es lasen, haben ebenfalls ihre Bewunderung ausgedrückt, so daß wir gewillt sind, das Risiko einer Veröffentlichung unter den folgenden Bedingungen auf uns zu nehmen:

Wir zahlen Ihnen ein Honorar von zehn Prozent vom Ladenpreis des verkauften Exemplars, wobei dreizehn Exemplare als zwölf zählen. Allerdings zahlen wir auf die ersten fünfhundert Exemplare kein Honorar. Und wir bitten Sie, unseren Verlag eine Option auf alle Ihre künftigen Werke für die

nächsten fünf Jahre, gerechnet vom Erscheinungstermin der ›Dubliner‹, zu den folgenden Bedingungen zu geben: ein Honorar von zehn Prozent des Ladenpreises für die ersten tausend verkauften Exemplare; von fünfzehn Prozent für die nächsten 3000; und von zwanzig Prozent für die folgenden. Diese letzte Klausel wird uns einigen Anreiz bieten, uns für Ihr Werk einzusetzen, auch wenn der Verkauf an sich nicht befriedigend ist, denn wenn Sie, wie ich nicht zweifle, in Zukunft gute Arbeiten liefern, werden wir sicherlich die Gelegenheit haben, sie herauszubringen. Wenn diese Bedingungen für Sie annehmbar sind, werde ich Ihnen einen detaillierten Vertrag zur Unterschrift zusenden, und ich möchte Sie bitten, uns die von Ihnen erwähnten ein oder zwei anderen Erzählungen zu schicken. Ich darf sagen, daß wir das Buch sehr attraktiv gestalten würden.
Bezüglich des Gedichtmanuskripts möchte ich vorschlagen, daß Sie diese Angelegenheit bis nach der Publikation der Erzählungen zurückstellen. Jedoch bleibt diese Entscheidung natürlich Ihnen überlassen. Wir würden Ihnen in keiner Weise hinderlich sein wollen, wenn Sie Gelegenheit hätten, es durch einen anderen Verlag in zufriedenstellender Weise herausbringen zu lassen. Ich verbleibe, sehr geehrter Mr. Joyce, hochachtungsvoll Ihr

Grant Richards

Von Grant Richards

23. Februar 1906

Sehr geehrter Mr. Joyce,
Sehr herzlichen Dank für Ihren Brief. Ich freue mich über Ihren Entschluß, die von uns angebotenen Bedingungen zu akzeptieren, und ich hoffe, daß wir in der Lage sein werden, Ihre Bücher künftig so herauszubringen, daß eine sowohl für Sie als auch für uns völlig befriedigende Beziehung entsteht.
Sie sprechen von Ihrer finanziellen Lage. Wollen Sie mir nicht mitteilen, was Sie tun und wie Ihre Aussichten sind?

Ich denke, wir werden »Dubliner« zu fünf Shilling herausbringen, in einem ziemlich dünnen Crown-Oktav-Band, auf gelblichem Papier in etwas fettem, sorgfältigem Druck. Für den Einband schlage ich vor, ihn sehr schlicht zu halten, doch in dieser Frage wie überhaupt in der gesamten Frage der Ausstattung des Buches würden wir gerne Ihre Wünsche kennenlernen. Vielleicht können Sie uns entweder ein Buch schikken oder eines nennen, das Ihnen gefallen hat, so daß wir eine Vorstellung von Ihren Wünschen bekommen. Das Buch wird im Mai oder Juni, oder im September herauskommen.
Einen Vertragsentwurf lege ich bei. Diesen wollen Sie bitte unterschreiben und zurückschicken, ich werde Ihnen dann ein von Mrs. Grant Richards ordnungsgemäß unterzeichnetes Duplikat zusenden.
Wären Sie so freundlich, eine kurze Charakterisierung des Buches von ungefähr 200 Worten anzufertigen, die als Material für Kataloge, Anzeigen usw. dienen soll? Wir könnten sie natürlich auch hier abfassen, jedoch wahrscheinlich nicht so angemessen wie Sie. Selbstverständlich soll die Beschreibung so aussehen, als stamme sie vom Verleger und nicht vom Autor.
Ich verbleibe, sehr geehrter Mr. Joyce, hochachtungsvoll Ihr

GRANT RICHARDS

AN GRANT RICHARDS

28. Februar 1906
Via Giovanni Boccaccio 1, II, Triest,
Österreich

Sehr geehrter Mr. Grant Richards,
Ich weiß kaum, was Sie von mir zur Charakterisierung des Buches geschrieben haben wollen. Ich habe es Ihnen in früheren Briefen skizziert, aber vielleicht wollen Sie eine vollständige Charakterisierung. Als einziges fiel mir ein, meinen Bruder zu bitten, einen kurzen Bericht über das Buch zu

schreiben, und den lege ich Ihnen jetzt bei. Darin sind meine Absichten sehr gut formuliert; Sie können darüber verfügen und auch einen eigenen Ankündigungstext verwenden, der Ihnen geeignet erscheint. Natürlich wissen Sie besser als ich, was man da braucht.

Was die äußere Form des Buches betrifft, so überlasse ich die gern Ihrem Dafürhalten. Ich habe hier keine Bücher zur Auswahl, meine Bibliothek besteht hauptsächlich aus Bündeln alter Briefe. Ich möchte nicht gern, daß das Buch dem Umfang nach allzu dünn wird. Wenn Sie mir in Ihrem Antwortbrief, sagen wir, zwei Einbandarten im einzelnen beschreiben, würde ich eine davon aussuchen. Auf einen Punkt bitte ich Sie, sorgfältig zu achten. Ich möchte, daß der Drucker sich in Interpunktion und Anordnung der Sätze genau an das Manuskript hält. Anführungszeichen zum Beispiel, um Dialoge zu kennzeichnen, waren mir schon immer ein großer Dorn im Auge.

Ob Juni eine gute Zeit für die Veröffentlichung des Buches wäre, möchte ich bezweifeln. Ich würde Anfang Mai vorziehen oder, wenn das nicht möglich ist, September.

Sie haben mich gebeten, Ihnen zu sagen, was ich täte und was für Pläne ich hätte. Ich bin Englischlehrer hier an einer Berlitz School. Ich bin seit sechzehn Monaten hier und habe in dieser Zeit die schöne Leistung vollbracht, mit einem Gehalt von £ 80 jährlich zu leben und zwei weitere zuversichtliche Seelen durchzubringen. Ich bin angestellt, jungen Männern dieser Stadt so schnell wie möglich und ohne Zeit auf eine gefällige Ausdrucksweise zu wenden, die englische Sprache beizubringen, und erhalte tenpence für jede so verbrachten sechzig Minuten. Ich darf nicht unerwähnt lassen, daß ich auch eine Baroneß unterrichte.

Meine Aussichten bestehen darin, genug Geld durch mein Buch oder meine Bücher zu verdienen, damit ich mein unterbrochenes Leben wieder aufnehmen kann. Ich hoffe, diese Einzelheiten langweilen Sie nicht so, wie sie mich langweilen.

Jedenfalls teile ich sie Ihnen nur mit, weil Sie mich danach gefragt haben.
Ich schicke Ihnen den von mir unterschriebenen Vertrag zurück. Ich hoffe, Sie schreiben mir so bald wie möglich, damit über Erscheinungstermin und äußere Form des Buches bald Einigkeit erzielt werden kann. Ich habe Ihnen eine Erzählung, *Zwei Kavaliere*, geschickt, und schlage vor, noch eine weitere Erzählung in den Band aufzunehmen. Ich habe einen Teil davon geschrieben und kann versprechen, daß sie im Laufe des März fertig wird. Ihr ergebener JAS A JOYCE

VON GRANT RICHARDS

6. März 1906

Sehr geehrter Mr. Joyce,
Vielen Dank für Ihren Brief vom 28. Februar.
Sie schreiben mir, daß Ihre Aussichten hauptsächlich darin bestehen, daß Sie möglicherweise genug Geld durch Ihr Buch oder Ihre Bücher verdienen, damit Sie Ihr unterbrochenes Leben wieder aufnehmen können. Dabei ist der wirtschaftliche Faktor selbstverständlich dominierend. Man scheut sich natürlich, diese Ansicht allzu stark in den Vordergrund zu stellen, aber wie Sie wissen, macht sich die beste Arbeit nicht auch am besten bezahlt. Dennoch, wenn Sie einen Roman schrieben – einen Roman, der in gewissem Sinne autobiographisch sein könnte – und ihn ebenso gut und lebendig schrieben wie diese Kurzgeschichten, dann bin ich überzeugt, daß Sie einen beträchtlichen Erfolg, sowohl was das Ansehen als auch was den Verkauf betrifft, erzielen könnten.
Ich lege eine von Mrs. Grant Richards unterzeichnete Kopie des Vertrages für »Dubliner« bei. Angesichts dessen, was Sie schreiben, dürfen Sie, glaube ich, davon ausgehen, daß wir das Buch nicht vor Ende September herausbringen werden.
Ich verbleibe, sehr geehrter Mr. Joyce, hochachtungsvoll Ihr

GRANT RICHARDS

An Grant Richards *13. März 1906*

Via Giovanni Boccaccio 1, II, Triest, Österreich

Sehr geehrter Mr. Grant Richards,

Ich danke Ihnen verbindlichst für Ihren Brief und die Kopie des Vertrags. Wenn *Dubliner* nicht im Mai herausgebracht werden kann, wäre mir September am liebsten. Ich werde Ihnen in einer Woche etwa die letzte Erzählung schicken, die zwischen *Die Pension* und *Entsprechungen* einzufügen wäre, so daß Sie mit dem Druck des Bandes fortfahren könnten. Da dies mein erstes Vergehen ist, kann ich die finanziellen Aussichten meines Erzählungsbandes nicht beurteilen. Mir scheint allerdings, Sie könnten, falls er in England Käufer findet, vielleicht eine Ausgabe für Amerika unter Vertrag bringen, wo etwa fünfzehn Millionen meiner Landsleute leben.

Sie schlagen vor, ich sollte einen in gewissem Sinne autobiographischen Roman schreiben. Ich habe bereits fast tausend Seiten eines solchen Romans geschrieben, wie ich Ihnen, glaube ich, sagte, 914 Seiten um genau zu sein. Ich schätze, daß diese fünfundzwanzig Kapitel, ungefähr die Hälfte des Buches, sich auf 150 000 Wörter belaufen. Aber es ist mir unter den augenblicklichen Umständen ganz unmöglich, mich mit dem Rest des Buches gedanklich zu beschäftigen, geschweige denn ihn zu schreiben. Dieser Roman hat ebenfalls den Fehler, daß er von Irland handelt.

Ich würde mich freuen, wieder von Ihnen zu hören, sobald Sie sich entschieden haben, in welcher Form Sie *Dubliner* herausbringen wollen. Ihr ergebener Jas A Joyce

Von Grant Richards

23. April 1906

Sehr geehrter Mr. Joyce,

Es tut mir leid, aber *Zwei Kavaliere* können wir, so wie der Text ist, nicht veröffentlichen. Tatsächlich haben die Drucker,

denen er geschickt wurde, bevor ich ihn selbst gelesen hatte, gesagt, sie würden ihn nicht drucken. Sie sehen, es gibt immer noch Beschränkungen, denen der englische Verleger unterworfen ist! Ich schicke Ihnen den Text daher mit der Bitte zurück, ihn entweder herauszulassen oder ihn, was besser wäre, so abzuändern, daß er durchgeht. Vielleicht ist es Ihnen möglich, das sofort zu machen.
Ebenso wäre mit zwei blau angestrichenen Stellen auf Seite 15 von *Entsprechungen* zu verfahren.
Außerdem bitte ich Sie – Sie werden mich für sehr lästig halten, aber ich möchte nicht, daß die Kritiker wie eine Herde fetter Schweine über Ihr Buch herfallen – mir einen Ausdruck zu nennen, den wir anstelle von ›bloody‹ in der Erzählung *Gnade* einsetzen können.
Hochachtungsvoll Ihr GRANT RICHARDS

AN GRANT RICHARDS

26. April 1906
Via Giovanni Boccaccio 1, Triest

Sehr geehrter Mr. Grant Richards,
Sie schreiben mir, daß der Drucker, dem Sie meine Erzählung *Zwei Kavaliere* schickten, bevor Sie sie selbst gelesen hatten, sich weigert, sie zu drucken, und deswegen bitten Sie mich, sie entweder fortzulassen oder sie derart abzuändern, daß sie keinen Anstoß erregt. Weder zu dem einen noch zu dem anderen sehe ich mich imstande. Ich habe mein Buch mit beträchtlicher Sorgfalt unter hunderten von Schwierigkeiten und nach Maßstäben geschrieben, in denen ich die klassische Tradition meiner Kunst sehe. Ich darf Ihnen daher sagen, daß mich die Meinung Ihres Druckers darüber nicht im geringsten interessiert. Darüberhinaus kann ich weder die blau angestrichenen Stellen in der Erzählung *Entsprechungen* ändern, noch wüßte ich außer ›bloody‹ ein anderes Wort für die Erzählung *Gnade*.

Ich hatte die Absicht, Ihnen heute *Eine kleine Wolke*, die vierzehnte und letzte Erzählung des Bandes zu schicken, die jetzt fertig ist. Das werde ich indes nicht tun, bis ich Antwort von Ihnen habe: und ich werde auch die Manuskripte der beiden Erzählungen hierbehalten, die Sie mir schickten. Wenn Sie mir in Ihrem nächsten Brief schreiben, daß Sie eine Möglichkeit sehen, mein Buch zu drucken, wie ich es geschrieben habe, und daß Sie einen Drucker gefunden haben, der seine unsterbliche Seele einer derartigen Gefahr auszusetzen bereit ist, werde ich Ihnen alle drei Erzählungen zusammen schicken. Wenn Sie sich anders entscheiden, können Sie mir die anderen elf Erzählungen zurückschicken, und wir können die Sache als erledigt betrachten. Natürlich würde es mir leid tun, wenn unsere Beziehungen auf diese Weise zu einem Ende kämen. Es wäre für mich fast eine Katastrophe, aber leider steht es nicht in meiner Macht, den Dienst, um den Sie mich, dem Gewissen Ihres Druckers zuliebe, bitten, zu erweisen.

Ihr ergebener JAS A JOYCE

VON GRANT RICHARDS

1. Mai 1906

Sehr geehrter Mr. Joyce,

Entweder habe ich mich in meinem Brief an Sie nicht klar ausgedrückt, oder Sie haben mißverstanden, was ich schrieb. Was der Drucker gesagt hat, habe ich Ihnen nicht deshalb mitgeteilt, weil mich seine Meinung als Meinung kümmert oder weil ich mich im geringsten um seine Skrupel kümmere, sondern aus folgendem Grund: wenn ein Drucker zu dieser Ansicht kommt, dann können Sie ganz sicher sein, daß die Buchhändler sie teilen werden, daß die Bibliotheken sie teilen werden und daß ein unangenehmerweise recht großer Teil der Öffentlichkeit sie teilen wird. Sie haben mir offen erklärt, daß Sie hoffen, sich in Zukunft durch Ihre literarische

Arbeit durchbringen zu können. Die beste Art, dieses Ergebnis hinauszuzögern, besteht mit Sicherheit darin, auf der Veröffentlichung von Erzählungen zu bestehen, die – ich spreche vom kommerziellen, nicht vom künstlerischen Standpunkt – Ihnen den Ruf eintragen werden, Werke zu verfassen, die von den meisten Leuten abgelehnt werden. Sie werden begreifen, daß nicht meine persönliche Ansicht unser Vorgehen in dieser Angelegenheit bestimmen kann. Es ist sowohl die Wirkung, die Ihre Unnachgiebigkeit auf die kommerziellen Möglichkeiten des Buches hätte, als auch die Wirkung, welche die Veröffentlichung des Buches in der vorliegenden Manuskriptform auf unser Geschäft im allgemeinen mit sich brächte. Wenn ich Gelegenheit hätte, die Angelegenheit mit Ihnen durchzusprechen, könnte ich Ihnen leichter erklären, warum ich glaube, daß Sie einen falschen Weg einschlagen, wenn Sie sich weigern, Änderungen vorzunehmen oder die Geschichten fortzulassen. Ich hoffe jedoch, dieser Brief wird Ihnen zeigen, daß vom taktischen Gesichtspunkt die Sache zwei Seiten hat und daß Sie eine Möglichkeit finden werden, die von Ihnen eingenommene Haltung zu ändern. Auf jeden Fall machen Sie sich bitte von der Vorstellung, die Sie offenbar hegen, frei, daß mich das Gewissen unseres Druckers in irgendeiner Weise interessieren könnte.

Hochachtungsvoll Ihr GRANT RICHARDS

AN GRANT RICHARDS

5. Mai 1906
Via Giovanni Boccaccio 1, II, Triest,
Österreich

Sehr geehrter Mr. Grant Richards,

Leider sagen Sie mir nicht, warum der Drucker, der das Barometer der englischen öffentlichen Meinung zu sein scheint, sich weigert, *Zwei Kavaliere* zu drucken, und bei *Entsprechungen* Zeichen an den Rand macht. Ist es die kleine Goldmünze in

der ersten Erzählung oder der Ehrenkodex, nach dem die beiden Kavaliere leben, was ihn schockiert? Ich finde an beidem nichts, was ihn schockieren könnte. Seine Vorstellung von Kavalieren entstammt (wahrscheinlich) der Lektüre von Romanen von Dumas d. Ä. und Aufführungen romantischer Theaterstücke, in denen Kavaliere und Damen sich in Abendtoilette ihm präsentierten. Aber ich bin überzeugt, daß er bereit ist, seine phantastischen Ansichten zu ändern. Ich würde ihm dringend empfehlen, die Kapitel zu lesen, in denen Ferrero den Sittenkodex des Soldaten und (nebenbei) des Kavaliers untersucht. Aber das wäre sinnlos, denn ich bin überzeugt, daß er im Grunde seines Herzens Militarist ist.
Er hat drei Stellen in *Entsprechungen* angestrichen:
›a man with two establishments to keep up, of course he couldn't . . .‹
(›ein Mann, der für zwei Haushalte aufzukommen hatte, natürlich konnte der nicht . . .‹)
›Farrington said he wouldn't mind having the far one and began to smile at her . . .‹
(›Farrington sagte, es würde ihm nichts ausmachen, die weiter entfernt Sitzende zu nehmen, und lächelte ihr zu . . .‹)
›She continued to cast bold glances at him and changed the position of her legs often; and when she was going out she brushed against his chair and said »Pardon!« in a Cockney accent.‹
(›Sie warf ihm weiterhin herausfordernde Blicke zu und wechselte häufig die Stellung ihrer Beine; und als sie hinausging, streifte sie seinen Stuhl und sagte mit Cockney-Akzent »Pardon!«.‹)
Daß er die erste Stelle angestrichen hat, bringt mich auf den Gedanken, daß er Priesterblut in sich hat: der Geruchsinn für unmoralische Anspielungen ist stark entwickelt. Mir scheint diese Stelle so harmlos wie die Berichte über Scheidungssachen im *Standard*. Oder ist es möglich, daß eben dieser Drucker (oder vielleicht ein naher Verwandter von ihm) die-

ses würdige Journal liest (nein, mehr noch, tatsächlich daran mitarbeitet), das seinen Lesern nicht nur berichtet, Mrs. Soundso habe sich mit Captain Soundso vergangen, sondern sogar, wie oft sie sich mit ihm vergangen habe! Das Wort ›establishment‹ ist gewiß ebenso harmlos wie die Worte ›sich vergehen‹.

Es ist leichter zu verstehen, warum er die zweite Stelle, und evident, warum er die dritte angestrichen hat. Aber wieder möchte ich ihn an dieses achtbare Organ verweisen, dessen Berichterstattern es erlaubt ist, von derlei intimen Dingen zu sprechen, die ich, ein armer Künstler, nur anzudeuten gewagt habe. O einäugiger Drucker! Warum ist er, voll des Heiligen Geistes, mit seinem Kopierstift auf diese Stellen herniedergestiegen, während er es seinen Gefährten verstattet, Berichte über Scheidungssachen und Radausachen und kriminelle Tätlichkeiten zu setzen – Berichte überdies, die von einem ›unangenehmerweise großen Teil der Öffentlichkeit‹ gelesen werden sollen.

Bleibt sein letzter Einwand, der gegen das Wort ›bloody‹. Ich kann natürlich nicht wissen, wo er das Wort herleitet, oder ob er es, in seiner einfachen plumpen Art, nimmt, wie es dasteht. Im letzteren Fall ist sein Einwand absurd, und im anderen Fall (wenn er der einzigen Herleitung folgt, von der ich weiß) ist es seltsam, daß er heftiger gegen die Profanierung der Jungfrau protestiert als gegen die Profanierung des Namens Gottes. Wo ist sein englischer Protestantismus geblieben? Ich persönlich kann bezeugen, daß ich im modernen englischen Schrifttum Ausdrücke wie ›bei Gott‹ und ›verdammt‹ gedruckt gesehen habe. Irgendein listiger Jesuit muß unseren braven Protestanten von dem Pfad der Tugend abgebracht haben, daß er die Ehre der Jungfrau mit einem so jüngferlichen Eifer verteidigt.

Ich habe Ihnen, was meinen Anteil an dem Buch angeht, bereits alles gesagt, was ich zu sagen habe. Es war meine Absicht, ein Kapitel der Sittengeschichte meines Landes zu schreiben, und ich wählte Dublin als Schauplatz, weil mir diese Stadt das Zentrum der Paralyse zu sein schien. Ich habe versucht, sie der indifferenten Leserschaft unter vier Aspekten darzustellen: Kindheit, Jugend, Reife und öffentliches Leben. Die Erzählungen sind in dieser Reihenfolge angeordnet. Ich habe sie zum größten Teil in einem Stil skrupulöser Niedertracht geschrieben und in der Überzeugung, daß derjenige sehr verwegen sein müßte, der das, was immer er gesehen und gehört hat, in der Darstellung zu ändern oder womöglich zu entstellen wagte. Mehr als das kann ich nicht tun. Ich kann nicht ändern, was ich geschrieben habe. All die Einwände, deren Sprachrohr der Drucker jetzt ist, sind mir durch den Kopf gegangen, als ich das Buch schrieb, sowohl was die Themen der Geschichten anbelangt als auch die Art, wie sie ausgeführt wurden. Hätte ich sie gelten lassen, dann würde ich das Buch nicht geschrieben haben. Ich bin zu dem Schluß gekommen, daß ich nicht schreiben kann, ohne Leute zu verletzen. Der Drucker wendet sich gegen die *Zwei Kavaliere* und *Entsprechungen.* Ein Dubliner würde sich gegen *Efeutag im Sitzungszimmer* wenden. Der etwas subtilere Inquisitor wird sich gegen *Eine Begegnung* wenden, deren Ungeheuerlichkeit der Drucker nicht erkennen kann, da er, wie gesagt, zu plump und einfach ist. Der irische Priester wird sich gegen *Die Schwestern* wenden. Der irische Pensionsbesitzer wird sich gegen *Die Pension* wenden. Soll sich der Drucker mit seinem Gekläffe doch um Himmelswillen nicht einbilden, er allein hätte Grund dazu.

Ich sehe deutlich, daß die Sache zwei Seiten hat, aber leider kann ich mich nur auf eine dieser beiden Seiten stellen. Ich werde nicht den Irrtum begehen und Ihnen zu verstehen geben, auf welche Seite Sie sich zu stellen hätten, aber mir scheint, Sie halten den Drucker für gar zu unfehlbar in seiner Voraussicht der Zukunft. Ich weiß sehr wenig vom augenblicklichen Stand der englischen Literatur, noch weiß ich, ob sie die hervorragende Stellung, die sie als Lachkabinett Europas innehat, verdient oder nicht. Doch ich vermute, sie wird den anderen Ländern Europas folgen, wie sie es zu Chaucers Zeit getan hat. Sie haben die Möglichkeit, das Phänomen aus nächster Nähe zu beobachten. Glauben Sie, daß *The Second Mrs. Tanqueray* nicht von einem Intendanten der mittleren viktorianischen Epoche abgelehnt worden wäre, oder daß ein Verleger jener Epoche nicht Bücher von George Moore oder Thomas Hardy zurückgewiesen hätte? Und falls eine Veränderung statthaben soll, sehe ich nicht ein, warum man nicht jetzt damit anfangen kann.

Abschließend sagen Sie, ich gefährdete meine Zukunft und Ihren Ruf. Ich habe Ihnen in diesem Brief bereits dargelegt, wie wenig stichhaltig die Einwände des Druckers sind, und ich sehe nicht, wieso die Veröffentlichung von *Dubliner*, so wie es jetzt im Manuskript vorliegt, möglicherweise als Beleidigung der öffentlichen Moral betrachtet werden könnte. Ich glaube gern, daß Sie, wenn Sie mir raten, nicht auf der Veröffentlichung von Erzählungen zu bestehen, wie denen, die Sie an mich zurückgeschickt haben, in freundlicher Absicht mir gegenüber handeln: und ich bin überzeugt, daß Sie mich für einen Querkopf halten, wenn ich darauf bestehe. Aber wenn es sich um einen anderen Bereich der Kunst handelte, wenn ich Maler und mein Buch ein Bild wäre, würden Sie mich kaum so rasch der Querköpfigkeit bezichtigen, falls ich mich weigerte, gewisse Einzelheiten zu ändern. Diese Einzelheiten mögen Ihnen jetzt unwichtig erscheinen, aber wenn ich sie striche, würde mir *Dubliner* wie ein Ei ohne Salz vorkommen. Tatsächlich bin ich etwas neugierig, was denn überhaupt an dem Buch für gut befunden wurde, wenn diese und ähnliche Punkte beanstandet worden sind.

Wie ich sehe, wird mein Brief fast so lang wie mein Buch. Ich bin auf alle Punkte, die Sie anführen, eingegangen, um Ihnen begreiflich zu machen, wie stark der Glaube ist, den ich in mir habe. Ich habe allerdings nicht gesagt, welche Enttäuschung es für mich wäre, wenn Sie sich außerstande sähen, meine Ansichten zu teilen. Ich meine damit nicht so sehr die materielle als vielmehr die moralische Enttäuschung. Aber ich glaube, ich könnte mich mit einer solchen Enttäuschung leichter abfinden als mit den tausend kleinen Gewissensqualen und Selbstvorwürfen, deren Beute ich hinterher gewiß würde. Ich verbleibe, sehr geehrter Mr. Grant Richards, Ihr ergebener JAS A JOYCE

VON GRANT RICHARDS

10. Mai 1906

Sehr geehrter Mr. Joyce,

Vielen Dank für Ihren Brief. Hätte ich Ihre Erzählungen geschrieben, dann wünschte ich sicher, mir Ihre Einstellung leisten zu können; aber da ich die Sache aus der Sicht des Verlegers sehe, ist mir sehr deutlich, daß Sie sich dergleichen aus mehr als einem Grund nicht leisten können. Sie haben ein Buch geschrieben, das, ob es sich nun verkauft oder nicht, eine sehr bemerkenswerte und eindrucksvolle Arbeit ist; gewiß ist es das geworden, was Sie wünschten – ein Kapitel der Sittengeschichte Ihres Landes. Aber ein Buch, das heutzutage geschrieben wird, hat erst dann seinen wahren Zweck erreicht, wenn es veröffentlicht ist. Sie werden keinen Verleger – keinen wirklichen Verleger – finden, der das Buch so herausbringt, wie es ist. Ich will nicht sagen, daß Sie überhaupt niemanden finden, der es herausbringt, aber es käme auf obskure Weise heraus und würde so Ihrem Geldbeutel bestimmt nichts einbringen und kaum in die Hände von mehr als einigen wenigen Leuten gelangen. Bedenken Sie, daß es letzten Endes nur Wörter und Sätze sind, die geändert werden müssen; und mir scheint, daß jemand, der das, was er sagen will, nicht auf mehr als eine Weise ausdrücken kann, die Möglichkeiten der englischen Sprache noch nicht erkannt hat. Das ist bei Ihnen nicht der Fall.

Der Mann, der Ihre Erzählungen für uns gelesen hat, ist jemand, dessen Arbeiten Sie wahrscheinlich kennen, Filson Young. Er war von ihnen ebenso beeindruckt wie ich. Vor einigen Tagen sprach ich ihm von unseren Befürchtungen und zeigte ihm die Stellen, ebenfalls habe ich ihm Ihre Briefe zu dieser Angelegenheit gezeigt, und wenn auch die Meinung anderer Sie vielleicht überhaupt nicht beeinflußt, so kann ich Ihnen doch sagen, daß er mit mir vollkommen darin übereinstimmt, daß es unmöglich ist, Ihr Buch, so wie es ist, zu veröffentlichen. Aber genau wie mir liegt ihm sehr daran, daß es nicht von unserem Programm abgesetzt wird. Ich hoffe deshalb, daß Sie die ganze Angelegenheit noch einmal überdenken werden.

Ich verbleibe, sehr geehrter Mr. Joyce, hochachtungsvoll Ihr

GRANT RICHARDS

AN GRANT RICHARDS

13. Mai 1906

Via Giovanni Boccaccio 1, II, Triest, Österreich

Sehr geehrter Mr. Grant Richards,

Ich bin betrübt, daß Sie mir mit einem so allgemein gehaltenen Brief antworten. Ich verstehe nicht, wieso Sie von mir erwarten, daß ich Ihnen beistimme, wenn Sie sagen, es sei unmöglich, das Buch so wie es ist zu veröffentlichen. Ihre Behauptung, daß kein Verleger ein solches Buch herausbringen könnte, kommt mir einigermaßen kategorisch vor. Sie müssen nicht denken, daß die Haltung, die ich einnehme, auch nur im geringsten heroisch ist. Tatsache ist, daß ich nicht viel Sinn in Ihren Beschwerden sehe.

Sie beschweren sich über *Zwei Kavaliere*, über eine Stelle in *Entsprechungen* und über das Wort ›bloody‹ in *Gnade*. Sind das die einzigen Dinge, die Sie daran hindern, das Buch zu veröffentlichen? Um mit dem letzten Punkt zu beginnen: das Wort ›bloody‹ kommt in dieser Geschichte zweimal an folgender Stelle vor:

– At dinner, you know. Then he has a bloody big bowl of cabbage before him on the table and a bloody big spoon like a shovel etc . . .
(– Beim Essen, nicht. Dann hat er ein Mordsding von einer Schüssel mit Kohl vor sich auf dem Tisch und ein Mordsding von einer Kelle, wie eine Schaufel . . .)

Das könnte ich ändern, wenn Sie darauf bestehen. Ich sehe keinen Grund dazu, aber wenn dies allein die Veröffentlichung des Buches verhindert, könnte ich an die Stelle von ›bloody‹ ein anderes Wort setzen: aber dieses Wort kommt noch an anderen Stellen des Buches vor, in *Efeutag im Sitzungszimmer,* in *Die Pension,* in *Zwei Kavaliere:*

– ›And one night man, she brought me two bloody fine cigars &c‹ – *Two Gallants*
(›Und eines Abends, Mensch, schleppte sie zwei verflucht gute Zigarren an –‹ *Zwei Kavaliere*)

– ›Here's this fellow come to the throne after his bloody owl' mother keeping him out of it till the man was grey . . . &c‹ – *Ivy Day in the Committee-Room*
(›Hier der Bursche, der kommt auf den Thron, nachdem seine verdammte alte Mutter ihn davon abgehalten hat, bis er grau war.‹ *Efeutag im Sitzungszimmer*)

– ›if any fellow tried that sort of game on with his sister he'd bloody well put his teeth down his throat, so he would‹ &c *The Boarding-House*
(›daß er jedem Kerl, der solche Scherze über seine Schwester riskierte, die verdammte Fresse einschlagen werde, das würde er tun.‹ *Die Pension)*

Die erste Stelle könnte ich ändern. Die zweite Stelle könnte ich (mit unendlichem Bedauern) ändern, indem ich einfach

das Wort wegließe. Die dritte Stelle aber könnte ich unter gar keinen Umständen ändern. Lesen Sie *Die Pension* selbst, und sagen Sie mir offen, wie Sie darüber denken. Das Wort, genau der Ausdruck, den ich verwendet habe, ist meiner Meinung nach der einzige Ausdruck in der englischen Sprache, der beim Leser die Wirkung hervorrufen kann, die ich hervorrufen möchte. Das sehen Sie doch gewiß selbst auch? Und wenn das Wort einmal im Buch vorkommt, kann es genausogut dreimal vorkommen. Ist es nicht lächerlich, daß mein Buch nicht veröffentlicht werden kann, weil es dieses eine Wort enthält, das weder unanständig noch blasphemisch ist?
Die gegen *Entsprechungen* erhobenen Einwände scheinen mir ebenso unerheblich zu sein. Ist es möglich, daß in diesem Zeitalter in dem Lande, das die arglosen Romanen gern ›die Heimat der Freiheit‹ nennen, eine Anspielung auf ›two establishments‹ [›zwei Haushalte‹] nicht im Druck erscheinen kann oder daß ich den Satz ›she changed the position of her legs often‹ [›sie wechselte oft die Stellung ihrer Beine‹] nicht schreiben darf? In diesem Zusammenhang die Areopagitica anzurufen, würde bedeuten, daß der Künstler sich ebenso lächerlich machte wie der Drucker.
Sie sagen, es wäre eine Kleinigkeit, um die man mich bäte, hier und da ein Wort zu streichen. Aber ist Ihnen nicht klar, daß gerade in einer Short Story eine solche Streichung tödlich sein kann? Sie können nicht sagen, daß die beanstandeten Wendungen grundlos dastehen und daß man sie unmöglich drucken kann, und gleichzeitig den Tenor des Buches gutheißen. Hält man letzteren für gerechtfertigt, so kann ich nicht einsehen, wie jemand diese winzigen und notwendigen Einzelheiten für ungerechtfertigt halten kann. Ich muß sagen, daß ich diese Einwände unlogisch finde. Warum erheben Sie nicht Einspruch gegen das Thema von *Eine Begegnung*, gegen die Stelle ›he stood up slowly saying that he had to leave us for a few moments &c . . .‹ [›Er stand langsam auf, sagte, daß er uns für ein paar Augenblicke verlassen müsse etc . . .‹]?

Warum erheben Sie nicht Einspruch gegen das Thema von *Die Pension*? Warum verurteilen Sie denn nicht die Anspielungen auf die Königliche Familie, auf den Heiligen Geist, auf die Dubliner Polizei, auf den Lord Mayor von Dublin, auf die Städte der Ebene, auf die Irish Parliamentary Party etc.? Ich kann, wie ich Ihnen in meinem letzten Brief sagte, nicht begreifen, was überhaupt an dem Buch für gut befunden wurde, wenn diese Stellen beanstandet worden sind. Was würde von dem Buch bleiben, wenn ich alles streichen müßte, was Anstoß erregen könnte? Der Titel vielleicht?
Nehmen Sie es mir nicht übel, wenn ich sage, daß ich Sie für übertrieben ängstlich halte. Meiner Meinung nach steht nichts ›Unmögliches‹ in dem Buch. Man wird nicht gerichtlich gegen Sie vorgehen, wenn Sie es veröffentlichen. Das Schlimmste, was passieren kann, ist höchstens, daß ein Kritiker mich als den ›irischen Zola‹ ausgibt! Aber selbst eine solche Glanzleistung des kritischen Verstandes sollte nicht so schrecklich sein, daß sie Sie von der Veröffentlichung des Buches abhielte. Ich bin, wie Sie sich vielleicht denken können, kein besonders tüchtiger Geschäftsmann, aber ich muß gestehen, es ist mir ein Rätsel, warum all diese Einwände nicht von Anfang an erhoben worden sind. Als der Vertrag unterzeichnet war, dachte ich, alles wäre erledigt: aber jetzt sehe ich, daß ich mich auf eine Korrespondenz einlassen muß, die leider nichts anderes zu bewirken scheint, als daß sie mich aufregt.
Der Appell an meinen Geldbeutel ist für mich von geringerer Bedeutung. Natürlich würde ich das Buch gern gedruckt sehen, und natürlich würde ich damit gern Geld verdienen. Aber andererseits habe ich sehr wenig Neigung, das Talent, das ich haben mag, für die Öffentlichkeit zu prostituieren. (Dieser Brief ist nicht für die Veröffentlichung gedacht.) Ich bin nicht der Emissär eines Kriegsministeriums, der einen neuen Sprengstoff ausprobiert, oder ein prominenter Arzt, der eine neue Medizin anpreist, oder ein Radrennfahrer, der auf einer neuen Fahrradmarke fährt, oder ein berühmter To

nor, der das Lied eines neuen Komponisten singt: und deswegen berührt mich der Appell an meinen Geldbeutel nicht so sehr, wie das sonst vielleicht der Fall wäre. Sie sagen, es würde Ihnen leid tun, wenn Sie das Buch von ihrer Liste streichen müßten. Mir würde es außerordentlich leid tun. Aber was kann ich tun? Ich habe mir die Sache überlegt und das Buch noch einmal durchgesehen, und ich glaube, Sie machen viel Lärm um nichts. Mißverstehen Sie das bitte nicht als Vorwurf gegen Sie, legen Sie vielmehr Nachdruck auf das letzte Wort. Denn, glauben Sie mir, die durchaus nicht am wenigsten verhängnisvolle Wirkung, die dieser zähe Briefwechsel hat, besteht darin, daß er meine eigenen Arbeiten bei mir selbst in Mißkredit gebracht hat. Wie dem auch sei, handeln Sie so, wie es Ihnen am richtigsten erscheint. Ich habe das Meinige getan. Ich verbleibe, sehr geehrter Mr. Grant Richards, Ihr ergebener JAS A JOYCE

VON GRANT RICHARDS

16. Mai 1906

Sehr geehrter Mr. Joyce,
Ich will versuchen, mich kategorischer auszudrücken. Zunächst jedoch lassen Sie mich versuchen, ob ich nicht ein Mißverständnis beseitigen kann, das bezüglich unserer Haltung bei Ihnen besteht. Meine Bewunderung für Ihr Buch ist etwas völlig und notwendigerweise anderes als meine Überzeugung, was zu publizieren für uns sinnvoll oder nicht sinnvoll ist. Persönlich ziehe ich das Wort »bloody« dort, wo es vorkommt, jedem anderen, das Sie dafür einsetzen könnten, deshalb vor, weil es, wie Sie sagen, das richtige Wort ist; andererseits muß ein Verleger sich von anderen Erwägungen leiten lassen. Persönlich habe ich gegen die Erzählungen, die wir besprochen haben, nichts einzuwenden, wenngleich ich sagen kann, daß sie in ihrer gegenwärtigen Form ihrem Verleger Schaden zufügen würden. Aus verschiedenen Gründen, die ich

zu diesem Zeitpunkt nicht näher zu erklären brauche, sind wir einem Angriff in besonderem Maße ausgesetzt. Jedenfalls billigen Sie die Änderung des unseligen Wortes in »Gnade«; schön und gut. Sie billigen sie in »Zwei Kavaliere«; Sie billigen sie in »Efeutag im Sitzungszimmer«; Sie lassen das Wort in der »Pension« stehen.
In »Entsprechungen« habe ich kein Verhältnis zu der Anspielung auf »two establishments« [»zwei Haushalte«]; der andere Satz muß wirklich herausgenommen werden.
Nach einiger Überlegung sähe ich es *gerne*, wenn »Eine Begegnung« ganz fortfiele.
Die »Zwei Kavaliere« sollten bestimmt herausgenommen werden. Sie können sie vielleicht leichteren Herzens herausnehmen, da sie nicht zu Ihrem Buch in seiner ursprünglichen Gestalt gehört haben.
Die Schwierigkeiten zwischen uns haben sich demnach verringert, weil Sie mir ein wenig entgegengekommen sind, und ich hoffe nun, daß sie völlig behoben werden.
Ich verbleibe, sehr geehrter Mr. Joyce, hochachtungsvoll Ihr

GRANT RICHARDS

AN GRANT RICHARDS

20. Mai 1906
Via Giovanni Boccaccio 1, Triest

Sehr geehrter Mr. Grant Richards,
Sie sagen, die Schwierigkeiten zwischen uns hätten sich verringert. Wenn das stimmt, dann war ich es, der sie verringert hat. Wenn Sie sich an Ihren ersten Brief erinnern, werden Sie sehen, daß diese Schwierigkeiten von Ihrer Seite aus um einiges vermehrt wurden. Während ich Konzessionen gemacht habe und ein Wort in drei Erzählungen zu verändern bereit bin, erlauben Sie mir lediglich, dieses Wort in einer Erzählung zu verwenden, in der Sie, da Sie es erst bemerkten, als ich Sie darauf hinwies, nichts dagegen gehabt hatten. Außer-

dem sagen Sie jetzt, daß Sie die Erzählung *Eine Begegnung* ganz fortgelassen haben wollen. Davon haben Sie in Ihrem ersten Brief nichts gesagt, und wieder war ich es, der Sie auf das ›Ungeheuerliche‹ darin hinwies. Es ist wahr, Sie haben mir eine der umstrittenen Stellen in *Entsprechungen* konzediert, aber da Sie, wie Sie sagen, kein Verhältnis zu dem Thema haben, dürfte Ihnen das lange nicht so schwer gefallen sein, wie mir meine Konzessionen gefallen sind.

Ich erwähne diese Fakten, damit Sie sehen, daß ich versucht habe, Ihren Einwänden gerecht zu werden. Wir sind uns jetzt einig über *Gnade, Efeutag im Sitzungszimmer* und *Die Pension.* Es bleibt nur noch die zweite Stelle in *Entsprechungen* und die Erzählung *Zwei Kavaliere.* Ich bitte Sie, die erstgenannte Erzählung noch einmal zu lesen. Der darin beschriebene Vorfall ist meiner Meinung nach, falls die überhaupt zählt, wesentlich. Er trägt sich an einer entscheidenden Stelle der Erzählung zu, und nimmt man ihn heraus, geht die Wirkung am Schluß (meiner Meinung nach) verloren. Trotzdem (Sie sehen, in Wahrheit bin ich es, der die Schwierigkeiten zwischen uns verringert), wenn Sie mir ein bestimmtes Wort oder eine Wendung nennen können, die ich, ohne den ganzen Vorfall streichen zu müssen, ändern könnte, dann will ich, so sehr ungern ich das auch tue, wiederum versuchen, Ihnen entgegenzukommen.

Ich habe mich einverstanden erklärt, das unselige Wort in *Zwei Kavaliere* zu streichen. Die Erzählung ganz aus dem Buch fortzulassen, wäre wirklich katastrophal. Es ist eine der wichtigsten Erzählungen des Bandes. Ich würde lieber *fünf* von den anderen Erzählungen opfern (die ich Ihnen nennen könnte) als gerade diese. Es ist die Erzählung, die mich (nach *Efeutag im Sitzungszimmer*) am meisten befriedigt. Ich habe Ihnen bewiesen, daß ich bereit bin, Ihren Befürchtungen manches zu konzedieren. Aber Sie können wirklich nicht von mir erwarten, daß ich mein Werk verstümmele!

Sie drücken Ihren Einwand gegen *Eine Begegnung* (ein Einwand, den ich unvorsichtig genug selbst herausgefordert habe) so mild aus, daß dieser Punkt uns vermutlich keine Schwierigkeiten bereiten wird. In allem Ernst, ich würde darauf dringen, den Einfluß des Druckers so bald wie möglich auszuschalten, wenn mein Buch nicht zu einem Heft zusammenschmelzen soll, denn jede neue Briefrunde bringt irgendeine kleine Konzession von meiner Seite, wie sie weitere kleine Forderungen von der Ihren bringt. Und ich bin, wie ich Ihnen immer wieder gesagt habe, überzeugt, daß Ihre Befürchtungen übertrieben sind. Viele der Stellen und Wendungen, über die wir uns jetzt streiten, waren Ihnen entgangen: ich war es, der Sie darauf aufmerksam gemacht hat. Und glauben Sie, daß das, was Ihnen entging (dessen Beruf es ist, Bücher, die Sie prüfen, auf solche Dinge hin durchzusehen), selbstverständlich von einem Publikum entdeckt werden wird, das Bücher aus einem ganz anderen Grund liest?

Ich bedaure sehr, daß das von Ihnen in einem früheren Brief vorgeschlagene Gespräch nicht stattfinden kann. In einem Gespräch, glaube ich, hätte ich, was immer Sie zu Ihrer gegenwärtigen Haltung bestimmt hat, viel leichter widerlegen können. Was die katastrophale Wirkung angeht, die das Buch, wenn es in seiner jetzigen Fassung veröffentlicht wird, haben könnte, so scheint es mir, daß die mich viel eher treffen würde als Sie. Kritiker (glaube ich) greifen lieber Schriftsteller an als Verleger; und ihre Angriffe auf mich, das kann ich Ihnen versichern, würden meinen Tod in keiner Weise beschleunigen. Was im übrigen den finanziellen Erfolg angeht, so scheint es mir mehr als wahrscheinlich, daß ein Angriff, selbst ein scharfer, organisierter Angriff von seiten der Presse, die Aufmerksamkeit der Allgemeinheit wirksamer auf das Buch lenken würde als der müde Chor von Imprimaturs, mit dem die Schar der Kritiker das Erscheinen eines jeden Buches begrüßt, das weder für den Glauben noch für die Moral eine Gefahr darstellt.

Mein Standpunkt kann Ihnen in nichts unmöglich und unvernünftig vorkommen. Ich habe alles ausführlich erklärt und bewiesen, und wenn Beweis und Erklärung zu nichts führten, habe ich notgedrungen nachgegeben, und das sogar in Fällen, in denen Sie mich nicht darum baten. Die Punkte, in denen ich nicht nachgegeben habe, betreffen Teile des Buches, die ihm Zusammenhalt geben. Wenn ich sie fortlasse, was wird dann aus dem Kapitel der Sittengeschichte meines Landes? Ich kämpfe um sie, weil ich glaube, daß ich, indem ich mein Kapitel Sittengeschichte genau so und nicht anders komponierte, den ersten Schritt zur geistigen Befreiung meines Landes getan habe. Überdenken Sie einen Moment die Geschichte der Literatur Irlands, wie sie, in englischer Sprache geschrieben, augenblicklich existiert, bevor sie diese meine milde Illusion verdammen, die mir immerhin wenigstens als Leuchter gedient hat, während ich das Buch schrieb. Jas A Joyce

Von Grant Richards

7. Juni 1906

Sehr geehrter Mr. Joyce,
Da ich einen kurzen Pfingsturlaub genommen habe, hat sich die Antwort auf Ihren letzten Brief an mich verzögert.
Der Himmel weiß, daß wir alles tun wollen, was Sie von uns verlangen, aber aus verschiedenen Gründen, die schriftlich darzulegen zu lange dauern würde, sind uns bis zu einem gewissen Grad die Hände gebunden. Wenn es sich um mein Geschäft handelte, wäre es etwas anderes.
Ich habe jedoch »Eine Begegnung« sehr deutlich aufgenommen, als ich das Manuskript zuerst las, und unser Berater empfahl uns zu dieser Zeit, Sie zu bewegen, die Erzählung wegfallen zu lassen. Ich war mir nicht im klaren darüber, kam aber zu dem Schluß, so zu verfahren sei nicht nötig. Doch ein Stoff, der einem großen Teil des Publikums fragwürdig erscheinen wird, besitzt eine kumulierende Wirkung, und als ich dann die »Zwei Kavaliere« las, erkannte ich, daß

eine Publikation des Buches mit der Geschichte, wie Sie sie geschrieben hatten, die Aufmerksamkeit auch auf andere Dinge in dem Buch lenken würde, die ansonsten unbeanstandet geblieben wären. Vielleicht können Sie die »Zwei Kavaliere« neu schreiben – wenn ich auch nicht annehme, daß Sie es tun werden. Wenn man sein erstes Buch herausbringt, ist es dennoch recht nützlich, sich von jemandem raten zu lassen, und ich bin ehrlich überzeugt, daß Sie in dieser Angelegenheit keinen sachverständigeren Berater als mich haben könnten. Wir können das Buch, so wie es ist, nicht herausbringen; daß ich das bedaure, ist klar. Wir können es nur mit den Änderungen oder Auslassungen herausbringen, die ich bis jetzt angedeutet habe. Wäre nur ich der Verleger des Buches, das ich so bewundere, wie es der Fall ist, dann wäre ich wohl willens, jeden Angriff, ob organisiert oder nicht, hinzunehmen. Aber ein Angriff auf unser Haus zum gegenwärtigen Zeitpunkt und aus solchem Grund wäre äußerst schädigend.

Ihre Briefe lassen mich wünschen, Sie zu treffen, und sie lassen mich wünschen, Ihr Buch so, wie Sie es geschrieben haben, neben denen zu besitzen, die ich schätze; doch die Briefe können mich nicht darüber hinwegsehen lassen, welch unbedachte Haltung Sie einnehmen.

Ich verbleibe, sehr geehrter Mr. Joyce, hochachtungsvoll Ihr

GRANT RICHARDS

AN GRANT RICHARDS

10. Juni 1906

Via Giovanni Boccaccio 1, II, Triest, Österreich

Sehr geehrter Mr. Grant Richards,

Ich ersehe aus Ihren Briefen, daß Sie das Buch vor zwei Monaten an die Druckerei schicken wollten. Die Übersendung wurde allerdings durch einen weitschweifigen und unnützen Briefwechsel verzögert, der gewiß nicht durch meine ursprüngliche Erwiderung auf Ihre Einwände hervorgerufen

wurde. Dieser Briefwechsel war für mich Anlaß zu ständiger großer Besorgnis, und ich sehe jetzt, wie zwecklos er war.
Ich habe Ihnen in meinem letzten Brief klargemacht, daß ich es war, der sich bemüht hatte, die Schwierigkeiten zwischen uns zu verringern, Schwierigkeiten, die, wie ich meine, besser zu einem früheren Zeitpunkt hätten erörtert werden sollen. Ich kann Ihrem heute morgen eingetroffenen Brief nicht entnehmen, ob Sie an Ihren ersten, vor sechs Wochen gestellten Forderungen festhalten oder ob Sie mit den Zugeständnissen einverstanden sind, die ich in meinem Brief von vor vierzehn Tagen gemacht habe. Ich bitte Sie, mir das endgültig mitzuteilen.
Ich habe dem, was ich zur Verteidigung meines Buches geschrieben habe, nichts weiter hinzuzufügen, aber ich darf noch einmal sagen, daß Sie sich meiner Meinung nach von eingebildeten Schrecken haben einschüchtern lassen. Sie haben vielleicht Schwierigkeiten, von denen ich nichts weiß, denn ich kann mir nicht vorstellen, daß es die öffentliche Meinung ist, die Sie schreckt. Mein Vorrat an Ratschlägen ist nahezu erschöpft, aber hier gebe ich Ihnen noch einen letzten. Kaufen Sie zwei Kritiker. Wenn Ihnen das mit Takt gelingt, könnten Sie leicht eine Kampagne durchstehen. Zwei aufrechte und starke Männer, jeder mit sieben Zeitungen gewappnet – *quis sustinebit?* Ich rede in Gleichnissen.
Was mich angeht, ich verlasse diese entzückende Stadt Ende nächsten Monats und gehe nach Rom, wo ich eine Stellung als Korrespondent an einer Bank bekommen habe. Da das Gehalt (£ 150 im Jahr) fast doppelt so hoch ist wie meine augenblicklichen fürstlichen Einkünfte, und da ich weniger Stunden mit ehrlicher Arbeit verbringen muß, hoffe ich Zeit zu haben, innerhalb eines Jahres oder höchstenfalls in anderthalb Jahren meinen Roman in Rom zu Ende zu bringen. Ich erwähne das, weil Sie so freundlich waren, sich in einem früheren Brief nach meiner finanziellen Lage zu erkundigen. Ich verbleibe, sehr geehrter Mr. Grant Richards, Ihr ergebener

Jas A Joyce

Von Grant Richards

14. Juni 1906

Sehr geehrter Mr. Joyce,

Sie unterliegen einem Mißverständnis: Ihr Buch wurde in die Druckerei geschickt; eine Seite wurde gesetzt, und das war zufällig eine Seite aus »Zwei Kavaliere«; man nahm Anstoß daran, und das war der Grund, warum ich die Geschichte las, was ich vorher nicht getan hatte, und das war der Anlaß, mich mit der ganzen Frage näher zu beschäftigen.

Ich glaube, wenn Sie die Briefe lesen, die zwischen uns gewechselt wurden, werden Sie genau erkennen, wofür wir mit unserem Namen einstehen wollen und wofür wir es nicht wagen. Die Entscheidung bleibt demnach Ihnen überlassen.

Sehen Sie sich vor allem den Brief vom 16. Mai an, der als Antwort auf gewisse Zugeständnisse von Ihrer Seite geschrieben wurde. Vermutlich sind Sie noch immer zu den Zugeständnissen bereit, wie sie in Absatz 1 aufgeführt sind.

In »Entsprechungen« steht ein Satz, der wegfallen muß, wenn wir das Buch herausbringen sollen.

»Eine Begegnung« würden wir gerne völlig wegfallen lassen, aber wenn Sie in den anderen Punkten nachgeben, werden wir es in diesem tun.

»Zwei Kavaliere« muß wegfallen, sofern Sie die Erzählung nicht in dem in meinem Brief vom 7. Juni vorgeschlagenen Sinn umschreiben können.

Leider ist es unter den gegebenen Umständen nicht möglich, einen wichtigen Kritiker zu kaufen, und erst recht nicht zwei; manchmal wünschte ich, daß man es könnte! Auch ist es nicht mehr üblich, mehrfach zu rezensieren.

Ich bin sehr erfreut, von Ihrer Anstellung in Rom zu hören. In Rom wenigstens scheinen Sie London näher zu sein und werden vielleicht eher einmal herüberkommen; jedenfalls komme ich eher einmal nach Rom als nach Triest. Und was immer mit diesem Buch geschieht, das Ihnen und mir einen so umfangreichen Briefwechsel verursacht, so hoffe ich doch,

daß Sie uns Gelegenheit geben werden, den Roman zu lesen.
Ich verbleibe, sehr geehrter Mr. Joyce, hochachtungsvoll Ihr

GRANT RICHARDS

AN GRANT RICHARDS

16. Juni 1906

Via Giovanni Boccaccio 1, II, Triest, Österreich

Sehr geehrter Mr. Grant Richards,
Ich habe mir Ihren Brief vom 16. Mai angesehen, und besonders den ersten Absatz, dem ich entnehme, daß Sie mir in Anbetracht von drei Streichungen, mit denen ich mich einverstanden erklärt hatte, gestatteten, ein Wort stehen zu lassen, das von Anfang an in einer der Erzählungen stand. Unter bestimmten Bedingungen bin ich weiterhin bereit, diese drei Zugeständnisse zu machen.
Im zweiten Absatz des genannten Briefes lassen Sie einen Ihrer Einwände fallen und verlangen, daß eine andere Wendung in der zur Diskussion stehenden Erzählung gestrichen würde. In dieser Erzählung stehen zwei weitere Wendungen, die jemand mit Blaustift angestrichen hat: und in Erwiderung Ihres Briefes habe ich erklärt, daß ich bereit sei, die Stelle zu ändern, sie aber nicht weglassen könne. Jetzt sagen Sie, eine der beiden Wendungen müsse gestrichen werden, und ich vermute, Sie wählten diese Lösung, weil sie Ihnen besser schien als mein Vorschlag, nämlich die Stelle zu ändern, in der die beiden beanstandeten Wendungen stehen. Ich bin weiterhin zu einem dieser beiden Zugeständnisse bereit, das heißt entweder die Stelle zu ändern (ohne sie wegzulassen) oder es unter gewissen Bedingungen Ihnen zu überlassen, *die* Wendung zu streichen, deren Streichung Ihnen am notwendigsten erscheint.
Im dritten Absatz Ihres Briefes vom 16. Mai erklärten Sie, Sie wollten noch eine andere Erzählung des Bandes fortgelas-

sen haben, aber Sie würden nicht darauf bestehen, falls ich in den anderen Punkten nachgäbe. In meiner Antwort machte ich die oben erwähnten Zugeständnisse.

Im vierten und fünften Absatz desselben Briefes schrieben Sie, daß die Erzählung *Zwei Kavaliere* auf jeden Fall ausgelassen werden sollte, und fügten hinzu, daß ich sie ja wohl leichteren Herzens fortlassen könnte, da sie nicht zu dem Buch in seiner ursprünglichen Gestalt gehört habe. In meiner Antwort wies ich Sie darauf hin, daß ich mich bereits zu einer Streichung in dieser Erzählung bereitgefunden hätte, daß sie meines Erachtens eine der wichtigsten Erzählungen des Bandes sei, daß ich keine Möglichkeit sähe sie umzuschreiben, und daß, wenn man sie wegließe, meiner Meinung nach das Buch verstümmelt würde. Ich bin, womit ich mich bereits einverstanden erklärt hatte, weiterhin bereit, das Wort ›bloody‹ in dieser Erzählung zu streichen, falls Sie bereit sind, sie in das Buch aufzunehmen.

Ich nehme an, daß Ihnen jetzt meine gegenwärtige Einstellung ziemlich klar ist. Die Zugeständnisse, zu denen ich mich hinsichtlich des Buches in seiner ursprünglichen Gestalt bereitfand, habe ich einzig unter dem Gesichtspunkt gemacht, daß *Zwei Kavaliere* aufgenommen werden würde, von der Sie, wenn sie auch nicht ursprünglich zu dem Buch gehörte, wußten, daß sie in Arbeit war und die Sie schließlich selber angefordert haben, als das Buch in Satz ging. Sollten Sie *Zwei Kavaliere* trotz der Streichung, zu der ich mich bereitgefunden habe, unter gar keinen Umständen aufnehmen können, so entfällt das Motiv, das mich veranlassen würde, die anderen Zugeständnisse zu machen, und ich bin bereit, Ihnen zu gestatten, das Buch ohne sie, und so wie ich es ursprünglich geschrieben habe, zu drucken, obgleich ich, wie ich Ihnen sagte, in einer derartigen Auslassung eine fast tödliche Verstümmelung meines Werkes sehe.

Das Gespenst des Druckers, das ich erlegt zu haben glaubte, erscheint wieder in Ihrem Brief vom 14. dieses Monats. Dieses

Phantom ist mir äußerst zuwider, und ich hoffe, es wird die Korrespondenz nicht noch einmal belasten. Ich trachte nicht danach, in die Geheimnisse seines Wesens und seiner Existenz einzudringen, zum Beispiel, woher er sein Gewissen hat und seine Bildung, wieso es ihm in Ihrem Lande zusteht, die Pflichten des Autors mit seinem eigenen ehrbaren Gewerbe zu vereinen, wie er dazu kam, der Repräsentant des öffentlichen Bewußtseins zu werden, auf welche Weise er sich wie durch Zauber auf das herniedersenkte, was er zu übersehen bestimmt war, und (nebenbei) warum er mein Buch auf der dritten, im Manuskript mit 5A bezeichneten Seite der sechsten Erzählung zu setzen begann. Das alles sind für mich Rätsel, und sie dürfen es auch bleiben. Aber ich kann einem Drucker nicht gestatten, mein Buch für mich zu schreiben. In keinem anderen zivilisierten Land in Europa ist es, wie ich glaube, einem Drucker gestattet, den Mund aufzumachen. Falls irgendwelche Einwände geltend zu machen sind, dann kann der Verleger das tun, wenn ihm das Buch eingereicht wird: wenn er die Einwände fallen läßt, bezahlt er den Drucker dafür, daß er das Buch druckt, und wenn er sie aufrecht erhält, belästigt er den Drucker gar nicht erst mit der Bitte, ihm das Buch zu drucken. Ein Drucker ist nichts weiter als ein Arbeiter, der für eine gewisse Summe pro Tag oder pro Auftrag gemietet wird.

Ich bin erfreut und überrascht zu hören, daß es heutzutage unmöglich ist, einen Kritiker von Rang zu kaufen. Offensichtlich hat, seit ich die Britischen Inseln verlassen habe, eine außergewöhnliche religiöse Revolution stattgefunden. Demnächst hoffe ich zu hören, daß die Praktiken der Selbstverdummung und Prostituierung unter Schriftstellern aus der Mode gekommen sind.

Im letzten Absatz Ihres Briefes scheinen Sie die Möglichkeit anzudeuten, daß wir uns in Rom treffen. Ich würde mich freuen, wenn es dazu käme, da mir das Korrespondieren über strittige Punkte höchst unbefriedigend zu sein scheint. Dank

der sechs oder sieben Briefe, die wir gewechselt haben, sind uns jetzt immerhin, wie ich hoffe, unsere gegenseitigen Standpunkte klar geworden.
Zum Schluß danke ich Ihnen, daß Sie mir so rasch geantwortet haben, und würde mich freuen, wenn Sie diesen Brief ebenso prompt beantworteten. Ich verbleibe, sehr geehrter Mr. Grant Richards, Ihr ergebener JAS A JOYCE

VON GRANT RICHARDS

19. Juni 1906

Sehr geehrter Mr. Joyce,
Ihr Manuskript ist vermutlich das einzige, mit dem Sie sich gegenwärtig befassen; es ist eins von einigen Dutzend, mit denen wir uns befassen und über die wir korrespondieren; und obgleich ich mich sehr genau der verschiedenen Punkte erinnerte, als ich Ihnen zu schreiben begann, sind mir jetzt einige weniger deutlich im Gedächtnis. Jedenfalls habe ich den Teil des Manuskripts, den wir hier haben, und Ihre Briefe noch einmal durchgesehen, und mir scheint, der beste Weg wird für Sie sein, die Änderungen so weitgehend, wie Sie dazu bereit sind, und in dem von mir vorgeschlagenen Sinn, vorzunehmen, das Manuskript mir zurückzuschicken, wonach, wenn ich Ihre Zugeständnisse recht verstehe, das Buch ohne Zweifel wird in Druck gehen können. Zu diesem Zweck schicke ich Ihnen heute den Rest des Manuskripts mit eingeschriebener Post zurück.
Sie schreiben, in »Entsprechungen« seien Sie bereit, die Stelle, auf die ich besonders hinwies, zu ändern, daß Sie sie aber nicht weglassen könnten. Natürlich weiß ich nicht, wie weit Ihre Abänderung gehen wird; auf keinen Fall würde ich die Verantwortung übernehmen wollen, irgendeine Stelle mit eigener Hand zu streichen.
Über »Zwei Kavaliere« schreiben Sie, ich hätte gewußt, daß die Erzählung in Arbeit war. Aber ich hatte keine Vor-

stellung von ihrem Charakter. Schicken Sie sie jedenfalls mit den Streichungen, die Sie freiwillig vornehmen wollen, zurück, und ich will sehen, ob in dem erhofften Fall, daß das Buch in Druck geht, sie aufgenommen werden kann, was ich in Kenntnis Ihrer Ansichten gewiß begrüßen würde.

Kurz: wenn ich Ihre Erzählungen zurückerhalte, werde ich das ganze Manuskript noch einmal lesen und neu darüber urteilen. Vielleicht wird es mir auch dann weniger wahrscheinlich erscheinen, daß die Stellen, mit Ihren Änderungen und im rechten Kontext gelesen, unerwünschte Aufmerksamkeit erregen.

Sie schreiben, das Gespenst des Druckers, das Sie erlegt zu haben glaubten, erscheine wieder in meinem Brief vom 14. Das ist ungerecht. Ich erwähnte den Drucker in Beantwortung einer Stelle in Ihrem Brief vom 10. Juni, in dem Sie davon sprachen, die Übersendung des Manuskripts an ihn sei durch einen weitschweifigen und unnützen Briefwechsel verzögert worden; das geschah, um Ihnen zu zeigen, daß das Manuskript dem Drucker wirklich zuging. Sie sagen, er vereine die Pflichten eines Autors mit seinem eigenen ehrbaren Gewerbe, und fragen, wie er dazu komme, der Repräsentant des öffentlichen Bewußtseins zu werden, und auf welche Weise er sich wie durch Zauber gerade auf diese bestimmten Stellen herniedersenke; und dann sagen Sie weiter, der Drucker sei nichts weiter als ein Arbeiter, der für eine gewisse Summe pro Tag oder pro Auftrag gemietet wird. Daß er sich gerade auf diese bestimmte Stelle herniedersenkte, ist purer Zufall; Ihre anderen Einwände in diesem Zusammenhang werden möglicherweise dadurch beantwortet, wenn Sie einmal in ein beliebiges Buch schauen und dort das Impressum eines Druckers finden. Das ist notwendig. Wenn ein Buch als unzüchtig angegriffen wird, leidet der Drucker ebenfalls unter dem Angriff; und wenn es hinreichend unzüchtig ist, wird er ebenfalls gerichtlich belangt.

Es gibt, wie ich glaube, noch eine weitere Erzählung, die Sie

für die Aufnahme in »Dubliner« vorsehen, aber zurückgehalten haben, als diese Mißhelligkeiten entstanden. Bitte schicken Sie mir die Erzählung zusammen mit den übrigen. Ich hoffe, daß sich dazu keine Probleme ergeben!
Ich verbleibe, sehr geehrter Mr. Joyce, hochachtungsvoll Ihr [gezeichnet »E.P.H.«, Miss Hemmerde, Richards' Sekretärin.]

An Grant Richards

23. Juni 1906
Via Giovanni Boccaccio 1, Triest

Sehr geehrter Mr. Grant Richards,
Das Manuskript ist wohlbehalten bei mir eingetroffen. Ich bin während der nächsten paar Tage mit einer Übersetzung beschäftigt, aber in der nächsten Woche werde ich das ganze Buch noch einmal lesen und daran zu machen versuchen, was ich kann. Ich werde das Wort ›bloody‹ überall wo es vorkommt streichen, außer an einer Stelle in *Die Pension.* Ich werde die Stelle in *Entsprechungen* so gut ich kann abändern. Da Sie so heftig dagegen sind. Das ist eine Arbeit, die mir von Grund auf zuwider ist, und ich gebe Ihren Einwänden nur deshalb so weit nach, damit *Zwei Kavaliere* aufgenommen wird. Wenn Sie keine Möglichkeit sehen, das zu veröffentlichen, dann habe ich meine Zeit umsonst verschwendet. In der vierzehnten Erzählung, *Eine kleine Wolke,* werden Sie wohl nichts finden, woran Sie etwas auszusetzen hätten. Ich werde sie jedenfalls, wie von Ihnen erbeten, mit den anderen zurückschicken.
Einige meiner Vorschläge mögen Ihnen ziemlich absurd vorgekommen sein: und es hätte wohl auch keinen Sinn, wenn ich Ihnen vorschlüge, Sie sollten sich nach einem anderen Drucker umsehen. Ich hätte am liebsten einen, der von Geburt stumm wäre, oder, wenn sich so jemand nicht finden läßt, einen, der nicht am Text herumkritisiert. Aber lassen wir das.

Ihre Vermutung, daß diejenigen, die an der Veröffentlichung von *Dubliner* beteiligt sind, wegen Unsittlichkeit belangt werden könnten, ist meiner Ansicht nach ein außergewöhnlicher Beitrag zur Diskussion. Ich weiß, daß in England manche erstaunlichen Schwachsinnigkeiten begangen worden sind, aber ich kann mir wirklich nicht vorstellen, daß sich ein anständiges Gericht eine solche Anklage gegen mein Buch auch nur zwei Minuten lang anhören würde. Es kümmert mich wenig oder überhaupt nicht, ob das, was ich schreibe, unsittlich ist oder nicht, aber ich habe, falls ich den Sinn von Wörtern verstehe, in *Dubliner* nichts auch nur entfernt Unsittliches geschrieben.

Ich schicke Ihnen mit gleicher Post eine Dubliner Zeitschrift. Es ist die führende satirische Zeitschrift der keltischen Nationen, vergleichbar dem *Punch* oder *Pasquino*. Ich schicke sie Ihnen, damit Sie sehen, wie geistreich die Iren sind, was alle Welt weiß. Am Stil des Karikaturisten werden Sie erkennen, was für Künstler sie sind: und Sie werden selbst sehen, daß die Iren das durchgeistigtste Volk auf dem Antlitz der Erde sind. Vielleicht kann Sie das mit *Dubliner* versöhnen. Es ist nicht meine Schuld, daß meinen Erzählungen der Geruch von Müllgruben und alten Witwenkleidern und Abfällen anhängt. Ich glaube allen Ernstes, daß Sie den Fortgang der Zivilisation in Irland verzögern, wenn Sie das irische Volk darin hindern, sich selbst in meinem blankgeputzten Spiegel gründlich zu betrachten. Ihr ergebener JAS A JOYCE

VON GRANT RICHARDS

26. Juni 1906

Sehr geehrter Mr. Joyce,

Je älter ich werde, desto überzeugter bin ich, daß zwei Menschen sich niemals über einen Gegenstand verständigen können – völlig verständigen, meine ich. Ich habe niemals angedeutet, daß der Verleger der »Dubliner« wegen Unsittlichkeit belangt werden könnte; was ich gesagt habe, war eine Antwort auf Ihren Hinweis, ein Drucker sei bloß ein Tagelöhner, der überhaupt nichts mit dem Inhalt eines Buches zu tun hätte: dazu bemerkte ich, daß er, falls ein Buch unsittlich sei, ebenso haftbar wie der Verleger sei, und er, falls es hinreichend unsittlich sei, zur gleichen Zeit wie der Verleger gerichtlich belangt werde.

Was den Drucker betrifft, scheinen Sie gleichfalls mein Argument nicht einsehen zu können. Zunächst zitierte ich ihn nicht aus Rücksicht auf seine Meinung, sondern als Beweis für eine Meinung. Er war die einzige Person außerhalb dieses Büros, in deren Hände das Manuskript gelangt war, und unverzüglich protestierte er. Ich sah durch seinen Protest eine Reihe anderer Proteste voraus.

Wenn wir, wie ich hoffe, das Manuskript in Druck geben können, sobald wir es von Ihnen zurückerhalten, dann brauchen wir auch einander keine Briefe mehr zu schreiben!

Ich verbleibe, sehr geehrter Mr. Joyce, hochachtungsvoll Ihr

GRANT RICHARDS

AN GRANT RICHARDS

9. Juli 1906

Via Giovanni Boccaccio 1, II, Triest, Österreich

Sehr geehrter Mr. Grant Richards,

Ich schicke Ihnen heute das Manuskript von *Dubliner* zurück, das ich, wie Sie es mir in Ihrem Brief vom 19. Juni nahelegten, an gewissen Punkten ändern sollte. Ich habe es sorgfältig von Anfang bis Ende durchgelesen und habe die folgenden Änderungen gemacht:

Ich habe die erste Erzählung des Bandes, *Die Schwestern*, umgeschrieben und die letzte Erzählung, *Eine kleine Wolke*, die Sie mich mit den anderen zu schicken baten, beigefügt.

Ich habe einige kleine Fehler korrigiert und die Erzählungen im mittleren Teil des Buches neu gruppiert und neu nume-

riert, so daß das Buch jetzt aus vierzehn Erzählungen besteht, in der Reihenfolge, in der ich sie angeordnet habe.
Ich habe das Wort ›bloody‹ an sechs Stellen gestrichen, und zwar auf Seite 4 von *Zwei Kavaliere,* auf Seite 7 und zweimal auf Seite 16 von *Efeutag im Sitzungszimmer* und zweimal auf Seite 16 von *Gnade.*
Ich habe die Stelle in *Entsprechungen,* gegen die Sie Einspruch erhoben, gestrichen und habe den Vorfall in der Weise umgeschrieben, wie ich es zu tun versprochen hatte.
Ich will Ihnen nicht verhehlen, daß ich glaube, den Erzählungen durch diese Streichungen geschadet zu haben, aber ich hoffe zuversichtlich, Sie werden erkennen, daß ich versucht habe, Ihren Wünschen und Bedenken gerecht zu werden. Und ich bitte Sie, mir so bald wie möglich nach Empfang des Manuskripts zu schreiben, damit ich weiß, was Sie nun endgültig tun wollen. Ich bin unter dieser Adresse bis zum 28. Juli zu erreichen. Ihr ergebener JAS A JOYCE

AN GRANT RICHARDS

23. September 1906
Via Frattina 52, II, Rom

Sehr geehrter Mr. Grant Richards,
Ich habe die ganze Woche auf einen Brief von Ihnen wegen meines Buches gewartet. Der Monat September ist jetzt fast vorüber und ich bin weiter im unklaren über sein Schicksal. Ich schreibe Ihnen jetzt, weil ich die innere Ungewißheit, in der ich mich zur Zeit befinde, auf die eine oder andere Weise zu einem Ende bringen möchte. Ich brauche Ihnen kaum zu versichern, wie entmutigend es für mich ist, eine weitere Saison vorübergehen zu sehen (wie ich sehe), ohne daß mein Buch veröffentlicht wird. Und ich glaube, Sie werden mir nicht vorwerfen können, aufdringlich zu sein, wenn ich Sie bitte, mir nach Empfang dieses Briefes Ihre endgültige Entscheidung mitzuteilen. Ihr ergebener JAS A JOYCE

Von Grant Richards

24. September 1906

Sehr geehrter Mr. Joyce,

Vor einiger Zeit beschrieben Sie mir als Antwort auf eine Erkundigung von mir Ihre Verhältnisse deutlich genug, um mir – auch wenn Sie es nicht deutlich ausgesprochen hätten – vollkommen klar zu machen, daß der Erfolg Ihrer literarischen Arbeit für Sie sehr große Bedeutung besitzt – »Meine Aussichten bestehen darin, genug Geld durch mein Buch oder meine Bücher zu verdienen, damit ich mein unterbrochenes Leben wieder aufnehmen kann.« Diese Tatsache hatte ich im Gedächtnis, als ich »Dubliner« noch einmal las – noch einmal sehr sorgfältig las –, und obgleich ich nicht sagen kann, daß dies der dominierende Faktor war, so war es doch ein Faktor, der mich zu der Entscheidung veranlaßte, daß wir das Buch nicht herausbringen können. Sie sind uns hinsichtlich unserer Einwände gewiß ein gutes Stück entgegengekommen – Einwände, die sich auf die Vorurteile anderer gründen, nicht auf unsere eigenen, wie ich Ihnen klarzumachen versucht habe – aber das Buch ist doch immer noch so, daß es, wie ich glaube, kein Erfolg werden kann, daß es die Mehrheit der Leser gegen seinen Verleger einnehmen und einem Erfolg irgendwelcher künftiger Bücher von Ihnen im Wege stehen würde. Wenn Sie dasselbe Thema für einen langen Roman verwendet, wenn Sie darin das Leben ebenso freimütig behandelt hätten, wären unsere Einwände nicht so gewichtig. Ein langer Roman kann Erfolg haben, wo eine Sammlung von Kurzgeschichten gleicher Qualität ihn nicht hätte. Wie Sie mir schrieben, arbeiten Sie an einem langen Roman. Ob Sie nach den Schwierigkeiten, die es wegen diesem Buch gegeben hat, bereit sein werden, ihn uns anzubieten, weiß ich nicht. Ich glaube, Sie wären gut beraten, wenn Sie sich dazu entschließen könnten, da wir zumindest Ihre Fähigkeiten kennen; und außerdem würden wir Ihnen eine Entscheidung innerhalb von vierzehn Tagen nach Erhalt des Manuskripts mitteilen. In einem Roman gesteht man dem Künstler größeren Spielraum zu, warum, ist schwer zu sagen; und angenommen, der Roman wird ein Erfolg, dann könnten die »Dubliner« nachfolgen, unter solchen Umständen wahrscheinlich ohne andere Abänderungen als jene, die Sie bereits vorgenommen haben. Mit anderen Worten: einem Manne, der Erfolg gehabt hat, wird von den Kritikern und vom Publikum größere Freiheit zugestanden.

Ich würde Sie deshalb dringend bitten, »Dubliner« zunächst beiseite zu legen; Ihren Roman zu beenden; und das Erscheinen der »Dubliner« weitgehend vom Erfolg des ersten Buches abhängig zu machen. Es ist natürlich möglich, daß Sie einen anderen Verleger finden könnten, der weniger furchtsam ist als unser Haus: zum Beispiel könnte Mr. John Long »Dubliner« verlegen. Dennoch glaube ich immer noch, Sie wären besser beraten, wenn Sie das Buch zurückhielten.

Es ist müßig, zu diesem späten Zeitpunkt und im Hinblick darauf, was ich gesagt habe, meine Bewunderung für Ihr Buch noch einmal auszudrücken, doch kann ich Ihnen versichern, daß diese Bewunderung sowohl groß als auch aufrichtig ist; und ich bin überzeugt, daß Ihr Werk, falls Sie sich zumindest gegenwärtig von gewissen praktischen Erwägungen leiten lassen, beachtlichen Erfolg haben wird. Und ob Sie es nun für richtig halten oder nicht, uns Ihren Roman anzubieten, so können Sie sich darauf verlassen, daß ich alles in meiner Macht Stehende tun werde, um bei diesem Vorhaben behilflich zu sein.

Ich verbleibe, sehr geehrter Mr. Joyce, Ihr sehr ergebener

GRANT RICHARDS

P. S. Ich behalte das Manuskript hier, bis ich von Ihnen höre.

An Grant Richards [Briefentwurf]

10. Oktober 1906
Via Frattina 52, Rom

Sehr geehrter Mr. Grant Richards,
Ich habe die Briefe nachgelesen, die wegen meiner Bücher zwischen uns gewechselt wurden, und da die ersten Briefe nun mehr als zwei Jahre zurückliegen, hoffe ich zuversichtlich, daß dies die letzten Briefe sind, die wir wegen dieses Themas wechseln.
Zunächst zu meinen Gedichten. Ihre Veröffentlichung ist dreimal verschoben worden: einmal, weil Sie Ihr Geschäft aufgaben und Ihnen in der Folge, während ich in Pola war, das Ms. abhanden kam, dann, weil ich mich, als Sie das Geschäft wieder aufnahmen und mir nach Triest schrieben, ich solle das Ms. wieder abschreiben und es Ihnen noch einmal vorlegen, mit den von Ihnen gestellten Bedingungen nicht einverstanden erklären und einen Teil der Druckkosten nicht selbst bezahlen konnte, und schließlich, weil Sie mir, nachdem ich Ihnen auf Ihre Anregung hin mein zweites Buch angeboten hatte, rieten, die Gedichte erst nach dem Erscheinen dieses Buches zu veröffentlichen. Da jedoch nun die offenkundige Verschiebung meines zweiten Buches zugunsten eines zur Hälfte geschriebenen Romans die Veröffentlichung meines Gedichtbandes praktisch auf immer verschiebt, und da ich die Gedichte nicht auf immer nur im Ms. vorliegen wissen möchte, habe ich es für richtig gehalten, einem Vorschlag zu folgen, den mir Mr. Arthur Symons hinsichtlich ihrer Veröffentlichung gemacht hat, und bitte Sie daher freundlichst, mir das Gedicht-Ms. postwendend zurückzuschicken.
Jetzt zu *Dubliner*. Nachdem ich Ihre Briefe noch einmal sorgfältig durchgelesen habe, merke ich, daß ich in einem Punkt im Irrtum war. Ich ließ mich auf die Korrespondenz ein und erklärte mich schließlich zu gewissen Veränderungen bereit, einzig deshalb, daß die dreizehnte Erzählung, *Zwei Kavaliere*, zusammen mit den anderen erscheinen könnte. Mir

schien, Sie bestünden mit einigem Recht auf dem Ausschluß dieser Erzählung, falls ich darauf bestünde, nichts von dem, was ich geschrieben hatte, zu ändern. Ich stelle jetzt aber fest, daß ich Ihnen *Zwei Kavaliere* zusammen mit Ihrer Kopie meines unterschriebenen Vertrags am 23. Februar schickte, daß Sie den Empfang am 27. Februar bestätigten und daß Sie mir eine Woche später, am 6. März, meine mit Mr. Grant Richards unterschriebene Kopie des Vertrags schickten. Aus diesen Daten ersehe ich, daß ich ›das vollständige Ms., in satzfertiger Form, dem Verlag abgeliefert‹ hatte, und daß *Zwei Kavaliere* ein Teil des vollständigen Ms. war. Als ich Ihnen unter dem Eindruck, *Zwei Kavaliere* wäre nicht Teil des vollständigen Ms., schrieb, Sie wüßten doch zumindest, daß es in Vorbereitung sei, erwiderten Sie mir am 19. Juni, Sie hätten keine Ahnung, worum es darin ginge. Dahingegen hatten Sie das Ms. der Erzählung am 27. Februar in Händen und hatten damals nicht nur den Empfang bestätigt, sondern auch den Vertrag unterzeichnet und am 6. März an mich zurückgeschickt und baten mich sogar einen Monat später, Ihnen die 14. Erzählung zu schicken, da das Buch in Satz ginge. Erst am 23. April erhoben Sie Einwände gegen *Zwei Kavaliere* und gegen Stellen in *Entsprechungen* und Wendungen in *Gnade,* Einwände, die dank der Tatsache, daß ich Ihre Aufmerksamkeit arglos auf andere Teile des Buches lenkte, später ausgedehnt wurden auf *Die Pension, Efeutag im Sitzungszimmer* und *Eine Begegnung.* Sie scheinen der Ansicht, daß ich auf der Rolle des Druckers zu sehr herumgeritten bin. Aber ist er nicht der springende Punkt? Sie schreiben mir Anfang Februar, Sie hätten das Buch selbst für den Verlag gelesen, und später, Mitte Mai, sagen Sie, Ihr Lektor, Mr. Filson Young, der es ebenfalls las, stimme mit Ihnen darin überein, daß es unmöglich veröffentlicht werden könne. Mir scheint, Ihr Lektor hätte logischer gehandelt, wenn er Sie im Januar auf diese Unmöglichkeit hingewiesen hätte, statt sich im Mai Ihrer Meinung anzuschließen, logischer und auch rücksichtsvoller mir gegenüber. Aber in Wirklichkeit sind wir alle – Sie, Ihr Lektor und ich – unwichtig: wichtig allein ist der Drucker. Sein Amt macht offensichtlich das des Lektors und des Verlegers überflüssig. Die Briefe und der Vertrag hätten von ihm unterzeichnet werden sollen, das Buch hätte von ihm – und von keinem anderen – gelesen, gedruckt und veröffentlicht werden sollen. Ich habe meine Rolle mit der Ablieferung des Ms. ausgespielt: jetzt beginnt seine Rolle, vorausgesetzt, daß er überhaupt eine hat, und ich bin mir nicht sicher, ob er nicht auch dazu ermächtigt ist, das Buch auszuliefern, zu verkaufen und zu besprechen. Immerhin gesteht er mir meine Rolle zu, nämlich das Buch zu schreiben: das habe ich getan und mehr als das. Gewissenhaft wie er ist, kann er dergleichen von sich nicht behaupten.

Aber wenn ich auf der Rolle des Druckers zu sehr herumgeritten bin, so scheinen Sie mir zu sehr auf den Worten ›Risiko‹ und ›Geldbeutel‹ herumgeritten zu sein. Nach den Klauseln im Vertrag zu urteilen, ist Ihr Risiko nicht übermäßig groß. Soweit ich sehe, sollten von einem Buch, das Sie und die anderen, denen Sie es gezeigt haben, so sehr bewundern, das Sie als ein Kapitel der Sittengeschichte meines Landes betrachten, unter einer Bevölkerung von einigen 47 Millionen ein paar hundert Exemplare verkauft werden können, besonders in einem Augenblick, da diese Bevölkerung und ihr Parlament im Begriff stehen, über das Schicksal des Landes befragt zu werden, um das es in meinem Buche geht. Aber wie dem auch sei (und es ist Ihre Sache, das zu beurteilen, nicht meine), ich möchte Ihnen noch einmal, da Sie diesen Punkt wiederum in Ihrem Brief vom 24. Sept. zur Sprache bringen, versichern, daß es nutzlos ist, an meinen Geldbeutel zu appellieren. Ich möchte mehr Muße und mehr Geld und ein anderes Leben und eine andere Anschrift haben, um nach meiner Façon arbeiten zu können, aber gleichzeitig bin ich für die Situation, in der ich mich augenblicklich befinde, über alle Maßen dankbar, denn während ich diesen Zustand, so

bescheiden er sein mag, genieße, brauche ich weder Hunger noch Obdachlosigkeit als Entschuldigung für eine vorsätzliche Prostitution meines Talentes oder eine vorsätzliche und heuchlerische Verstümmelung meiner Arbeit vorzuschützen.
Zum Schluß zu meinem Roman, und ein Wort dürfte genügen. Ich bin nicht in der richtigen Verfassung, um ihn zu beenden. Zwei Jahre lang habe ich nun gehofft, und jetzt, da ich sehe, daß diese zwei Jahre des Wartens und Hoffens mir nichts genützt haben, ist es wirklich zuviel von mir verlangt, daß ich mich ruhig hinsetze und weiterschreibe und dann wieder warte und hoffe. Denn ich bin überzeugt, daß dann die gleichen Briefe mit den gleichen Einwänden geschrieben würden. Es ist wahr, ich brauche notwendig einen Verleger, aber der Verleger, den ich brauche, müßte bereit sein, ein gewisses Risiko einzugehen, ist es anders doch schwer einzusehen, wieso er irgendwelchen Gewinn für sich beanspruchen darf. Es mag allerdings sein, daß Ihrerseits Umstände hineinspielen, durch die sich viele der in dieser Korrespondenz aufgetretenen Rätsel erklären, und jedenfalls danke ich Ihnen für Ihre freundliche Beurteilung, sowohl der Gedichte wie der Erzählungen.
Sie sagen, Sie erwarten Antwort von mir. Was ich im wesentlichen zu sagen habe, ist dies: wenn Sie eine Möglichkeit sehen, das gegenwärtig in Ihrem Besitz befindliche Ms. mit den von mir mit Rücksicht auf Ihre Einwände vorgenommenen Änderungen zu veröffentlichen, so steht Ihnen das frei. Das heißt, ich bin damit einverstanden, daß die vierzehnte Erzählung, *Eine kleine Wolke*, über die es keine Meinungsverschiedenheiten gegeben hat, mit aufgenommen wird, um die Änderungen wettzumachen, die ich mit Rücksicht auf Ihre Einwände in den anderen Erzählungen vorgenommen habe. Weitere Änderungen kann ich nicht vornehmen und kann das Ms. auch nicht beiseite legen, um meinen Roman zu beenden. Falls Sie allerdings keine Möglichkeit sehen, es zu veröffentlichen, schicken Sie es mir postwendend zurück, und bitte

schicken Sie mir freundlichst in jedem Falle das Ms. der Gedichte. Ihr ergebener JAS A JOYCE

VON GRANT RICHARDS

18. Oktober 1906

Sehr geehrter Mr. Joyce,

Ich glaube, ich kann nichts Wesentliches zu meinem letzten Brief in bezug auf »Dubliner« hinzufügen. Sie wissen, wie sehr wir die Unmöglichkeit bedauern, das Buch zu veröffentlichen. Es in der vorliegenden Fassung oder selbst mit den Verbesserungen, die Sie vorschlugen, herauszubringen, wäre von Ihrem Standpunkt aus völlig nutzlos: es brächte Ihnen weder Geld noch Ansehen. Wenn Sie sich jedoch dazu verstehen könnten, Ihren Roman zu vollenden, und er hätte die Stärke Ihrer Kurzgeschichten, so glaube ich, er könnte Ihnen sowohl Geld als auch Ansehen bringen, und dann könnte, wie ich bereits sagte, »Dubliner« auf ihn folgen.

Das Manuskript Ihrer Gedichte geht mit getrennter Post an Sie zurück.

Ich verbleibe, sehr geehrter Mr. Joyce, hochachtungsvoll Ihr

GRANT RICHARDS

AN GRANT RICHARDS

22. Oktober 1906
Via Frattina 52, II, Rom

Sehr geehrter Mr. Grant Richards,

Ich habe Ihren Brief vom 16. und mein Gedicht-Ms. erhalten, wofür ich Ihnen danke. Wie ich Ihnen in meinem letzten Brief schrieb, kann ich an dem Ms., das Sie augenblicklich haben, nichts weiter ändern, wurden die bisherigen Änderungen doch einzig und allein vorgenommen, um eine Aufnahme der Erzählungen 13 und 14 zu ermöglichen. Falls Sie allerdings an unserem Vertrag hinsichtlich der ursprünglichen 12 Erzählungen festhalten möchten, bin ich bereit, die in Ihrem Brief vom 23. April erbetenen Zugeständnisse zu machen:

1. Weglassung von *Zwei Kavaliere* (und von *Eine kleine Wolke*)
2. Streichung der Stelle in *Entsprechungen* (bereits gestrichen)
3. Streichung des Wortes ›bloody‹ in *Gnade* (bereits gestrichen)

Falls Sie sich allerdings nicht dazu entschließen können, das Buch, wie zwischen uns vereinbart, in seiner ursprünglichen Form, selbst unter Berücksichtigung dieser Zugeständnisse, zu veröffentlichen, dann schicken Sie mir freundlichst das vollständige Ms. postwendend zurück. Ihr ergebener

Jas A Joyce

26. Oktober 1906

Sehr geehrter Mr. Joyce,

Ich fürchte, wir können, wenn auch mit Bedauern, nicht von dem abgehen, was wir in unserm letzten Brief schrieben.

Würde ich Sie besser kennen, dann bäte ich Sie inständig, die Erzählungen beiseite zu legen, bis der Roman beendet, veröffentlicht und ein Erfolg geworden ist. Daß Sie jetzt entmutigt sind, ist wahrscheinlich natürlich; aber entmutigt zu sein ist ein Luxus, den sich zu erlauben ich für immer weniger möglich halte.

Sie glauben leider, von uns schlecht behandelt worden zu sein. Aber wenn Sie das glauben, sind Sie gewiß im Irrtum; und obgleich das, was wir getan haben, in unserem eigenen Interesse ist, ist es, wenn Sie das vielleicht jetzt auch nicht so sehen, auch in dem Ihren.

Was den Roman betrifft, so werden wir ihn innerhalb von vierzehn Tagen nach Erhalt annehmen oder ablehnen – das heißt, wenn Sie ihn uns überhaupt vorlegen wollen. Selbstverständlich wäre er Gegenstand eines völlig neuen Vertrages.

Das Manuskript schicke ich mit getrennter Post zurück.
Ich verbleibe, sehr geehrter Mr. Joyce, hochachtungsvoll Ihr

GRANT RICHARDS

VON GRANT RICHARDS

28. August 1911

Sehr geehrter Mr. Joyce,
Mich interessiert natürlich dieser Brief, den Sie an die Presse schicken[1] und von dem Sie mir freundlicherweise eine Abschrift zugesandt haben. Ich glaube nicht, daß Ihnen die Schwierigkeiten eines Verlegers ganz klar sind. Dennoch ...
Ich habe oft an Ihre Arbeiten gedacht, und wenn Sie trotz der Dinge, die vorgefallen sind, irgendwann die Absicht haben sollten, mir etwas von dem, woran Sie jetzt arbeiten, zugänglich zu machen, so werden Sie das, wie ich hoffe, ohne zu zögern tun.
Hochachtungsvoll Ihr GRANT RICHARDS

AN GRANT RICHARDS

23. November 1913
Via Donato Bramante 4, Triest

Sehr geehrter Herr,
Ich habe Ihnen vor zwei Jahren die Abschrift eines mein Buch *Dubliner* betreffenden Briefes, den ich der Presse zugehen ließ, geschickt. Das Buch hat seitdem ein noch ereignisreicheres Schicksal gehabt. Es wurde vollständig gedruckt, und die gesamte Auflage von 1000 Exemplaren wurde vom Verleger verbrannt.[2] Ein vollständiges Umbruchexemplar ist in meinem Besitz. Angesichts der sehr merkwürdigen Geschichte des Buches – Annahme und Ablehnung durch zwei

1 S. Seite 103.
2 S. Seite 124 f., 139 f.

Verlage, mein Brief an den gegenwärtigen König,[1] seine Antwort, mein Brief an die Presse, meine Verhandlungen mit dem zweiten Verleger – Verhandlungen, die mit der böswilligen Verbrennung der ganzen ersten Auflage endeten – und ferner angesichts der Tatsache, daß Dublin, von dem das Buch so kompromißlos handelt, augenblicklich im Mittelpunkt des allgemeinen Interesses steht, glaube ich, daß vielleicht die Zeit für die Veröffentlichung meines unglücklichen Buches gekommen ist.
Ich habe ein Vorwort[2] geschrieben, das die Geschichte des Buches schildert, und da in dieser Stadt 100 Bestellungen darauf vorliegen, bin ich, wenn nötig, bereit, zu den Kosten für die Veröffentlichung beizutragen – Kosten, die sich vermutlich verringern, da das Buch nach der gedruckten Vorlage gesetzt werden wird.
In Erwartung Ihrer raschen Antwort, bin ich, sehr geehrter Herr, Ihr ergebener JAMES JOYCE

VON GRANT RICHARDS

25. November 1911

Sehr geehrter Herr,
Ihr Brief vom 23. ds. erreicht uns während des Aufenthalts von Mr. Grant Richards in den Vereinigten Staaten.
Seit wir Ihre Arbeit in Händen hielten, ist so viel Zeit vergangen, daß wir nichts Definitives dazu sagen können, bis wir Gelegenheit haben, sie erneut zu prüfen. Wenn Sie uns einen Satz Fahnen zusammen mit Ihrem Vorwort schicken, werden wir uns der Angelegenheit unverzüglich annehmen und Ihnen bald nach Mr. Grant Richards' Rückkehr in ungefähr vierzehn Tagen schreiben.
Ihre ergebene

[unterschrieben E. P. Hemmerde]

1 S. Seite 104 f.
2 S. Seite 139

Von Grant Richards

20. Januar 1914

Sehr geehrter Mr. Joyce,

Ich ersehe weder aus Ihrem Vorwort zu »Dubliner« noch aus Ihren Briefen, ob der Text des Buches, wie er jetzt gesetzt ist, so weit geändert ist, daß er den Einwänden seiner Kritiker stattgibt, oder ob er noch in der ursprünglichen, mir bekannten Form vorliegt oder in einer anderen, von Ihnen gebilligten Fassung. Bitte geben Sie mir ebenfalls über die folgenden Punkte Auskunft:

1. Bestehen Sie auf dem Druck des Vorworts?
2. Sind Sie, wenn auch unter Protest, noch gewillt, irgendwelche sehr geringfügigen Änderungen im Text zu gestatten? (Ich bin durchaus nicht sicher, daß ich überhaupt welche vorschlagen werde.)
3. Besteht die Möglichkeit, daß irgendeine Person, ein Restaurant, ein Wirtshaus oder dergleichen, im Falle einer Veröffentlichung des Buches Grund zu einer Verleumdungsklage gegen den Verleger sähe?
4. Hätten Sie Einwände dagegen, wenn ein bekannter Literat eine Einleitung zu dem Buch schriebe?

Hochachtungsvoll Ihr Grant Richards

An Grant Richards

24. Januar 1914
Via Donato Bramante 4, II, Triest
(Österreich)

Sehr geehrter Mr. Grant Richards,

In Erwiderung Ihres Schreibens vom 20. ds.:

Das Buch hat die von mir gebilligte Form, d. h. mit ein oder zwei leichten Änderungen, die bereits gemacht sind. Ich bin bereit, das Vorwort wegzulassen und es durch die Einleitung, von der Sie sprechen, ersetzen zu lassen.

Es besteht nicht die geringste Gefahr einer Klage. Wenn Sie

zwischen den Zeilen gelesen haben, wird Ihnen klar geworden sein, daß die in Dublin fortwährend erhobenen Einwände Ausflüchte waren und nichts weiter. Irgendjemand in Dublin hat den Drucker für sein Werk bezahlt. Ich nicht.
Was Änderungen des gegenwärtigen Textes anlangt: sollten wir nicht, alles eingerechnet, diesen Punkt fallen lassen?
Ich bin auch bereit, 120 Exemplare zum Nettopreis zu übernehmen, um sie hier zu verkaufen.
Ich denke daran, zwei Erzählungen in einer amerikanischen Zeitschrift und die italienische Übersetzung von einer *(Efeutag)* in der Nuova Antologia zu veröffentlichen, wo mir eine ausführliche Rezension des Buches versprochen ist. Würden Sie, wenn es dazu kommt, Wert auf den Hinweis legen, daß die Veröffentlichung in Buchform durch Sie in Aussicht steht?
Sie kennen Ihr Geschäft wahrhaftig besser als ich: aber ich bilde mir ein, daß die ›merkwürdige Geschichte‹ der *Dubliner* die Gemüter beträchtlich erregt. Ihr ergebener

JAMES JOYCE

VON GRANT RICHARDS

29. Januar 1914

Sehr geehrter Mr. Joyce,
ich habe vor mir den Vertrag, den Sie mit unserem Haus für »Dubliner« abgeschlossen hatten. Wir bieten Ihnen nun genau denselben Vertrag unter der Voraussetzung, daß Sie, wie Sie vorschlagen, 120 Exemplare des Buches zum Nettopreis übernehmen. Wir würden das Buch zu einem Ladenpreis von 3/6 herausbringen und Ihnen die Exemplare für 2/6 überlassen; es versteht sich, daß Sie die Exemplare sofort nach Lieferung bezahlen.
Die Herstellung des Buches wird sofort begonnen, und es wird sobald wie nur irgend möglich herausgebracht.
Hochachtungsvoll Ihr GRANT RICHARDS

An Grant Richards

3. Februar 1914
Via Donato Bramante 4, II,
Triest (Österreich)

Sehr geehrter Mr. Grant Richards,
In Erwiderung Ihres Schreibens vom 29. letzten Monats:
Ich erkläre mich mit den Bedingungen unseres alten Vertrages einverstanden, aber es gibt ein paar Punkte, über die wir Klarheit haben sollten.
i) Ich denke, Sie sollten sich dazu verpflichten, die kontinentalen Rechte (Tauchnitz etc.) in den ersten zwei Jahren nicht zu vergeben. Dadurch hätte ich die Möglichkeit, die englische Ausgabe auch noch nach den bereits abgesetzten 120 Exemplaren zu verkaufen. Es ist vereinbart, daß ich diese sofort zum Nettopreis von 2/6 (£ 15) übernehme.
ii) Im Hinblick auf einen möglichen Erfolg sollte sich doch der Anteil von 10%, sagen wir, auf die ersten 8000 Exemplare beziehen. Danach könnten Sie ihn wohl gut auf 15% erhöhen – wenn auch nur in Ansehung der Schwierigkeiten, die ich mit dem Buch gehabt habe.
Könnten Sie das Buch im Mai herausbringen? Ich verpflichte mich, die Fahnen zwei Tage nach Empfang korrigiert zurückzuschicken.
Ich hoffe, unsere Schwierigkeiten sind jetzt beendet, und wünsche Ihrem Haus und mir und dem unseligen Buch viel Glück. Ihr ergebener James Joyce

Von Grant Richards

27. Februar 1914

Sehr geehrter Mr. Joyce,
Ich schicke Ihnen einen Vertrag, der die Bedingungen der alten Vereinbarung enthält, modifiziert gemäß den in Ihrem Brief vom 3. Februar angesprochenen ein oder zwei Punkten. Wir werden versuchen, das Buch im Mai herauszubringen.

Übrigens haben die irischen Setzer Ihren Dialog nicht in der herkömmlichen Weise behandelt: sie haben die verschiedenen Reden nicht zwischen Anführungszeichen gesetzt, sondern haben eigenmächtig eine nach meiner Meinung sehr häßliche, ungeschickte Regelung getroffen, die für den normalen Leser ein Hindernis bilden wird. Ich halte es für ausgemacht, daß nach der üblichen Methode verfahren werden kann.
Über das Vorwort werden wir ein wenig später entscheiden. Es ist möglich, daß die wichtigeren Fakten, die es enthält, in die Einleitung eines anderen Verfassers, den ich vorgesehen habe, übernommen werden könnten. Es handelt sich um Mr. Filson Young, den ich gefragt habe, ob er eine Einleitung schreiben würde, da er das Originalmanuskript gelesen und es ihm gefallen hatte. Er antwortete, er werde sich entscheiden, sobald er das ganze Buch in unseren Fahnen gesehen habe.
Wenn Sie den Vertrag unterschreiben und an mich zurückreichen, werde ich Ihnen ein von unserer Firma unterzeichnetes Duplikat zusenden.
Hochachtungsvoll Ihr GRANT RICHARDS
P. S. Es gibt immer noch einen Punkt, der die Leute hier beunruhigt: die in Ihrem Vorwort mitgeteilte Anregung des Dubliner Verlegers, der Sie bat, alle Namen von Wirtshäusern, Restaurants etc. zu ändern. Und man sagt, es müsse doch sicherlich einen Grund gegeben haben, warum die Ausgabe verbrannt wurde. Sie haben mir jedoch versichert, daß für uns kein Anlaß besteht, eine Verleumdungsklage zu befürchten, und ich verlasse mich auf Ihre Versicherung.

AN GRANT RICHARDS

4. März 1914
Via Donato Bramante 4, Triest

Sehr geehrter Mr. Grant Richards,
Ich schicke Ihnen hiermit den von mir unterschriebenen Vertrag. Ich hoffe, Sie werden es schaffen, das Buch im Mai her-

auszubringen, da ich den Verkauf hier vor dem Sommer sehr gut antreiben könnte. Ich nehme an, daß Sie mir, wenn nötig, weitere Exemplare (über die 120 hinaus, die zu kaufen und sofort nach Lieferung zu bezahlen ich mich verpflichtet habe) zu den gleichen Bedingungen liefern werden. Sie können diese Fakten in irgendeinem fairen Vorwort unterbringen.
Den irischen Setzern sind keine Vorwürfe zu machen, was die Anführungszeichen angeht. Ich habe selbst darauf bestanden, daß sie fortgelassen würden: für mich sind sie ein Augenpulver. Ich finde, die Seite liest sich viel besser, wenn der Dialog zwischen Gedankenstrichen steht. Aber wenn Sie vom Gegenteil überzeugt sind, bin ich bereit, darauf zu verzichten und statt der Gedankenstriche wieder Anführungszeichen einsetzen zu lassen. Aber ich finde, Sie sollten meinen Vorschlag nicht unbesehen verwerfen. Ich finde, die Anführungszeichen, die bei Dialogen im Englischen verwendet werden, sind ein wahrer Graus und erwecken den Eindruck von Unwirklichkeit.
Wegen einer möglichen Verleumdungsklage habe ich, wie ich Ihnen wohl schon sagte, dem Leiter des Dubliner Verlags vorgeschlagen, sich einen Wagen zu mieten und bei den namentlich genannten Firmen herumzufahren und ihnen die Anspielungen zu zeigen und sie zu fragen, ob sie irgendwelche Bedenken hätten. Der Verleger lehnte meinen Vorschlag ab – wußte er doch (genau wie ich), was dabei herauskommen würde. Die Tag für Tag vorgebrachten Ausflüchte sind leicht zu durchschauen, und es fällt mir schwer, daraus etwas anderes zu schließen als dies – daß es die Absicht war, mich zu zermürben und mich, wenn möglich, ein für allemale zum Schweigen zu bringen. Aber das ist ihnen nicht gelungen.
Zum Schluß wünsche ich Ihnen guten Erfolg mit meinem unglücklichen Buch. Ihr ergebener JAMES JOYCE

Von Grant Richards

9. März 1914

Sehr geehrter Mr. Joyce,

Wir werden bestimmt versuchen, Ihr Buch vor Ende Mai herauszubringen; und Sie können so viele Exemplare, wie Sie über die 120 hinaus benötigen, zum selben Preis bekommen.

Ich hielt es für möglich, daß der Drucker auf Ihren Wunsch hin den Dialog so behandelt haben könnte, wie es geschehen ist, und ich habe diese Angelegenheit gründlich durchdacht. Ich bin sicher, daß es ein Fehler ist, ein neues Buch von einem nicht gut bekannten Schriftsteller so vorzulegen, wie Sie es in dieser Beziehung vorziehen würden. Lassen Sie uns nichts unternehmen, was den möglichen Leser behindern könnte.

Ich bin froh um erneute Versicherung bezüglich möglicher Verleumdungsklagen. Ich gestehe, daß selbst dann, wenn ich Ihre Vermutung hinnehme, man habe Sie absichtlich zermürben wollen, ich den Beweggrund nicht erraten kann.

Hochachtungsvoll Ihr Grant Richards

Von Grant Richards

30. Juni 1914

Sehr geehrter Mr. Joyce,

Ich weiß nicht, ob Sie die Besprechungen Ihres Buches gesehen haben. Die Kritiker heben, jeder auf seine Art, die trübe Atmosphäre des Buches hervor, aber sie äußern sich fast ohne Ausnahme sehr freundlich, und ein oder zwei haben sich sogar so freundlich geäußert, wie es das Buch meiner Meinung nach verdient. Auch diejenigen meiner Freunde, deren Meinung ich schätze und denen ich die Lektüre des Buches dringend anriet, haben mir enthusiastisch darüber geschrieben. Ich hoffe, Sie sind zufrieden; und nebenbei hoffe ich, daß Sie mit der Ausstattung des Buches zufrieden sind.

Was werden Sie nun als nächstes tun? Sicherlich haben Sie in der langen Zeit zwischen der Niederschrift der »Dubliner« und der Veröffentlichung andere Werke geschaffen.

Hochachtungsvoll Ihr Grant Richards

III. Frühe Briefe an und von Stanislaus Joyce

An Stanislaus Joyce

[Etwa 24. September 1905]
Via S. Nicolò 30, II, Triest, Österreich

Lieber Stannie,

Bitte gib mir die Auskünfte, um die ich Dich im Folgenden bitte:

Die Schwestern: Kann ein Priester in einem Habit begraben werden?

Efeutag im Sitzungszimmer – Sind Aungier St. und Wicklow [St.] im Bezirk Royal Exchange? Können städtische Wahlen im Oktober stattfinden?

Ein betrüblicher Fall – gehört die für die Sydney Parade zuständige Polizei der Division *D* an? Würde bei einem Unfall in der Sydney Parade der städtische Unfallwagen hingeschickt werden? Würde ein bei einem Unfall in der Sydney Parade Verletzter ins Vincent Hospital eingeliefert werden?

Nach dem Rennen – wird die Polizei durch die Regierung mit Lebensmitteln versorgt oder aufgrund von Verträgen mit Privatfirmen?

Bitte, beantworte mir diese Fragen so schnell wie möglich. Ich schickte meine Erzählung *Erde* (leicht überarbeitet) an *The Literary World*, aber der verflucht dämliche Affe, der dieses Journal herausgibt, bestätigte weder den Empfang noch schickte er sie zurück. So etwas macht einen rasend. Bin ich oder sind diese Leute schwachsinnig. Dieser Journalist, der so überheblich über Tolstoj schrieb, ist (dem Teufel sei Dank) tot und, wie ich hoffe, zur Hölle gefahren. Jesus, ich muß etwas von diesen jüdischen Eingeweiden loswerden, die ich immer noch in mir habe. Ich ging gestern in einem großen Wald bei Triest spazieren. Der verdammte eintönige Sommer war vorüber, und der Regen und die sanfte Luft erinnerten mich an das schöne (ich meine das ernst) Klima von Irland. Ich hasse diese verdammte alberne Sonne, die einen zu Butter macht. Ich saß Meilen weit weg von allen Menschen auf einer von hohen Blumen umstandenen Bank. Die Bora (der Triestiner Wind) heulte in den Wipfeln der Bäume. Ich atmete den Duft der Erde tief ein und sprach das folgende Gebet (nicht identisch mit dem, das Renan auf der Akropolis sprach)

O Unbestimmtes Etwas hinter Allem!

Um der Liebe des Herrn Jesu Christi willen, ändere den gottverfluchten Zustand, in dem ich mich befinde. Gib mir um Christi willen eine Feder und ein Tintenfaß und etwas Seelenfrieden, und wenn ich dann, beim gekreuzigten Jaysus, diese kleine Feder nicht spitze und in fermentierte Tinte tauche und winzig-kleine Sätze über die Leute schreibe, die mich verraten haben, schick mich zur Hölle. Schließlich gibt es vielerlei Arten, Menschen zu verraten. Es war nicht nur der Galiläer, dem das widerfuhr. Wer zum Teufel du auch bist, ich sage dir, daß es eine elende Komödie ist, die zu spielen du von mir erwartest, und ich will verdammt sein, wenn ich sie für dich spiele. Was meinst du damit, wenn du mich beschwörst, nachsichtig zu sein? Um deinetwillen hielt ich mich davor zurück, einen kleinen schwarzen Burschen aus Bristol am Kragen zu packen und auf die Straße zu feuern, als er mich mit seinem ausgegorenen Gift bespuckte. Aber es war meine heroische Natur, die mich zwang, mich so zu verhalten, weil er kleiner war als ich. Um deinetwillen gestattete ich einem Radfahrer, sich mir gegenüber schandbar und feige zu benehmen, er gab vor, nichts gesehen zu haben, gab vor, meinesgleichen zu sein. Voller Gram gestehe ich dir, alter Knabe, daß ich ein verdammter Narr war. Aber wenn du mir nur das gewährst, worum ich dich bitte, werde ich nach Paris gehen, wo, glaube ich, eine Person namens Anatole France lebt, vielbewundert von einem Keltologen namens Gutbesserbest, und ich werde zu ihm sagen, ›Geschätzter Meister, ist diese Feder spitz genug?‹ Amen.

Es ist möglich, daß der Wahn, in dem ich mich hinsichtlich meiner schriftstellerischen Fähigkeit befinde, durch widrige Umstände zerstört wird. Aber der Wahn, daß ich meinem

Temperament nach Künstler bin, wird mich nie verlassen. Newman und Renan, zum Beispiel, sind ausgezeichnete Schriftsteller, aber sie scheinen sehr wenig von dem Temperament zu haben, das ich meine. Während Rimbaud, der kaum wirklich Schriftsteller zu nennen ist, es hat. Natürlich ist Renan Künstler und muß dieses Temperament haben, aber es wird durch sein philologisches Temperament in der Balance gehalten. Newman muß es auch haben, aber in der Balance gehalten durch sein theologisches Temperament. Ich bin weder *savant* noch Heiliger. Grant Richards schrieb mir, wie sehr er *Chamber Music* schätze, fügte aber hinzu, daß er in Anbetracht des augenblicklich herrschenden Geschmacks nur einen Teil des Risikos selbst tragen könne. Ich schrieb ihm zurück, bedankte mich (er hat freilich selbst kein Geld) und sagte, ich hätte kein Geld. Ich schrieb an Heinemann wegen *Dubliner* und fragte, ob man es lesen und prüfen wolle. Ich werde Dir Mittwoch oder Donnerstag die zehnte Erzählung *Eine Mutter* schicken, und am ersten November wird das Buch dann fertig sein. Vielleicht teilst Du mir mit, was Du davon hältst, da ich die Absicht habe, es Dir zu widmen. Du sitzt sehr lange auf meinem Roman. Ich wünschte, Du würdest sagen, was Du davon hältst. Das einzige vergleichbare Buch, das ich kenne, ist Lermontows *Held unserer Zeit.* Natürlich, mein Buch ist viel länger, und Lermontows Held ist Aristokrat – ein müder Mann und ein tapferes Tier. Aber in Absicht und Titel und zuweilen in der beißenden Behandlung des Sujets gibt es eine Ähnlichkeit. Lermontow beschreibt am Ende des Buches ein Duell zwischen dem Helden und G–, bei dem G– erschossen wird und über eine Klippe im Kaukasus abstürzt. Lermontows Modell für G–, aufgebracht durch die satirische Darstellung, forderte den Autor zum Duell. Das Duell wurde, wie im Buch beschrieben, am Rande einer Klippe im Kaukasus ausgefochten. Lermontow wurde erschossen und rollte über die Klippe in die Tiefe. Du kannst Dir vorstellen, was für ein Gedanke mir dabei durch den

Kopf ging. Das Buch beeindruckte mich sehr. Es ist viel interessanter als alles von Turgenjew.

Willst Du bitte einige von den englischen ›Realisten‹, die ich in den Zeitschriften erwähnt sehe, lesen und feststellen, wie sie sind – Gissing, Arthur Morrison und ein Mann namens Keary. Ich komme wenig zum Lesen und bin stumm wie ein Stockfisch. Aber ich glaube wirklich, daß die beiden letzten Erzählungen, die ich Dir geschickt habe, sehr gut sind. Vielleicht wird Heinemann sie ablehnen. Hier die Reihenfolge der Erzählungen. *Die Schwestern*, *Eine Begegnung* und eine weitere Erzählung, die Erzählungen aus meiner Kindheit sind; *Die Pension, Nach dem Rennen* und *Eveline*, die Erzählungen aus der Jugend sind; *Erde*, *Entsprechungen* und *Ein betrüblicher Fall*, die Erzählungen aus dem reifen Leben sind; *Efeutag im Sitzungszimmer*, *Eine Mutter* und die letzte Erzählung des Bandes, die Erzählungen aus dem öffentlichen Dubliner Leben sind. Wenn Du bedenkst, daß Dublin seit Jahrtausenden eine Hauptstadt gewesen ist, daß sie die ›zweite‹ Stadt des britischen Imperiums ist, daß sie fast dreimal so groß wie Venedig ist, dann kommt es einem doch merkwürdig vor, daß kein Künstler die Stadt der Welt dargestellt hat. Ich habe dieses alberne, erbärmliche Buch von Moore, ›The Untilled Field‹, gelesen, das die Amerikaner wegen seiner ›handwerklichen Meisterschaft‹ so bemerkenswert gefunden haben. Du meine Güte! Es ist wirklich sehr langweilig und flach: und schlecht geschrieben.

JIM

PS Heute wieder kein Brief von Dir. Ich verliebe mich noch in Dich, wenn Du Dich weiter so um die Post herumdrückst. Was um Gotteswillen tust Du? Wenn Du nicht umgehend antwortest, bei Gott, dann komm ich selbst umgehend nach Dublin und hol mir meine Manuskripte. Hast Du ›geschäftlich‹ zu tun? Ein alter Mann, ohne Hut, ohne Strümpfe und ohne Hemd, ein Pilger, kam eben auf seinem Wege in das Heilige Land an meinem Fenster vorüber. Zwei kleine Triestiner traten in einen Hauseingang und lachten, bis sie sich balgten. Lustige Welt!

Von Stanislaus Joyce

10. Oktober 1905
7 Whitworth Place, Drumcondra, Dublin

Lieber Jim,
Ich habe Angst, daß Du allmählich gereizt bist, aber hier sind einige Antworten auf Deine vielen Fragen:
1. Ein Priester wird in einem Habit begraben, wenn er einem Orden angehört, bei dem ein Habit getragen wird. Sonst wird er, soweit ich feststellen kann, in seinen Meßgewändern begraben: ich kann nicht feststellen, ob es in diesem Punkt ein kanonisches Gesetz gibt. P. O'Malley, dem sein Pfarramt genommen worden war, wurde in seinen Meßgewändern begraben.
2. Städtische Wahlen könnten eventuell im Oktober stattfinden, aber das ist höchst unwahrscheinlich. Das wäre dann eine Nachwahl (wenn zum Beispiel ein Councillor oder Alderman stirbt oder zurücktritt), und die würde, wenn dieser Fall so spät im Jahr eintritt, nach der allgemeinen Regelung gewöhnlich bis Januar hinausgeschoben werden. Aungier St. ist im Bezirk Royal Exchange.
3. Zu der Zeit, in der die Erzählung spielen soll, wäre der städtische Unfallwagen nach Sidney Parade geschickt worden (heute wäre die Pembroke Unfallstation in Ballsbridge zuständig), aber aller Wahrscheinlichkeit nach wäre der Verunglückte in der Straßenbahn hereingefahren worden. Ich erinnere mich, daß ein Mann, der an Raheny Junction verletzt wurde, mit der Straßenbahn zur Jervis St. gefahren wurde.
Mir scheint, Dein Buch ›Dubliner‹ gewinnt allmählich fast das gleiche Gewicht wie Dein Roman. ›Efeutag im Sitzungszimmer‹ ist genau, gerecht und einleuchtend. Es ist außerdem originell. Ich glaube nicht, daß das, was einen so

großen Teil Dublins und des irischen Lebens ausmacht, jemals von einem Künstler dargestellt worden ist. Einem Fremden müßte Deine Differenzierung der Charaktere nichts weniger als wunderbar vorkommen. Und das Gedicht – die ›Wende‹ in diesem Fall – ist ganz und gar irisch. Tante Josephine zieht den ›Betrüblichen Fall‹ allen anderen vor, aber so karg die Geschichte ist, ich halte sie für zu gewichtig für die Form, die Du wählst. Mein Sinn für Proportionen läßt mich ›Efeutag im Sitzungszimmer‹ oder ›Entsprechungen‹ den Vorzug geben. Die Leute werden den ›Betrüblichen Fall‹ für eine Geschichte leidenschaftlicher Naturen halten. Leute, die von dem, was sie lesen, unterhalten werden wollen – die breite Masse –, werden viele nicht nach ihrem Geschmack finden. ›Die Pension‹ vielleicht, wenn der Titel auch eher wie der Titel eines Bildes ist. Cosgrave sagte: ›Wie taktvoll er in dem Punkt ist!‹ Ich finde die geistige Gelassenheit und Ungezwungenheit, mit der Du diese Wahlmänner zeichnest, eine Erleichterung nach Turgenjews qualvoller und wenig glücklicher Analyse. Aber was hat es zu bedeuten, wenn Du die eine Hälfte einer Erzählung über ›Joe und Leo Dillon‹ schreibst und die andere über einen Sodomiten, den ich aus Bequemlichkeit den ›Hauptmann über fünfzig‹ nenne? Der Titel ›Eine Begegnung‹ verbindet die beiden Teile kaum miteinander. Trotzdem möchte ich diesen Typ keinesfalls in ›Dubliner‹ missen. Machst Du die Reinschrift dieser Geschichten nach einer Rohfassung? Wie in einem Shakespeare-Manuskript findet sich fast nie eine Korrektur, und doch kann ich mir kaum vorstellen, daß dieses erstaunliche Entwirren der Gedanken des Sodomiten aus dem Stegreif geschrieben wurde. Das Gefühl des Entsetzens – Du hattest Angst, er könnte Dich an den Fesseln zu fassen kriegen – ist geschickt hineingebracht. Mir fällt nebenbei bemerkt auf, daß die Pakete, die Du schickst, sehr sorgfältig gepackt sind – ganz und gar das Gegenteil von dem, was man von Dir erwarten würde. Aber eins war mit Siegellack versiegelt, und man hätte mir eine Nachgebühr über etwa 7/– berechnen können. Erinnerst Du Dich an Gogartys alberne Angewohnheit, seine Briefe kreuz und quer vollzukritzeln? Seine Genialität vermutlich. Der gewichtige Titel Deiner letzten Erzählung, ›Eine Mutter‹, gefällt mir nicht. Unter den Schriftstellern in Irland, die bedeutend sein wollen, ist es der Brauch, ihre armseligen Bemühungen mit gewichtigen Titeln zu versehen. Colum schreibt ›Broken Soil‹ (und man kann dazu nur gehässig grinsen, hat doch Turgenjew bereits ›Virgin Soil‹ [›Neuland‹] auf seiner Liste), andere Titel von ihm sind ›The Land‹, ›The Sower‹, ›The Drover‹; Russell schreibt: ›Earth's Breaths‹, Moore schreibt ›The Untilled Field‹; Yeats schreibt ›Where There is Nothing‹, ›Cathleen Ni Houlihan‹; und auch Du hast ›Die Schwestern‹, ›Erde‹, ›Eine Mutter‹. Wieviel eher ist man mit sich eins, wenn Colum als Titel ›A Poor Scholar in the 40-ties‹ hat, (so heißt's glaub ich); oder Russell (wenn das von ihm ist) ›The Nuts of Knowledge‹; oder Moore ›A Drama in Muslin‹, ›Parnell and his Island‹, ›Vain Fortune‹ oder ›Esther Waters‹; oder Yeats ›The Wind among the Reeds‹ oder Du ›Katharsis‹ oder ›Entsprechungen‹ oder ›Ein betrüblicher Fall‹ oder ›Kammermusik‹ oder ›Stephen der Held‹. Wenn schließlich ›Eine Mutter‹ auch kein so gewichtiger Titel ist, so ist er doch wiederum eher wie der Titel zu einem Bild. Im übrigen ist, wenn die Erzählung auch mit Deiner üblichen maliziösen Genauigkeit geschrieben ist, die Wende am Schluß ein wenig zu rational. ›Ce n'est pas gigantesque.‹ Du schreibst in Deinem Brief an mich: ›Wenn Du bedenkst, daß Dublin seit Jahrtausenden eine Hauptstadt gewesen ist, daß es die zweite Stadt des britischen Imperiums ist, daß es fast dreimal so groß wie Venedig ist, dann kommt es einem doch merkwürdig vor, daß kein Künstler die Stadt der Welt dargestellt hat.‹ Ein wenig in dieser Richtung solltest Du, glaube ich, Deine Sache bei den Verlegern betreiben. Sind Erzählungen nach Symons' Geschmack; vielleicht könnte er einen Verleger für Dich interessieren. Teilweise ist Dublin immerhin künstlerisch dargestellt worden, wie ich festgestellt habe. Ich habe die Angewohnheit, die Gallery oder das Museum zu durchstreifen, um mir die Forbes Collection anzusehen. Sie gefielen mir, und ich schien zu begreifen, wie Bilder gezeugt und geschaffen werden. Ich hatte Gelegenheit, Vergleiche mit dem Katalog der Londoner Galerie anzustellen, und fühlte mich Deinen an den Rand gekritzelten Notizen ziemlich überlegen. Ich fühlte mich geschmeichelt, fünf Corots aufgrund ihres Stils herausgefunden zu haben und außerdem einen unechten Corot, von dem ich wußte, daß er in der Sammlung war, und zwei Bilder von J. B. Yeats, die ich an den irischen Augen der Personen erkannte. In der National Gallery sah ich zwei, drei Bilder von einem Mann namens Walter Osborne, die mir sehr gut gefielen. Es sind Bilder von Kindern (Mädchen), aber offensichtlich aus Dublin. Eins heißt ›The Doll's School‹, ein anderes ›The Lustre Jug‹. Der Maler (der 1903 starb) schien mir wirklich Talent zu haben, Intelligenz und echtes, wenn auch nicht sehr starkes künstlerisches Temperament. Von einem Kritiker, der Jack B. Yeats und Russell verrissen hatte (ersterer allerdings gefällt mir gut), wurde er, wie ich kürzlich gelesen habe, voller Achtung erwähnt. Dieser Mann und der alte Yeats haben manch Gutes für Dublin getan, um die Stadt für die Kunst zu retten. Es gibt ein Porträt eines Mädchens in dunkelgrünem Kleid, das die Hände hinter dem Kopf verschränkt hat und sich im Stuhl zurücklehnt, und mir scheint das eines der besten Bilder der Sammlung zu sein. Ich bin mir ziemlich sicher, daß es vom alten Yeats stammt. Osborne ist stilistisch nicht so sorgfältig, bei ihm zeigt sich jener grobe unfertige Realismus, der wahrscheinlich typisch für die irische Kunst werden wird.

Übrigens, wenn Du vorhast, Symons Deine Erzählungen zu schicken, solltest Du ihn wegen des ›Speaker‹ fragen. War er es oder Yeats, der Dich da eingeführt hat? Skizzen, die Deinen formal ähnlich sind, erscheinen dort von Woche zu

Woche. In Deiner Erzählung ›Eine Mutter‹ benutzt Du die Wendung ›von Zeit zu Zeit‹ viermal. [...] STANNIE

AN STANISLAUS JOYCE

25. September 1906
Via Frattina 52, II, Rom

Lieber Stannie,
Am heutigen Montagmorgen warte ich ungeduldig auf eine Geldsendung von Dir. Meine Aktiva belaufen sich auf zwei Centesimi, da ich mich gestern rasieren lassen und eine Wäscherechnung bezahlen und für Georgie, der eine schwere Erkältung hat, Medizin kaufen mußte. Ich schrieb gestern wieder einen dringenden Brief an Grant Richards und bat ihn, postwendend zu antworten. Ich schickte Dir gestern den *United Irishman* mit einem Aufsatz von Gogarty, dessen Würze Du, wie ich hoffe, voll auszukosten verstehst. Der Teil über die lieben Nachbarn ist besonders ergiebig. Ich sehe mit Freuden, daß dies nur der Anfang einer Serie ist. Tante Josephine hat aufgehört, mir Skeffingtons Zeitung zu schicken oder überhaupt zu schreiben. Ich muß ein sehr unempfindlicher Mensch sein. Gestern ging ich zum Forum. Ich setzte mich auf eine Steinbank, von der man einen Blick auf die Ruinen hat. Es war sonnig und heiß. Wagen voll Touristen, Verkäufer von Postkarten, Verkäufer von Denkmünzen, Verkäufer von Photographien. Ich war so bewegt, daß ich fast einschlief und mich mit Gewalt zum Aufstehen bringen mußte. Ich betrachtete reuevoll die Steinbank, aber sie war zu hart, und der Rasen beim Colosseum war zu weit weg. So ging ich betrübt nach Hause. Rom kommt mir vor wie ein Mann, der davon lebt, daß er die Leiche seiner Großmutter für Reisende zur Schau stellt. Ist es nicht seltsam, daß Oliver Gogarty das häßliche England genau in dem Augenblick verflucht, wo ich wünschte, ich wäre in einem englischen Seebadeort. Was die Speisehäuser angeht, die für Gludge errichtet werden müssen:

O. G. sollte ein wenig das schöne Italien und das künstlerische Frankreich bereisen. Mrs. G. dürfte während ihres Aufenthalts in England nicht sehr unterhaltsam gewesen sein, da O. G. die Zeit fand, jene beiden Spalten zu schreiben. Ich stelle übrigens fest, daß Colum neuerdings nichts tut, um sein Geld zu verdienen. Jedenfalls hat er lange Zeit keine Torfballen zum U. I. beigesteuert. Auf dem Heimweg vom Forum ging ich, weil ich sehr müde war, in eine Dominikanerkirche, in der ich einen bequemen Korbstuhl fand. Ich beobachtete zwei Nonnen bei der Beichte. Als die Beichte vorüber war, verließen Beichtvater und Büßerinnen die Kirche in Richtung des Kreuzgangs. Aber die Nonnen kamen sehr bald zurück und knieten neben mir nieder. Dann begann die Vesper. Dann der Rosenkranz. Dann eine Predigt. Der Herr, der sie hielt, richtete die meisten seiner Bemerkungen an mich – Gott weiß warum. Ich machte vermutlich einen frommen Eindruck. Ich wartete den Segen nicht ab. Während ich dem Gottesdienst beiwohnte, überkam mich ein heftiges Bedauern, daß ich mir nie auf Grund historischer Studien ein genaues Bild von einem Orden wie dem der Dominikaner würde machen können. Ich denke, meine Politik, sich selbst und seine Nachkommenschaft der Kirche zu entziehen, ist zu langsam. Ich glaube nicht, daß der Kirche durch die Zahl der Abtrünnigen entscheidend geschadet worden ist. Ein Orden wie dieser könnte seine gewaltige Kirche mit Pacht etc. nicht auf Grund der Spenden der zwar religiösen aber knickerigen Italiener unterhalten. Und genauso in Frankreich, wie ich vermute. Sie müssen ausgedehnte Besitzungen an Land unter verschiedenen Eigentümernamen, und Gelder investiert haben. Das ist ein Grund, weswegen sie sich der ganz unketzerischen Theorie des Sozialismus widersetzen, denn sie wissen, daß eins seiner Ziele die Enteignung ist.

Ich erhielt heute gerade noch zur rechten Zeit Deine Anweisung über 17 Lire. Jetzt habe ich nur die eine Angst, daß man mir mein Geld nicht am 29. auszahlt. Mit diesem Geld komme ich bis Donnerstag abend aus. Teile mir bitte mit, wieviel ich Dir am 1. zurückzuschicken habe und auf welche Weise. Ich werde abwarten, ob man mich hier weiter beschäftigen wird, und wenn ja, werde ich Deinetwegen bei der Berlitz School vorsprechen. Meinst Du, ich sollte 2 Lire herausschmeißen, um ein Buch von Gissing zu kaufen – oder sollte ich einen Band Bret Harte kaufen. Ich habe Dir oft gestanden, wie überrascht ich darüber sei, daß an dem, was ich schreibe, irgendetwas Außergewöhnliches sein sollte, und immer nur in den Momenten, wo ich das Buch eines anderen aus der Hand lege, scheint mir das schließlich nicht so ganz unwahrscheinlich. Wenn ich manchmal an Irland denke, will es mir scheinen, als wäre ich unnötig streng gewesen. Ich habe (in *Dubliner* wenigstens) nichts, was an der Stadt anziehend ist, gestaltet, und habe mich doch, seit ich sie verließ, außer in Paris in keiner anderen Stadt wohlgefühlt. Ich habe ihre freimütige Insularität und ihre Gastfreundschaft nicht gestaltet. Die letztgenannte ›Tugend‹ gibt es, soweit ich sehe, nirgends sonst in Europa. Ich bin ihrer Schönheit nicht gerecht geworden: denn sie ist meiner Meinung nach von Natur schöner als alles, was ich in England, in der Schweiz, in Frankreich, Österreich oder Italien gesehen habe. Und doch weiß ich, wie nutzlos diese Überlegungen sind. Denn sollte ich das Buch ›in einem anderen Sinne‹ umschreiben, wie G. R. vorschlägt (wo zum Teufel kriegt er die sinnlosen Phrasen her, die er verwendet), so weiß ich genau, ich fände wieder, wie Du es nennst, den Heiligen Geist im Tintenfaß sitzen, und auf dem Höcker meiner Feder säße der boshafte Teufel meines literarischen Gewissens. Und schließlich ist *Zwei Kavaliere* – mit den sonntäglichen Spaziergängen und der Harfe in Kildare Street und Lenehan – ein Stück irischer Landschaft. Das Getue wegen Gorki kommt, glaube ich, daher, daß er der erste seiner Klasse war, der in den Bereich der europäischen Literatur eingedrungen ist. Ich, ohne mit dem Anspruch Gorkis auftreten zu können, habe ein bescheideneres Ziel. Ibsen selbst scheint einiges von der Gerüchtemacherei zurückgewiesen zu haben, die von *Ein Puppenheim* ausging. Verdrießlich sagte er, wenn man der *Irish Independent* glauben kann, bei einem Interview mit einem Italiener: ›Aber ihr Leute könnt das nicht richtig verstehen. Sie hätten in Norwegen sein sollen, als in Christiania zum ersten Mal die Pariser Mode-Journale verkauft wurden.‹ Das ist in Wahrheit der Grund, weshalb ich widerstrebende Verwandte zu Hause ständig damit belästige, mir Zeitungen und Zeitungsausschnitte von dort zu schicken. Ich wünschte, es gäbe hier einen irischen Club. Ich bin überzeugt, daß hier zehnmal so viel Iren und irische Amerikaner sind wie Skandinavier. *Wie* hat sich übrigens der dumme alte Aibsen hier durchgeschlagen? Unmöglich durch Unterricht: er muß in einem deutschen Büro gearbeitet haben.

Meiner Meinung nach rechtfertigt Griffiths Rede bei der Zusammenkunft des National Council die Existenz seines Blattes. Wahrscheinlich muß er seine Spalten Skribenten wie Gogarty und Colum und jungfräulichen Märtyrern, wie sein stellvertretender Schriftleiter einer ist, zur Verfügung stellen. Aber, soweit meine Kenntnis irischer Belange reicht, war er vor neun Jahren in Irland der erste, der die Idee des Separatismus in moderner Form wiederbelebt hat. Er fordert die Einrichtung von irischen Konsulaten im Ausland und die Gründung einer irischen Bank im eigenen Lande. Dabei verstehe ich nicht, wieso, während er offensichtlich das Reden und das Denken besorgt, zwei oder drei Schafsköpfe wie Martyn und Sweetman nichts tun, um die Pläne wenigstens in Angriff zu nehmen. In einem seiner Artikel schrieb er, daß es einen dänischen Kaufmann weniger koste, Butter nach Christiania und dann auf dem Seewege nach London zu schicken, als es einen irischen Kaufmann koste, seine Butter von Mullingar nach Dublin zu schicken. Vieles an seinem Programm ist vielleicht abwegig, aber zumindest versucht er, eine Art Geschäftsleben in Irland zu inaugurieren, und ich

muß Dir ehrlich sagen, in Triest fühlte ich mich einige Male gedemütigt, als ich hörte, wie das kleine Mädchen von den Galattis sich über mein verarmtes Land lustig machte. Vielleicht erinnerst Du Dich, daß ich bei der Ankunft in Triest tatsächlich ›einige Schritte unternahm‹, um dort eine Niederlassung von Foxford Tweeds einzurichten. Wogegen ich in seiner Zeitschrift am heftigsten bin, ist das Bestreben, das irische Volk nach dem alten Schmus vom Rassenhaß erziehen zu wollen, während doch jeder sehen kann, daß die irische Frage, wenn es überhaupt eine gibt, in erster Linie eine Frage ist, die das irische Proletariat betrifft. Ich habe mich, fürchte ich, schlecht ausgedrückt, aber vielleicht verstehst Du, worauf ich hinaus will. Eine Tuchfirma aus Belfast wickelt einen großen Teil ihrer Geschäfte in Rom über diese Bank ab. Alles in allem halte ich es für ungerecht, ihn mit einem bornierten Scharlatan wie Knickerbockers zu vergleichen.
Georgies Erkältung scheint sich gebessert zu haben. Er kann jetzt allein durchs Zimmer gehen und hat zwei neue Zähne. Das römische Klima ist bestimmt sehr gesund. Es ist jetzt Mittag und ich bin ziemlich hungrig. Gestern abend, zum Beispiel, hatte ich zum Essen Suppe, Spaghetti al sugo, ein halbes Beefsteak, Brot und Käse, Trauben und einen halben Liter Wein. Der Wein hier ist wie Wasser, ein kümmerliches Gesöff, meiner Meinung nach! Das Obst ist sehr teuer. Die blöden Ausländer, die hier in Scharen herkommen, treiben alle Preise hoch. Vor zwanzig Jahren, habe ich gehört, war es viel billiger.

JIM

AN STANISLAUS JOYCE [Postkarte]

Poststempel 30. September 1906
Via Frattina 52, II°, Rom

Ich schicke Dir 60 Lire und werde Dir morgen ausführlich zu dieser einnehmenden Frage schreiben. Kann es heute nicht schicken, da die Post geschlossen ist. Habe G. R. nicht geantwortet, habe aber Arthur Symons die ganze Geschichte geschrieben. Ich hoffe an G. R. zu schreiben, wenn Symons antwortet. Morgen gehe ich mich mit einem Anwalt besprechen, der für internationales Recht zuständig ist. War beim englischen Konsul, der mir die Adresse ihres Beraters gab.

Georgie ist, fürchte ich, an Bronchitis erkrankt. Wenn morgen nicht besser, werde ich den Arzt holen. Was ist jetzt mit der Keltenkaste? Nur noch einmal, Bester. Gib's auf, Jimmy, alter Junge. *[ohne Unterschrift]*

Noch eine Neuigkeit. Die Wirtin hat gerade die Miete für unser Zimmer erhöht. Wie rücksichtsvoll!

P. P. S. Ich habe eine neue Erzählung für Dubliner im Kopf. Sie handelt von Mr. Hunter.[1]

An Stanislaus Joyce

4. Oktober 1906
Via Frattina 52, II°, Rom

Lieber Stannie,

Ich schickte Dir am Montag 53 Lire, und das Schicken kostete fast noch eine Lira, ganz zu schweigen davon, daß ich in ungefähr zehn Cafés gehen mußte, um Gold und Silber zusammenzubekommen, da es hier auf der Post eine schlaue Bestimmung gibt, wonach es verboten ist, bei internationalen Zahlungsanweisungen mit Papiergeld zu zahlen. Georgie scheint es endlich besser zu gehen. Die Medikamente und Tabletten für ihn kosteten ungefähr 5 Lire, außerdem kaufte ich eine Flasche Tonikum für Nora. Die Wirtin hat meine Miete freundlicherweise auf 40 Lire erhöht, und mein Schüler ist bis Dezember verreist. Ich mußte ihm außerdem 11 Lire zahlen, die ich mir von ihm geliehen hatte, und da er ein anständiger kleiner Bursche zu sein scheint (er ist ein Neffe des aus den Abruzzen stammenden Malers Michetti, Francini

1 Aus der Erzählung über Mr. Hunter wurde schließlich der Roman *Ulysses*.

wird Dir sagen, wer er ist), lud ich ihn ein, am Michaelisabend bei uns zu essen. Wir hatten gebratene Ente.
Nun zu G. R. Ich habe nicht auf seinen Brief geantwortet. Ich schrieb an Symons, erzählte ihm den Fall von Anfang an und bat ihn um seinen Rat. Ich ging auch zu Wyndham. Am Anfang, als wir so hin- und herredeten, sagte er mir, daß er und seine Frau weder Besuche machten noch Besuche empfingen. Seine Frau, die Engländerin ist, ist sehr unnahbar und will nichts von Engländern wissen, die sie im Ausland trifft. Ihr Großvater war Admiral. Sie kennt, wie er mir sagte, viele von der römischen Aristokratie, und jetzt gehen sie nicht mal mehr zur Botschaft. Er haßt Rom und ist *sehr* angetan von Neapel: aber er zieht Bouillonsurrmehr vor. Er unternahm einige tapfere Versuche, die Namen von ein oder zwei Hauptstraßen in dieser Stadt auszusprechen, in der er seit achtzehn Jahren lebt. Er sagt den Römern immer ins Gesicht, was *er* von ihnen denkt, und er sagt, die Italiener seien *höchst* undankbar. Ich würde sie schon noch *kennenlernen*, sagt er. Er sagt, daß, um von Aldermann Kelly und dem Union Jack zu reden, die Iren wirklich *sehr* illoyal seien, *sehr* illoyal. Er hat bei sich in der Vorhalle einen eingerollten Union Jack. Er hängt ihn an allen Festtagen Seiner Majestät oder Ihrer Majestät heraus. Manche Leute fragen ihn, warum er ihn nicht am Festtag des italienischen Königs heraushängt. Aber bei sowas wird ihn niemand ertappen, sagt er. Ein und eine Viertelstunde habe ich höflich mit ihm diskutiert. Er bot mir weder eine Zigarette noch einen Keks noch ein Glas Wein oder auch nur ein Glas Wasser an. An der Tür sagte er mir, die Italiener wären *völlig* unzivilisiert. Ich würde sie schon noch kennenlernen. Was ich gleich darauf kennenlernte, war eine Trattoria, wo ich einem *völlig* unzivilisierten Jüngling befahl, mir augenblicklich ein Viertel Wein zu bringen, und stolz drei Halfpence auf den Tisch warf. Der Jüngling murmelte sein Dankeschön, und ein paar *völlig* unzivilisierte Männer grüßten mich demütig, als ich aus dem Laden schritt.

Ich nahm davon Abstand, ihnen ins Gesicht zu sagen, was *ich* von ihnen dächte, aber als ich heimwärts schritt, kam ich nach sorgfältiger Überlegung zu dem Schluß, daß Wyndham wahrscheinlich der *dümmste, langstiligste alte Bastard* sei, der augenblicklich in dieser Stadt lebt.

Ich ging zum englischen Konsul, der mir die Adresse eines für internationales Recht zuständigen Anwalts gab, Mr. St Lo Malet. Der las alle Briefe und den Vertrag und wird mir dafür vermutlich seine Rechnung schicken. Er entdeckte einige Widersprüche. Zuerst schreibt GR: ›Ich habe das Buch selbst für den Verlag gelesen‹: später dann: ›Der Mann, der Ihr Buch für uns gelesen hat, war Filson Young.‹ Er sagt, eine Vereinbarung, wie ich sie habe, gilt nur als persönlicher Vertrag. Er riet mir, zu versuchen, auf Grund von Brief 11 zu einer Einigung zu kommen, und nicht vor Gericht zu gehen (Brief 11 ist der Brief, mit dem G. R. das Ms. zurückschickte), da Prozesse lang dauern und kostspielig sind und da andere Verleger dann zögern könnten, mich zu veröffentlichen. Ich sagte, ich hätte vergebens versucht, auf Grund von Brief 11 zu einer Einigung zu kommen. Ich erzählte ihm, ich hätte Symons geschrieben, und er riet mir, Symons' Antwort abzuwarten, bevor ich etwas unternähme. Er gab mir die Adresse von *The Incorporated Society of Authors*. Er mißtraut dem Wort Incorporated, was, wie er sagt, wahrscheinlich bedeutet, daß sie in den Schritten, die sie unternehmen können, langsam sind. In einer Weise, sagt er, ist meine Position günstig, da G. R. den Vertrag gebrochen hat. Aber er sagt, die Schadensfeststellung würde sehr schwierig sein. G. R. hat stets auf die geringen Verkaufschancen des Buches hingewiesen. Der Vertrag sähe für die ersten 500 sowieso nichts für mich vor, und G. R. könnte sich darauf berufen, daß der Absatz meines Buches wahrscheinlich nicht einmal diese Zahl erreichen würde. Als Schadenersatz könnten mir vielleicht £ 5-0-0 zugesprochen werden oder genug Geld, damit ich das Buch selbst herausbringen könnte. Was hältst Du von

dem, was er sagt? Ich warte noch immer auf den Brief von S. und habe G. R. nicht geantwortet.
Gogartys Karte habe ich heute beantwortet: habe ihn zu der guten Nachricht beglückwünscht, was immer damit gemeint sei, und ihn daran erinnert, daß er am letzten Abend, als wir uns auf der Nassau Street trafen, ebenfalls gute Nachrichten gehabt hätte, die er mich anzuhören bat. Ich teilte ihm keine Neuigkeiten von mir mit und schrieb, ich hielte es für wenig sinnvoll, wenn wir weiterhin kurz angebundene Notizen austauschten. Ich bedaure, daß er sein *Häßliches England* noch nicht fortgesetzt hat. Ich würde wahrlich gern mehr über die schlampigen comediennes hören – künstlerischer Renegat, der ich bin. Starkey hat zwei kleine unsterbliche Stückchen in *Sinn Féin* über einen Fiedler und (verdammich wenn ich mich noch an den andern erinnere) einen Pfeifer, glaube ich, geschrieben. AE sollte jetzt ein kleines, unsterbliches, träumerisches Dings über einen Posaunisten schreiben oder, besser noch, über einen Triangel-Spieler. Ich wünschte, irgendein unfreundlicher Mensch würde ein Buch über die venerische Verfassung der Iren veröffentlichen; da sie sich mit ihrer Unempfänglichkeit so sehr brüsten. Es muß wohl noch schlimmer als in England sein, glaube ich. Ich weiß über diesen Gegenstand sehr wenig, aber mir scheint es eine Krankheit wie jede andere Krankheit zu sein, verursacht durch unhygienische Verhältnisse. Ich sehe nicht, was Gottes Gericht damit zu tun hat, noch ist mir klar, was das Wort ›Exzess‹ in diesem Zusammenhang bedeutet. Vielleicht hat Gogarty eine eigene Erklärung für dieses Wort. Ich würde den unwissenschaftlichen Ausdruck ›venerisches Mißgeschick‹ vorziehen. Bin ich der einzige redliche Mensch, den Irland in unserer Zeit hervorgebracht hat? Wie verstaubt ihre Phrasen sind!
Georgie geht jetzt den ganzen Tag alleine herum. Er scheint nicht mehr so dick zu sein, wie er war, aber ich glaube, seine Erkältung ist daran schuld. Er ist zehn Tage nicht draußen gewesen. Er hat einen mächtigen Appetit. Eine Handvoll

Trauben verschlingt er, als wäre es gar nichts. Da es jetzt abends zu kalt ist, lassen wir uns das Essen ins Haus schicken. Ich bin auf der Suche nach einer kleinen Wohnung und will ein paar Möbel mieten, da es dumm wäre, für ein Zimmer wie unseres weiterhin diese Miete zu zahlen. Ich werde versuchen, etwas in der Nähe des Pantheon zu bekommen, wo die Straßen aus Holz sind, weil der verstorbene König dort begraben ist. Ich wünschte, man hätte noch ein paar mehr Monarchen oder Kaiser in der Nachbarschaft begraben, da die gepflasterten Straßen fürchterlich laut sind. Rom muß zur Zeit Cäsars eine schöne Stadt gewesen sein. Ich glaube, sie stand hauptsächlich auf einem Hügel oder auf zweien: das Gelände dazwischen wurde für militärische Exerzierplätze, Märkte etc. verwendet. Das Forum muß ein prachtvoller Platz gewesen sein. Aber das päpstliche Rom ist wie die Coombe oder das alte Triest, und das neue Ludovisi-Viertel ist wie alle zweitrangigen Viertel schöner Metropolen. Nicht so schön wie der Pembroke-Bezirk, zum Beispiel. Ich wünschte, ich wüßte etwas über die lateinische oder römische Geschichte. Aber es lohnt sich nicht, jetzt damit anzufangen. Sollen die Ruinen also modern. Zweierlei ist in Rom hervorragend: Luft und Wasser. Jim

PS Ich verzichte darauf, Dich mit der £sd-Frage jetzt zu behelligen, ich werde das erst tun, wenn ich Dir Sonntag schreibe. Ich möchte, daß Du erst wieder Luft holst. Jim

IV. Fernere Briefe zum Schicksal der ›Dubliner‹ (Der Streit mit Maunsel & Co.)

An den Herausgeber[1]

17. August 1911
Via della Barriera Vecchia 32, III
Triest (Österreich)

Sehr geehrter Herr,
Darf ich Sie bitten, diesen Brief zu veröffentlichen, der einiges Licht auf die Bedingungen wirft, unter denen gegenwärtig Schriftsteller in England und Irland arbeiten?
Vor beinahe sechs Jahren schloß der Londoner Verleger Mr. Grant Richards mit mir einen Vertrag über die Veröffentlichung eines von mir geschriebenen Erzählungsbandes mit dem Titel *Dubliner*. Etwa zehn Monate später schrieb er mir mit der Bitte, eine der Erzählungen fortzulassen und in anderen Stellen zu streichen, die, wie er sagte, der Drucker zu setzen sich weigere. Ich lehnte beides ab, und zwischen Mr. Grant Richards und mir entspann sich ein Briefwechsel, der sich über mehr als drei Monate hinzog. Ich wandte mich an einen Anwalt für internationales Recht in Rom (wo ich damals lebte) und erhielt den Rat, auf die Forderung einzugehen. Ich lehnte das ab, und das Ms. ging an mich zurück, da der Verleger sich weigerte, es zu veröffentlichen – ungeachtet seines einmal gegebenen, schriftlich fixierten Wortes; der Vertrag blieb in meinem Besitz.
Sechs Monate darauf schrieb mir ein Mr. Hone aus Marseille und bat mich, das Ms. dem Verlag Maunsel in Dublin einzureichen. Das tat ich: und nach etwa einem Jahr, im Juli 1909, schloß die Firma Maunsel mit mir einen Vertrag über die Veröffentlichung des Buches zum oder vor dem 1. September 1910. Im Dezember 1909 bat mich der Verlagsleiter der Firma Maunsel, eine Stelle in einer der Erzählungen, ›Efeutag im Sitzungszimmer‹, zu ändern, in der auf Edward VII. Bezug

1 Joyce schickte Abschriften dieses Briefes an viele Zeitungen; er wurde vollständig am 2. September 1911 von *Sinn Féin* und unter Fortlassung der strittigen Stelle am 26. August 1911 vom *Northern Whig* [Belfast] veröffentlicht

genommen wurde. Ich erklärte mich, sehr gegen meinen Willen, dazu bereit und änderte ein oder zwei Wendungen. Die Firma Maunsel verschob fortwährend den Termin der Veröffentlichung und bat mich schließlich, die Stelle auszulassen oder sie von Grund auf zu ändern. Ich lehnte beides ab und verwies darauf, daß Mr. Grant Richards in London noch zu Lebzeiten Edwards VII. keinen Einspruch gegen die Stelle erhoben hätte und daß ich nicht einsehen könnte, wieso ein irischer Verleger zu einem Zeitpunkt dagegen Einspruch erhöbe, da Edward bereits der Geschichte angehörte. Ich schlug schiedsrichterlichen Entscheid oder, mit einer erklärenden Vorbemerkung von meiner Hand, Streichung der Stelle vor, aber die Firma Maunsel erklärte sich mit beidem nicht einverstanden. Da Mr. Hone (der mir ursprünglich geschrieben hatte) jede Verantwortung in der Angelegenheit ablehnte und keinerlei Verbindung zu der Firma zu haben behauptete, fragte ich einen Anwalt in Dublin nach seiner Meinung, der mir riet, die Stelle zu streichen, und mich darauf hinwies, daß ich, da ich meinen Wohnsitz nicht im United Kingdom hätte, gegen die Firma Maunsel erst dann wegen Vertragsbruch prozessieren könnte, wenn ich £ 100 ans Gericht zahlte, und daß ich, selbst wenn ich £ 100 ans Gericht zahlte und gegen sie prozessierte, vor einem Dubliner Gericht keine Chance auf ein Urteil zu meinen Gunsten hätte, falls die umstrittene Stelle in irgendeiner Weise als Verunglimpfung des verstorbenen Königs aufgefaßt werden könnte. Ich schrieb daraufhin an den jetzigen König, George V., legte ein Fahnenexemplar der Erzählung, in welchem ich die Stelle angestrichen hatte, bei und bat ihn um Auskunft, ob seiner Ansicht nach die Stelle (bestimmte Anspielungen von einer Figur in der Erzählung, vorgebracht im Stile der Gesellschaftsschicht, der diese Figur angehört) nicht veröffentlicht werden dürfe, da sie das Andenken seines Vaters verunglimpfe. Vom Privatsekretär Seiner Majestät erhielt ich folgende Antwort:

Buckingham Palace

Der Privatsekretär ist ermächtigt, den Empfang des Briefes von Mr. James Joyce vom 1. dieses Monats zu bestätigen und ihn davon in Kenntnis zu setzen, daß es mit den Gepflogenheiten Seiner Majestät unvereinbar ist, in solchen Fällen eine Meinung zu äußern. Die Anlagen gehen hiermit zurück.

11. August 1911

Hier ist die umstrittenen Stelle:

– But look here, John, – said Mr O'Connor. – Why should we welcome the king of England? Didn't Parnell himself . . .? –

– Parnell, – said Mr Henchy, – is dead. Now, here's the way I look at it. Here's this chap come to the throne after his old mother keeping him out of it till the man was grey. He's a jolly fine decent fellow, if you ask me, and no damn nonsense about him. He just says to himself: – *The old one never went to see these wild Irish. By Christ, I'll go myself and see what they're like.* – And are we going to insult the man when he comes over here on a friendly visit? Eh? Isn't that right, Crofton? –

Mr Crofton nodded his head.

– But after all now, – said Mr Lyons, argumentatively, – Kind Edward's life, you know, is not the very . . .–

– Let bygones be bygones. – said Mr Henchy – I admire the man personally. He's just an ordinary knockabout like you and me. He's fond of his glass of grog and he's a bit of a rake, perhaps, and he's a good sportsman. Damn it, can't we Irish play fair? –

(– Aber nun schaun Sie mal, John, sagte Mr. O'Connor. Warum sollten wir den König von England willkommen heißen? Hat nicht Parnell selbst . . .?

– Parnell, sagte Mr. Henchy, ist tot. Also ich sehe die Sache so. Hier der Bursche, der kommt auf den Thron, nachdem seine alte Mutter ihn davon abgehalten hat, bis er grau war. Er ist ein netter anständiger Kerl, wenn ihr mich fragt, und

hat keine Sputzen im Kopf. Er sagt sich einfach: *Die Alte hat diese wilden Iren nie besucht. Jesus, ich fahr selber und guck mir mal an, wie die so sind.* Und wir sollen den Mann beleidigen, wenn er zu einem freundschaftlichen Besuch hier rüberkommt? Na? Hab ich nicht recht, Crofton?
Mr. Crofton nickte.
– Aber schließlich, sagte Mr. Lyons streitbar, ist König Edwards Leben nun nicht eigentlich, Sie wissen ...
– Laßt die Vergangenheit ruhen, sagte Mr. Henchy. Persönlich bewundere ich den Mann. Er ist nur ein gewöhnlicher Allerweltskerl wie Sie und ich. Er trinkt gern sein Glas Grog und treibt's vielleicht ein bißchen wüst, und er ist ein guter Sportsmann. Verdammt nochmal, können wir Iren denn nicht fair sein? –)

Ich habe dieses Buch vor sieben Jahren geschrieben, und da ich keine Aussicht auf Wahrung meiner Rechte habe, gebe ich hiermit der Firma Maunsel öffentlich die Erlaubnis, diese Erzählung mit den Veränderungen oder Auslassungen zu veröffentlichen, die ihr tunlich erscheinen, und hoffe, daß das, was sie veröffentlichen, dem ähnlich sein möge, was ich geschrieben und woran ich Zeit und Überlegungen gewandt habe. Ihre Haltung als irischer Verlag mag von der öffentlichen Meinung Irlands beurteilt werden. Ich als Schriftsteller protestiere gegen die Systeme (rechtlicher, sozialer und institutioneller Art), die mich zu diesem Schritt veranlaßt haben. Für Ihr Entgegenkommen dankend bin ich, sehr geehrter Herr, Ihr gehorsamer Diener

JAMES JOYCE

AN STANISLAUS JOYCE [Postkarte]

Poststempel 10. August 1912
[Galway]

Was Du kannst, kann ich auch. Wie ich Dir sagte, habe ich Hone einen Brief geschrieben. Folgendes kam von Roberts:

›Wir haben die Angelegenheit sorgfältig überprüft und hielten es in dieser verfahrenen Situation für das Beste, wenn Sie Grant Richards die Druckbogen anböten. Sie erwähnten, daß sein Drucker das Buch nicht drucken wollte. Diese Schwierigkeit wäre aus dem Wege geräumt, wenn er die von uns gedruckten Bogen übernähme.‹ Schreib mir, was Du darüber denkst. Die Sache mit Padua begreife ich überhaupt nicht. Je eher Du Dich davon überzeugst, daß ich von *scalogna* verfolgt bin, desto besser. Ich habe für Price an Field geschrieben und schicke Dir das Ergebnis. Werde an das Erziehungsministerium in London schreiben, um zu erfahren, warum ein britischer Universitätsgrad in den Geisteswissenschaften in Italien nicht für *Prüfungs*zwecke als gültig anerkannt wird. Das ist das einzige, was mir vorläufig dazu einfällt. Und die Dubliner . . . Jim

Von John G. Lidwell

20. August 1912,
Dublin

Sehr geehrter Herr,
Sie ersuchen mich um Rat, ob gewisse Stellen in dem zur Rede stehenden Werk von Ihnen, das den Titel ›Dubliner‹ erhalten soll, von solcher Art sind, daß Autor, Drucker und Verleger eine gerichtliche Verfolgung zu gewärtigen hätten.
Ich habe in den Druckfahnen ein Kapitel mit der Überschrift ›Efeutag im Sitzungszimmer‹ gelesen, auf das Sie mich hinwiesen, und ich glaube, daß, abgesehen von dem geschmacklich anfechtbaren Sprachstil (was allein Sache des Autors ist), der bezüglich des Angedenkens an die beiden letzten regierenden Oberhäupter dieser Länder Anwendung findet, die ordinären Ausdrücke, die den am Dialog beteiligten Personen in den Mund gelegt werden, wohl kaum die kritische Aufmerksamkeit des Kronrats auf sich ziehen werden.
Was die letzten Absätze in dem ›Eine Begegnung‹ über-

schriebenen Kapitel angeht, liegen die Dinge anders: Es ist mit Fug gesagt worden, daß gewisse Irrtümer nie aufgekommen wären, hätten die Gelehrten sie nicht zu widerlegen sich bemüht, und so gibt es gewisse Laster, und dasjenige, worauf sich diese Absätze beziehen, gehört zu ihnen, deren gerichtliche Verfolgung und Bestrafung der Öffentlichkeit so wenig wie möglich bekannt werden sollten. Beamte sind angewiesen, sich solche Fälle unter Ausschluß der Öffentlichkeit anzuhören, und die Exekutive bemüht sich, soweit es irgend möglich ist, zu verhindern, daß sie vor die Öffentlichkeit gebracht werden – und um zu zeigen, wie sehr dieser Gegenstand allgemein verabscheut wird, darf ich vielleicht Gibbons ›Decline and Fall‹ zitieren: ›Nur widerwillig – und ungeduldig es wieder verlassen zu können – berühre ich dieses höchst verwerfliche Laster, dessen Namen zu nennen die Wohlanständigkeit verbietet und dessen Wesen der Natur verhaßt ist.‹

Ich darf Sie daran erinnern, daß es, wenn diese Abschnitte Ihres Buches vielleicht auch der Aufmerksamkeit entgehen, augenblicklich in dieser Stadt einen Überwachungsausschuß gibt, dessen Aufgabe es ist, alle Schriften mit unmoralischen Tendenzen ausfindig zu machen und zu unterdrücken, und ich bin der Meinung, daß die Behörde, falls sie auf diese Stellen aufmerksam gemacht wird, dem Druck dieser Körperschaft nachgeben und gerichtliche Schritte unternehmen wird. Ob das eine Verurteilung nach sich ziehen wird, ist eine gänzlich andere Sache. Aber ich würde Ihnen raten, dieses Risiko nicht einzugehen, und unter den gegebenen Umständen die in Frage stehenden Abschnitte entweder zu streichen oder sie von Grund auf zu ändern. Hochachtungsvoll JOHN LIDWELL

An Stanislaus Joyce

[21. August 1912]
[Dublin]

Lieber Stannie,
Ich habe gestern abend Curran gesehen und der meinte, daß Lidwells Brief meiner Sache äußerst schädlich sei. Ich bin gestern abend zum Ormond Hotel gegangen, um Lidwell zu sprechen. Ich traf ihn in Gesellschaft einiger anderer, und man erzählte sich Geschichten. Hier sind einige der Geschichten:
Ein Priester auf dem Lande hatte zwei Dienstmädchen, und eines Tages war das Klosettrohr verstopft, und das erste Mädchen sagt zum zweiten, sie solle es dem Priester sagen. Diese schämte sich aber, und da sagte das erste Mädchen:
– Ah was, sag's ihm! Hält der uns vielleicht für Spatzen? –
Darauf erzählte Pappie diese Geschichte:
– Ein Bischof besuchte einen Gemeindepfarrer, und es wurde so spät, daß er nicht mehr nach Hause fahren konnte. Der Pfarrer lud ihn zum Bleiben ein, sagte aber, im Haus gäbe es nur zwei Betten, sein eigenes und das seiner Haushälterin. Der Bischof sagte, er würde die eine Nacht im Bett des Pfarrers mitschlafen. Sie gingen zu Bett. Als der Pfarrer am Morgen aufwachte, gab er im Halbschlaf dem Bischof einen Klaps auf den Hintern und sagte:
– Steh auf, Mary Ann, sonst komm ich noch zur Messe zu spät –
Und, bei Gott, anderntags wurden Seine Exzellenz zum Erzbischof ernannt. –
Ich konnte nicht mit Lidwell sprechen.
Heute war ich bei ihm und sprach eine Stunde mit ihm. Er wiederholte, die Erzählung sei abscheulich, und sagte, ich könne doch eine andere über Ringsend schreiben, das von historischen Bezügen voll sei. Schließlich schrieb er, nach vielen Einwänden, den beiliegenden Brief. Den brachte ich Ro-

berts. Er sagte, er könnte nichts damit anfangen, da er nicht an ihn gerichtet sei. Ich bat Lidwell, ihn an Roberts zu adressieren. Er weigerte sich und sagte, nicht Roberts, sondern ich sei sein Klient. Das erzählte ich dann Roberts. Er sagte, Lidwell solle ihm einen Brief über die ganze Sache schreiben, meinen Standpunkt darlegen und erklären, was ich tun würde. Ich sagte, L.s Brief zeige, daß von der Krone keine Gefahr drohe. Roberts sagte, er könne die Firma nicht gefährden. Ich fragte ihn, wie hoch die Kosten für die erste Auflage seien. Er sagte, er wisse das nicht. Ich sagte, wenn es nicht mehr als £ 60 wären, würde ich mich vertraglich dazu verpflichten, die Firma in dieser Höhe zu entschädigen, falls das Buch beschlagnahmt würde. Er sagte, das würde nicht reichen, und fragte mich, ob ich zur Entschädigung der Firma zwei Sicherheiten über je £ 1000 (zusammen £ 2000) beibringen könne. Ich sagte, kein Mensch würde sich darauf einlassen und daß sowieso niemals nachgewiesen werden könne, ob die Verluste der Firma durch mich verursacht worden seien oder nicht. Er sagte, wenn es so stünde, wäre die Diskussion beendet, und er werde nach dem Rat seines Rechtsanwalts handeln und das Buch nicht veröffentlichen. Daraufhin schrieb ich ihm den beiliegenden Brief. Er sagte, er werde ihn heute abend seinem Anwalt in London schicken und mir Nachricht geben.

Ich war bei Rochford und sprach mit ihm wegen Charlie. Er sagte, er würde im Jahr £ 10 bekommen, aber es wäre ein Anfang für ihn. Ich machte mit ihm aus, sich Charlies Stimme am Sonntag anzuhören.

Von Dir keine Nachricht, auch keine Überweisung. Eva und Florrie hätten nichts zu essen, wäre ich nicht zufällig hier. [...] Ich warte auf Überweisung und Brief von Dir, um zurückfahren zu können. Bei all diesen Unterredungen wird ständig auf meine Kosten getrunken, und mein Geld schwindet dahin. Nora wartet darauf, herkommen zu können, und möchte aus Gründen, die Du Dir vorstellen kannst, hier einige

Tage mit mir zusammen verbringen. Es werden allerdings Fasttage sein.
Ich sprach mit Pappie. Er sagt, Roberts werde neue Einwände vorbringen, wenn er die Antwort von seinem Anwalt habe, und er sei ein Betrüger. Zu Charlie hat er im Vertrauen gesagt, meine Erzählungen seien ein schurkisches Produkt. Zu mir hat er gesagt, alle Mädchen in Dublin seien Prostituierte. Ahimè!

JIM

VON JOHN G. LIDWELL

[21. August 1912]

Sehr geehrter Herr,
Betr. ›Dubliner‹.
Bezugnehmend auf unsere Korrespondenz hinsichtlich der Erzählungen ›Efeutag im Sitzungszimmer‹ und ›Eine Begegnung‹. Da es unwahrscheinlich ist, daß die Berater der Krone von den Stellen, die Sie mir gezeigt haben, ernsthaft Notiz nehmen werden, dürften sie sich auf die Veröffentlichung nicht hinderlich auswirken, auch bin ich der Ansicht, daß eine Verurteilung nicht leicht zu erwirken wäre. Hochachtungsvoll

JOHN LIDWELL

AN GEORGE ROBERTS

21. August 1912
Dublin

Lieber Roberts,
Ich lege eine Abschrift des Briefes meines Anwalts bei, der das bestätigt, was ich während unseres ganzen Briefwechsels geltend gemacht habe – nämlich die juristische Harmlosigkeit der Stellen, gegen die Sie Vorbehalte hatten.
Nichtsdestoweniger habe ich mich, damit dieser endlose Hader endlich aufhört, sehr widerstrebend und nicht ohne gleichzeitig meinen Protest zu bekunden, entschlossen, Ihrem Vor-

schlag von neulich nachzugeben. Dieser Vorschlag bestand darin, daß ›Eine Begegnung‹ aus dem Band fortgelassen werden sollte.

Ich erkläre mich damit unter den folgenden Bedingungen einverstanden

I. Daß die folgende Notiz von mir der ersten Erzählung vorangestellt wird:
Dieses Buch ist in dieser Form unvollständig. Nach dem von mir beabsichtigten Aufbau enthält das Buch eine weitere Erzählung mit dem Titel ›Eine Begegnung‹, die ihren Platz zwischen der ersten und der zweiten Erzählung dieser Ausgabe hat. *J. J.*

II. Daß keine weitere Veränderung von mir verlangt wird

III. Daß ich mir das Recht vorbehalte, die genannte Erzählung $\frac{\text{vor}}{\text{nach}}$ der Veröffentlichung des Buches durch Ihre Firma anderswo zu veröffentlichen

IV. Daß das Buch spätestens am 6. Oktober 1912 von Ihnen veröffentlicht wird.

Ich glaube, daß Sie Ihre Meinung sehr bald nach der Veröffentlichung des Buches ändern werden, und glaube ferner, daß seine Aufnahme beim Publikum Sie soweit rückversichern wird, daß Sie die ausgelassene Erzählung in künftige Auflagen aufzunehmen sich veranlaßt sehen. Ihr ergebener

[James Joyce]

An Nora Barnacle Joyce

[Poststempel 23. August 1912]
21 Richmond Place, North Circular Road,
Dublin

Meine Liebste,

Ich bin heute morgen verabredungsgemäß zu Roberts gegangen. Er war nicht da, hatte aber den beiliegenden Brief für mich hinterlassen. Ich las ihn und ging die Straße hinunter in dem Gefühl, daß mein ganzes zukünftiges Leben meinen Händen entglitt. Ich saß eine Stunde lang auf einem Sofa im Büro meines Vaters. Die ganze letzte Nacht über war ich das gesamte Buch im Geiste durchgegangen, stellte mir vor, daß ich es vor mir sähe, daß die, die ich kenne, es läsen, stellte mir die Besprechungen vor, die freundlichen und die unfreundlichen. Heute morgen schien alles zusammenzubrechen.

Mir scheint, daß ich am besten nichts weiter hierzu sage. Lange Zeit habe ich mir heute überlegt, ob ich mir für mein letztes Geld nicht einen Revolver kaufen und damit auf die Schurken losgehen sollte, die mich so viele Jahre mit falschen Hoffnungen gepeinigt haben. Ich werde nichts mehr sagen. Wenn Du mich liebst, wirst Du mit Dir [sic] fühlen. Ich bin überzeugt, Liebe, daß Du das tust – und o, wie sehr läge mir an Deinem Mitgefühl und Worten der Ermutigung, um alles zu vergessen und, geborgen in Deiner Liebe, in Deinen Armen einzuschlafen.

Ich weiß nicht, was ich tun werde oder tun kann. Ich muß nachdenken. Ich werde bis zum letzten kämpfen. Stannie hat mir weder eine Zeile geschrieben noch Geld geschickt. Morgen muß ich meine Uhr und meine Kette verpfänden, damit ich mich etwas länger am Leben erhalte. Alles scheint vor mir dahingeschmolzen zu sein, Geld, Hoffnung und Jugend.

Du, wenigstens, wirst bleiben. Sorge Dich nicht um mich. Iß und schlaf und sei fröhlich. Wenn wir uns wiedersehen (und ich hoffe, daß das sehr bald ist), hoffe ich in Dir zu finden, was ich anderswo verloren habe, und Dich jung und glücklich und lächelnd und mit dem Gang einer Königin zu sehen. JIM

PS. Ich war überrascht und enttäuscht, daß ich von Dir heute keinen Brief bekam. Schreib sofort und *schick mir umgehend Roberts' Brief zurück*. Denk an mich – aber reg Dich nicht auf. JIM

An Stanislaus Joyce

23. August 1912
[Dublin]

Lieber Stannie,
Ich habe den ganzen gestrigen Tag mit Roberts Einband, Papier, Ankündigung etc. meines Buches besprochen.
Heute morgen ging ich vorbei und bekam den beiliegenden Brief. Roberts war nicht da, wie er es versprochen hatte. Nachdem ich ihn bekommen hatte, saß ich eine Stunde lang auf einem Sofa in Lidwells Büro und überlegte mir, ob ich einen Revolver kaufen sollte, um ein bißchen Tageslicht in meinen Verleger hineinzulassen. Ich zeigte Lidwell den Brief, der sagte, man hätte mir übel mitgespielt, aber ich könnte nichts machen, und der Verlag hätte ganz recht, da das, was er selber von dem Buch gesehen hätte, fragwürdig sei.
Dann ging ich zu Pappie, der mir sagte, ich sollte den Brief in die Tasche stecken, mich aufrappeln, die Mss. zurückfordern und einen anderen Verleger suchen. Dann ging ich zu May, die ruhig sagte: ›O ja, das hast du doch erwartet, oder?‹
Ich ging zu Roberts und sprach mit ihm von drei bis fünf. Ich verteidigte mich folgendermaßen:
i) Eine Eisenbahngesellschaft wird einmal erwähnt und dann durch zwei Zeugen, Geschworene und Coroner von jedem Verschulden freigesprochen.
ii) In vier von den 15 Erzählungen werden Gastwirtschaften erwähnt. In 3 dieser Erzählungen sind die Namen erfunden. In der 4. sind die Namen echt, weil die Personen von einer zur anderen gehen (›Entsprechungen‹).
iii) In den Gastwirtschaften passiert nichts. Die Leute trinken.
iv) Ich schlug Roberts vor, einen Wagen zu nehmen und mit ihm zusammen, die Fahnen in der Hand, zu 3 oder 4 der bei ihrem richtigen Namen genannten Gastwirte und zum Vorstand der Eisenbahngesellschaft zu fahren. Er lehnte das ab.

v) Ich sagte, die Gastwirte würden sich über die Reklame nur freuen.
vi) Ich sagte, ich würde die paar richtigen Namen durch erfundene ersetzen, fügte aber hinzu, daß dadurch die Möglichkeit, das Buch in Dublin zu verkaufen, sich verringern würde.
vii) Ich sagte, daß, selbst wenn man wegen Verleumdung gegen Maunsel klagte, die Geschworenen es sich lange überlegen würden, bevor sie auf Grund eines solchen Einspruchs auf Schadenersatz erkennen.
viii) Ich sagte, daß sein Rechtsberater ein Dummkopf sei, wenn er ihm riete, gerichtlich gegen mich vorzugehen. Wenn er gegen mich (selbst wenn ich in Dublin wohnte) vorginge, würde ein Geschworenengremium sagen, er hätte das Ms. seit 10 Monaten in Händen und ich wäre nicht verantwortlich, wenn er sich in seinem Urteil geirrt hätte. Wenn er aber in Triest gegen mich vorginge, hätte ich die Peitsche in der Hand und würde ihn mit Gelächter aus dem Gericht jagen.
ix) Ich gab zu bedenken, sein Rechtsanwalt könnte Korrespondenz und Prozeß aus Gründen des eigenen Profits unterstützen.
Erschöpft hörte ich auf. Roberts ging umher, machte sich Notizen und sagte, er würde noch einmal nach London schreiben und mir am Montag Nachricht geben.
Ich habe von Dir weder Brief noch Überweisung bekommen. Ich bin daher nachrichten- und hilflos. Ich nehme allerdings an, daß ich morgen früh etwas von Dir erhalten werde.
Ich werde mit allen mir zur Verfügung stehenden Waffen bis zum letzten kämpfen.

Jim

Von George Roberts

23. August 1912
[Dublin]
Ohne Verbindlichkeit

Lieber Mr. Joyce,
Leider ersehe ich aus Ihrem Brief vom 21., daß unsere letzten Gespräche nur zu Mißverständnissen geführt haben.
Es ist Ihrerseits ein Irrtum anzunehmen, daß ich, vorausgesetzt der Sie beratende Anwalt verträte den Standpunkt, wegen gewisser Stellen in Ihrem Buch sei ein gerichtliches Vorgehen nicht zu befürchten, bereit wäre, diese seine Meinung zu teilen. Ich habe Ihnen im Gegenteil bei unserem letzten Gespräch deutlich gesagt, daß die Meinung *unserer* Rechtsberater eingeholt werden müßte und daß ich in der Tat im Begriff wäre, das zu tun.
Diesem Sachverhalt zufolge unterbreitete ich ihnen die ganze Angelegenheit, und ich muß zu meinem Bedauern sagen, daß das Buch ihrer Ansicht nach eine Fülle von Passagen enthält, die das Risiko einer Verleumdungsklage in sich schließen. Man erklärt mir, daß die Möglichkeit zu Verleumdungsklagen praktisch in jedem Fall gegeben ist, wo ein existierendes Unternehmen (z. B. Gastwirtschaft, Restaurant, Eisenbahngesellschaft oder auch lebende Personen, Firmen oder rechtmäßige Körperschaften) unter dem wahren Namen erwähnt wird, besonders auch dann, wenn man die Ereignisse bedenkt, die im Zusammenhang mit ihnen geschildert werden.
Da die Beispiele so zahlreich sind, führen sie diese nicht im einzelnen auf, sondern beschränken sich auf die allgemeine Feststellung. Da dem so ist, kommt eine Veröffentlichung des Buches durch Maunsell & Co. nicht in Frage; und weiterhin macht man mich darauf aufmerksam, daß selbst dann, wenn die anstößigen Stellen gestrichen würden, die Gefahr, daß einige von ihnen übersehen wurden, noch bestehen bliebe; und um für diese Gefahr, sollte eine Veröffentlichung in Betracht gezogen werden, Vorsorge zu treffen, legt man mir

nahe, den Autor nach Paragraph 11 der Vereinbarung zu verpflichten, zwei Sicherheiten in Höhe von je £ 500 (fünfhundert Pfund) beizubringen, um mögliche Schadenersatzforderungen zu decken, oder, als Alternative, die Summe von £ 1000 auf unserer Bank zu hinterlegen.
In diesem Falle, erklärt man mir, läge es nach Paragraph 2 der Vereinbarung ausschließlich bei uns, Termin und Form der Veröffentlichung zu bestimmen. So ernst die vorstehende Stellungnahme zu nehmen ist, ich möchte doch Ihre besondere Aufmerksamkeit für das erbitten, was folgt, weil es vom Standpunkt von Maunsell & Co. aus besonders gravierend ist. Man legt dar, daß der Autor die in Paragraph 11 der Vereinbarung enthaltene Versicherung mißachtet hat, indem er ein Buch zur Veröffentlichung anbot, das, wie er wissen sollte, eindeutig verleumderisch ist; und man empfiehlt, daß Maunsell & Co., falls ich das wolle, gegen Sie prozessiert, um alle durch das Buch entstandenen Kosten, Belastungen und Ausgaben für Zeit, Arbeit und Materialien einzufordern. Es würde mir äußerst leid tun, gegen Sie vorgehen zu müssen, um die Interessen von Maunsell & Co. wahrzunehmen, aber da die Chance, die Druckbögen zu verkaufen, sehr gering zu sein scheint, muß ich Sie um ein handfestes Angebot zum Ausgleich unserer Verluste bitten.
Sollten Sie das verabsäumen, müßte ich, wenn auch sehr widerstrebend, die Angelegenheit in andere Hände übergeben.
Hochachtungsvoll GEORGE ROBERTS

AN STANISLAUS JOYCE [Postkarte]

[Poststempel ?26. August 1912]
[Dublin]

Erhielt 110 Kronen: Danke. Überweise *Rest sofort*, da ich vielleicht am Samstag fahre. Heute 2 Stunden Unterredung mit Roberts. Ich habe eingewilligt, *Begegnung* fortzulassen, die Stelle in *Efeutag* zu streichen und neuzuschreiben, die Namen der Wirtshäuser in *Entsprechungen* zu ändern (Davy Byrne in Andy Kehoe, Mulligan in Quinlan, Scotch House in Manx House), den Namen des Pfandleihers Terry Kelly in Mickey Grundy zu ändern, Sydney Parade im *Betrüblichen Fall* in White Church zu ändern! unter der Bedingung, daß das Buch bis zum 6. Oktober 1912 veröffentlicht wird. Colum war dabei, überflog die Fahnen und fragte, ob das Buch nur von Wirtshäusern handele, fragte mich, ob ich es nicht in London veröffentlichen könne, las *Entsprechungen* und sagte, es sei eine furchtbare Geschichte. Er war gekommen, um mir und meiner Sache beizustehen. Er will das Buch für die *Irish Times* und die (Londoner) *Nation* besprechen. Schließlich sagte Roberts (der zweimal im Zorn das Zimmer verließ), ich solle Donnerstag wiederkommen, und er würde mich wissen lassen, was sein Anwalt wegen der von mir vorgenommenen Änderungen sage. JIM

AN STANISLAUS JOYCE [Postkarte]

[Poststempel 30. August 1912]
[Dublin]

Roberts will jetzt, daß alle Eigennamen (Wirtshäuser, Konditoreien und Kirchen) geändert werden: Er will auch, daß ich den ersten Absatz in *Gnade,* drei Absätze in *Zwei Kavaliere,* noch eine Stelle in *Efeutag* und einen Teil der *Pension* ändere. Ich weigerte mich, mein Buch durch diese neuerlichen Änderungen kaputt zu machen. Roberts forderte mich daraufhin auf, ihm £ 30 für die Bogen zu geben (die £ 57 gekostet haben) und mich nach einem Verleger umzusehen: und forderte mich auf, morgen wiederzukommen. Ich ging zu Keohler, dessen Bruder Anwalt ist, aber in Urlaub war. Ich ging darauf zu Griffith, der mich sehr freundlich empfing und sich an meinen Brief erinnerte.[1] Er sagt, ich wäre nicht der

1 Gemeint ist der Brief ›An den Herausgeber‹ vom 17. August 1911, den Griffith in *Sinn Féin* veröffentlicht hatte. S. S. 103.

erste, von dem er diese Geschichte gehört hätte. Er sagt, Roberts treibe dieses Spiel schon seit Jahren. Er sagt, die Drohung, Maunsel werde gerichtlich gegen mich vorgehen, sei nichts als Bluff, und glaubt, daß man es nicht dazu kommen lassen würde und daß man, wenn ich einen energischen Anwalt an meiner Seite hätte, nachgeben würde. Er gab mir einige Zeilen an einen erstklassigen Anwalt in der Westmoreland Street mit. Er bat mich auch, ihm meine Artikel im *Piccolo della Sera* zu schicken und ihm die Adresse von Price zu geben.

Jim

Von Charles Joyce an Stanislaus Joyce

5. September 1912
17 Richmond St., N. C. R., Dublin

Lieber Stannie,
Ich schreibe Dir wieder im Auftrag von Jim. In meinem letzten Brief sagte ich Dir, daß Jim sich für eine dieser beiden Möglichkeiten entscheiden wolle: (1) sein Buch mit Hilfe von Maunsell und beiderseitigen Bevollmächtigten zu veröffentlichen; (2) die Bogen von Maunsell zu kaufen und es selbst durch die Genannten zu veröffentlichen. Er entschied sich für die zweite Möglichkeit. Im Hinblick darauf hat er sich nach zwei unmöblierten Zimmern in der Jervis St. umgesehen. Eins dieser Zimmer würde als Büro benutzt werden, das andere würden May und ich zur Verfügung haben. Die Miete ist 5/– die Woche, und Jim will ein paar Sachen hineinstellen, wenn alles so läuft, wie er es sich erhofft. (2) Nachdem er sich die Zimmer angesehen hatte, ging Jim zu Roberts, der sagte, daß der Drucker sich weigere, ihm (Roberts) die Bogen auszuhändigen, ehe er nicht das ganze Buch durchgelesen hätte. Jim ging zu seinem Anwalt und erzählte ihm das. Dixon sagte, er habe sich, seit Jim bei ihm gewesen sei, die ganze Sache noch einmal überlegt und könne es zu seinem Bedauern nicht mit seinem Gewissen vereinbaren, Jim bei der Einfor-

derung seines Ms. zu unterstützen, da er das Buch für anstößig und der Veröffentlichung nicht für wert halte. Er fügte allerdings hinzu, daß der Drucker, da er im Auftrag von Maunsell arbeite, verpflichtet sei, die Bogen auszuhändigen, besonders auch deswegen, weil das Ms. so lange in seinen Händen gewesen sei, bevor es in Satz gegeben wurde. Roberts könnte es Jim dann geben. Dixon sagte dann, es sei ein Jammer, daß Jim sein ›unbestreitbar vorhandenes‹ Talent nicht zu einem besseren Zwecke benutze, als ein Buch wie *Dubliner* zu schreiben. ›Warum habe er sein Talent nicht zum Wohle seines Landes und seines Volkes benutzt?‹ Jim erwiderte, er sei wahrscheinlich der einzige Ire, der Leitartikel für die italienische Presse schreibe und daß alle seine Artikel in ›Il Piccolo‹ von Irland und den Iren handelten. Er sagte auch, er habe als erster irischen Tweed in Österreich eingeführt, obwohl diese Art Geschäft durchaus nicht in seine Richtung schlage. Dixon begann dann von Galway zu sprechen und erzählte etwas, das er für eine Geschichte mit Pointe hielt. Jim hörte ihm zu, und als Dixon zu Ende erzählt hatte, erzählte Jim ihm eine Geschichte mit einer sehr viel wirkungsvolleren Pointe – das nur nebenbei. Ich habe nicht die Zeit, Dir die Geschichte zu erzählen. Jim ging dann wieder zu Roberts. Es war Rts. bereits der Vorschlag gemacht worden, daß Jim innerhalb von 15 Tagen £ 15 bezahlen und Roberts Jim 500 Exemplare seines Buches schicken solle und daß weitere £ 15 innerhalb von 30 Tagen gezahlt würden, wonach Jim die übrigen 500 Exemplare bekäme. Heute sagte Rts. zu Jim, das ganze Geld müßte auf einmal gezahlt werden. Dann machte Roberts den folgenden Vorschlag: Jim solle ihm innerhalb von 15 Tagen £ 15 zahlen, wonach er ihm 104 Exemplare überlassen würde. Bei Zahlung des Restes innerhalb von 30 Tagen würde Jim die verbliebenen Exemplare seines Buches erhalten. Jim erklärte sich damit einverstanden. Roberts fragte dann Jim, ob er eine Vereinbarung unterschreiben würde, derzufolge Maunsell und Co. von aller

Verantwortung für die Veröffentlichung des Buches entbunden würde, und Jim erklärte sich dazu bereit. Jim hatte die Absicht, die zwei Zimmer *The Jervis Press* zu nennen. Roberts erhob Einspruch und sagte, sie hätten einen Betrieb in Jervis Lane! Jim änderte den Namen in *Liffey Press.* Dagegen schien man nichts einwenden zu können. Dies ist das Neueste vom Tage. Ich nehme an, ich werde Dir heute abend noch einmal schreiben müssen.
Dies ist mein letztes Blatt Papier, ich habe also keinen Platz mehr für weitere Neuigkeiten. Aber es gibt auch keinerlei neue Neuigkeiten. CHARLIE

VON CHARLES JOYCE AN STANISLAUS JOYCE

6. September 1912
17 Richmond Place, N. C. R., Dublin

Lieber Stannie,
Jim ging heute zu Maunsell, und Roberts sagte ihm, der Drucker halte das Buch, das er inzwischen gelesen habe, für ein sehr anstößiges Erzeugnis und lehne es ab, daß sein Name in Verbindung damit genannt werde. Er will Jim in der Sache nicht als Geschäftspartner anerkennen und sagt, er verhandele nur mit Maunsell. Daher muß Jims Buch von der Liffey Press gedruckt und veröffentlicht werden. Das soll so vor sich gehen. Ein mysteriöser Bote soll zu Maunsell gehen und das Paket mit den 104 Exemplaren abholen, die Jim nach Zahlung der fünfzehn Pfund bekommen soll, und sie sollen zu mir in die Jervis St. 2 gebracht werden. Ich darf nicht wissen, wer der Bote ist, noch woher er kam. Dann wird mir ein weiterer mysteriöser Bote geschickt, der den Band zum Buchbinder bringt, der ihn zu seinem endgültigen Bestimmungsort transportiert. Die Boten müssen in beiden Fällen obskur und unbekannt sein. Falls man mir Fragen stellt, habe ich zu antworten, ich wisse nichts, außer daß mir mein Bruder die Bücher geschickt habe. Jim hat den Einband und

die Schrift dafür ausgesucht. Roberts will, daß Jim in Gegenwart von Zeugen sagt, er beabsichtige das Buch in Triest herauszubringen. Es muß mit der Veröffentlichung von *Dubliner* irgendeine schreckliche Gefahr verbunden sein. Ich für meinen Teil bin keine Spur nervös.

Es ist mir noch nicht gelungen, eine Beschäftigung zu finden. Jim hat alles versucht, was er für mich für aussichtsreich hielt, aber ohne Erfolg. Jim sagt, ich hätte die Stellung beim Telefonamt durch eigene Schuld verloren. Ich werde Dir die Tatsachen in einem späteren Brief schreiben, dann kannst Du selbst urteilen. Florrie hat auch keine Arbeit, und Eva beendet in Kürze ihre Lehrzeit bei Read. Pappie ist nicht mehr im Iveagh House und wohnt jetzt mit Jim und Nora im gleichen Haus. So war ich auf Unterstützung angewiesen, aber es besteht die Möglichkeit, daß sich aus dieser Geschichte mit Jims Büchern etwas für mich ergibt. Du mußt übrigens nicht denken, daß ich von Dir irgendwelche Hilfe erwarte. Du hast schon zu viele Verpflichtungen, und ich muß versuchen, irgendwie zurechtzukommen. Jim hat mir natürlich geholfen, seit er hier ist, aber ich würde lieber niemanden haben, an den ich mich wenden kann, denn dann muß wirklich etwas geschehen. Alle hier erfreuen sich guter Gesundheit und sind in einigermaßen guter Stimmung. Meine Frau läßt Dich freundlich grüßen, und ich selbst wünsche Dir alles Gute

CHARLIE

Jim schrieb heute für den *Freeman* einen Leitartikel über die Heilung der Maul- und Klauenseuche in der Steiermark.

VON CHARLES JOYCE AN STANISLAUS JOYCE

11. September 1912
17 Richmond Place, N. C. R., Dublin

Lieber Stannie,

Jim fährt heute abend von Dublin ab nach Triest und bleibt einen Tag in London. Er möchte, daß ich Dir schreibe, wie es mit seinem Buch ausgegangen ist. Bis gestern morgen war fast alles für die Veröffentlichung von *Dubliner* durch Jim selber bereit. Der Einband war ausgewählt, die Schrift dafür bestimmt, und in der Tat wäre, was das Buch selbst angeht, in einigen wenigen Tagen alles fertiggewesen. Jim hatte, wie ich Dir sagte, schon fast Zimmer für mich genommen, und wir beglückwünschten uns zu dem Ergebnis dieses langen Kampfes. Gestern aber, als Jim zu Roberts ging, wurde ihm gesagt, daß der Drucker sich weigere, die Bogen an Maunsell auszuhändigen. Jims Anwalt hatte uns ein paar Tage zuvor gesagt, der Drucker wäre, da er sich vertraglich verpflichtet hätte, eine bestimmte Arbeit für Maunsell zu tun, nach Beendigung dieser Arbeit verpflichtet, sie Maunsell auf Anforderung auszuhändigen. Als Roberts Jim von der Einstellung des Druckers erzählte, kamen sie überein, zusammen zu Jims Anwalt zu gehen, um dessen Meinung zu hören. Dixon (der Anwalt) wiederholte, daß Jim schandbar behandelt worden sei, und sagte Roberts, falls er mit anderen wie mit Jim verfahre, müßte sich das seiner Ansicht nach katastrophal für Maunsell und Co. auswirken. Er sagte dann, falls der Drucker sich weigere, die Bogen Maunsell auszuhändigen, könne man sie nur dadurch bekommen, daß man gerichtlich gegen sie vorgehe. Jim müßte in diesem Fall gegen Maunsell vorgehen, um Maunsell zu zwingen, gegen den Drucker vorzugehen. Daraus würde sich ein endloser Rechtsstreit mit endlosen Kosten ergeben. Dixon sagte Roberts, der Drucker könne, da er sich weigere, die Bogen herauszugeben, keinen Penny von Maunsell beanspruchen. Hierin sah Jim sofort ein gutes Argument, dem Drucker beizukommen – der Drucker hat, nebenbei, einen Verlust von £ 57. Jim beschloß dann, den Drucker selbst aufzusuchen, und versuchte Roberts zu bewegen, mit ihm zu gehen. Roberts wollte nicht mitgehen. Er ging allein und suchte den Geschäftsführer des Unternehmens auf. Der sagte Jim, sie könnten die Bogen unter gar keinen Umständen herausgeben. Obwohl das Buch seit $2^{1}/_{2}$ Jahren gesetzt ge-

wesen sei, wüßten sie erst seit einigen Tagen, um welche Art Buch es sich handele. Hätten sie gewußt, was für ein Buch das sei, dann hätten sie es nie angerührt. Jim schlug dann vor, die Bogen ihm zu übergeben und ihn selbst das Buch unter seinem eigenen Namen, sowohl als Verleger wie als Drucker, entweder in Dublin, London, Triest oder anderswo herausbringen zu lassen und damit Faulkner in dieser Sache vollständig von aller Verantwortung zu entbinden. Faulkner sagte, es komme nicht darauf an, wo das Buch veröffentlicht werde oder wessen Name als Drucker darauf erscheine, sie könnten und wollten nicht zulassen, daß es irgendjemand anders in die Hände bekäme. Jim fragte dann, was sie mit seinem Buch zu tun beabsichtigten, und er sagte, sie würden es vernichten. Jim fragte ihn, auf welche Weise sie es vernichten würden, und er sagte, sie würden die Bogen verbrennen und den Satz auseinandernehmen. Ihnen mache der Verlust der siebenundfünfzig Pfund nichts aus, die Sache wäre ihnen eine Lehre gewesen, und sie würden sich nicht so leicht noch einmal zum Narren halten lassen. Es war nichts weiter zu machen, und dies ist das Ende der *Dubliner,* so weit es Dublin betrifft. Jim hat jetzt vor, das Buch der *English Review* anzubieten, einer verhältnismäßig neuen Zeitschrift, von der Du vielleicht noch nichts gehört hast. Darum will er einen Tag in London bleiben, damit er den Herausgeber dieser Zeitschrift aufsuchen kann. Laß uns hoffen, daß er in England mehr Erfolg haben wird, als er in diesem reizenden Land gehabt hat.
Jim wird diesen wenigen Briefen von mir sehr viel hinzuzufügen haben, und ich bin sicher, Du stimmst, wie ich, mit Jim darin überein, daß Irland ein nettes Land ist.
Sobald ich Dir von mir gute Nachrichten mitzuteilen habe, werde ich Dir schreiben. Alles Gute CHARLIE

Lieber Stannie,
Dank für Deine Mühe mit der neuen Wohnung. Ich hoffe

sehr, daß alles in Ordnung ist. Mein Abendanzug ist, in Naphtha verpackt, in der unteren Schublade des Schranks in unserem Schlafzimmer.

Die 1000 gedruckten Exemplare der *Dubliner* sollen heute morgen durch Feuer vernichtet werden.[1] JIM

Falls Du mir vor Mitte September schreibst, schreib bitte an Tante Josephines Adresse. C.

JOSEPH HONE
EINE ERINNERUNG AN JAMES JOYCE

Es war im Jahr 1908 – im Sommer, glaube ich – als ich Joyces *Dubliner* im Manuskript las. Die Erzählungen waren in billigen Notizbüchern niedergeschrieben, in einer gestochenen Handschrift, die einen Schülerpreis im Schönschreiben hätte gewinnen können. Sie wurden mir von George Roberts übergeben, dem leitenden Direktor von Maunsel & Co., einem Verlagshaus, dem ich damals angehörte. Roberts besaß ein sehr gutes Urteil über Bücher, außerdem war er ein ausgezeichneter Drucker; doch zumindest eine der Erzählungen verursachte ihm Bedenken: daran erinnere ich mich. Das war »Efeutag im Sitzungszimmer«, in der Dublins würdige Stadträte geschildert werden, wie sie unter anderem das Privatleben König Edwards VII. diskutieren. Rückblickend kommt mir der Gedanke, das Zögern des Verlages hätte, gerade was diese Erzählung betraf, auf das Bestreben zurückgeführt werden können, Lady Aberdeen, die Gattin des damaligen Vizekönigs, nicht gegen sich einzunehmen; sie hatte den Verlag mit der Publikation von Traktaten für ihren Feldzug gegen die Tuberkulose beauftragt. Ganz sicher bin ich jedoch nicht.

1 George Roberts betonte, daß die Bogen nicht verbrannt wurden, sondern in den Papierwolf kamen. Auf jeden Fall gelang es Joyce, wenigstens ein vollständiges Exemplar der Druckbogen zu erhalten, das als Vorlage benutzt wurde, als Grant Richards das Buch schließlich 1914 herausbrachte.

Ich nahm das Manuskript mit nach Hause, eine Entscheidung war immer noch nicht getroffen, und ich schäme mich, wenn ich daran denke, wie lange Zeit ich es in meinem Besitz hatte. Einen oder zwei Monate mindestens. Ich nahm es mit mir auf einen Besuch in das Haus eines Freundes in der Nähe von Bray, Victor Le Fanu, eines Neffen des Romanciers Joseph Sheridan Le Fanu, des Bevollmächtigten für die Besitzungen des Lord Meath; und vor meinem geistigen Auge sehe ich es noch immer aufgeschlagen auf dem Tisch seines Bücherzimmers liegen, denn ich hatte ihn um seine Meinung darüber gebeten. Le Fanu, früher ein berühmter Rugby-Internationaler, besaß eine gute klassische Bildung, und neben all seinen ländlichen Tätigkeiten fand er Zeit, recht viel zu lesen. Kipling, Meredith und Stevenson waren seine Lieblingsautoren, und ich erwartete nicht, daß er sich mit *Dubliner* sehr wohlwollend beschäftigen werde. Das war auch nicht der Fall; das dort beschriebene Leben lag außerhalb seiner Sphäre. Doch er las die Erzählungen sorgfältig, erkannte ihre bemerkenswerte Qualität und zeigte mehr Interesse für sie als für die üblichen Publikationen von Maunsel.

Anscheinend erfuhr Joyce, daß man mir das Manuskript zur Lektüre übergeben hatte, und auf der Heimfahrt, während eines Aufenthalts in Marseille, erhielt ich einen Beschwerdebrief von ihm, der in Triest datiert war und mir aus Dublin zugeschickt wurde. In meiner Antwort habe ich ihn vielleicht gefragt, ob er einer Streichung des »Efeutag« aus der Sammlung zustimmen würde; was immer ich schrieb, es lieferte ihm jedenfalls einen Vorwand, die Erzählung im folgenden Jahr, nach König Edwards Tod, dessen Nachfolger, George V., vorzulegen. Sodann veröffentlichte er in einer Mitteilung an Arthur Griffiths *Sinn Fein* eine Darstellung, warum er Maunsel grolle und daß er sich an den Monarchen gewandt habe (was natürlich vergeblich war); ich war jedoch damals nicht in Irland und hörte erst viel später davon, als mir jemand erzählte oder ich irgendwo las, Joyce habe in seinem

Begleitbrief an den König »einen Mr. Hone, der von Marseille aus schreibt« zitiert. Ich habe seine Version der Episode niemals überprüft, und ich muß gestehen, daß ich auch keine Neigung dazu verspüre, wenngleich mein Gedächtnis dadurch aufgefrischt werden könnte.

Der Bibliographie von Joyce in der Londoner Ausgabe des *Ulysses* entnehme ich, daß der Brief an *Sinn Fein* im August 1911 erschien. Ein oder zwei Jahre danach hatte ich meine einzige Begegnung mit dem Autor. Ich lebte damals in London und war nicht mehr Partner von Maunsel & Co., sprach aber öfter bei einer Filiale vor, welche die Firma in Bloomsbury eröffnet hatte. Eines Morgens traf ich auf meinem Weg dorthin einen jungen Mann, der einen kleinen Jungen an der Hand führte und sich als Autor der *Dubliner* vorstellte. Ich kann noch die Stelle angeben, wo wir standen und uns unterhielten; aber ich kann mich an nichts erinnern, was wir miteinander sprachen, nur an seine Äußerung, er habe »Europa durchquert«, um mich zu treffen. Daraus läßt sich schließen, daß er wegen *Dubliner* noch immer mit Maunsel in Verbindung stand. Ich nehme jedoch an, daß er auf Veranlassung von Ezra Pound, der durch Yeats von ihm gehört hatte, nach London gekommen war. Und daß er durch Pounds Fürsprache schließlich einen Verleger für *Dubliner* fand.

(*Envoy*, Dublin. 2/1951, Vol. 5, No. 7.)

An Elkin Mathews

26. Februar 1913
Via Donato Bramante 4, II, Triest
(Österreich)

Sehr geehrter Mr. Mathews,

Dank für Zeilen und eingegangene Abrechnung:[1] und freue mich, von der Anthologie zu hören. Habe 12 Exemplare von den 24 erhaltenen verkauft.

1 Für den Gedichtband *Chamber Music*, den Elkin Mathews im Mai 1907 in London veröffentlicht hatte.

Ich schreibe, um Sie zu fragen, ob Sie unter einer der folgenden Bedingungen die sofortige Veröffentlichung meines berühmten Buches *Dubliner* übernehmen würden:

i) Das ganze Buch würde hier in Triest gedruckt werden, Fahnen korrigiert etc. auf meine Kosten.

ii) Druck in London auf meine oder unsere gemeinsamen Kosten, wobei meine Honorarbeteiligung natürlich im Verhältnis zu Ihrem Risiko errechnet würde.

Ich stelle nur die eine Bedingung (abgesehen von der finanziellen), daß das Buch sofort herausgebracht wird.

Ich beabsichtige, dazu ein Vorwort zu schreiben, in dem ich die acht abenteuerlichen Jahre des Buches und seine schließliche Verbrennung schildere – eine einmalige Geschichte, aus der ein Verleger eine große Reklame für das Buch schlagen könnte.

Ich darf hinzufügen, daß ich in jedem Fall bereit bin, 110 Exemplare zum Nettopreis zu übernehmen, um sie hier zu verkaufen.

Ich wäre Ihnen sehr verbunden, wenn Sie mir umgehend antworteten, da ich die Sache rasch abwickeln möchte. Herzlich

Ihr JAMES JOYCE

AN ELKIN MATHEWS

Ostersonntag 1913
Via Donato Bramante 4, Triest

Sehr geehrter Mr. Mathews,

Ich bin Ihnen für Ihre freundliche und rasche Antwort verbunden. Ich ersehe daraus allerdings nicht, ob Sie meinen Vorschlag definitiv ablehnen oder nicht. Mein Vorschlag (ausgehend davon, daß mir bewußt ist, daß das Buch, wie Sie sagen, ›mit Ihren sonstigen Publikationen nicht in Einklang steht‹) war, daß ich für die Druckkosten aufkommen würde (wenn nötig im voraus), daß 100 Exemplare von mir zum Nettopreis übernommen würden und daß ein Vorwort von

mir (das an sich schon als schlagende Reklame genügen dürfte) gedruckt werden sollte. Ich erkläre mich zu einem weiteren Zugeständnis bereit: Ihnen die Option auf den Roman, an dem ich arbeite und den ich dieses Jahr beenden werde, zu geben, *A Portrait of the Artist as a Young Man* (›Ein Porträt des Künstlers als junger Mann‹), ein Buch, über das Sie vielleicht schon einiges von Ihren irischen Bekannten gehört haben. Schreiben Sie mir über diesen Punkt.
Wenn Sie allerdings gemeint haben, daß Sie mein Angebot definitiv ablehnen, und glauben, daß Mr. Long das Buch vielleicht nehmen würde, können Sie es an ihn (mit dem Vorwort) weitergeben, und wenn Sie wünschen, daß ich Ihnen diesbezüglich gesondert schreibe, werde ich es tun.
Ich möchte, daß die Sache so bald wie möglich geregelt wird. Das ist der Grund, weshalb ich mich zu den obigen Bedingungen bereit finde. Die jüngsten Ereignisse um das Buch lassen sich wohl nur auf eine Weise interpretieren, daß nämlich gewisse Kräfte in Irland sich vorsätzlich verschworen haben, mich zum Schweigen zu bringen. Man wird mich kaum des Egoismus zeihen können, wenn ich angesichts der Tatsachen zu diesem Schluß komme. JAMES JOYCE

AN GEORG GOYERT[1]

19. Oktober 1927
2 Square Robiac, 192 rue de Grenelle

Lieber Herr Goyert,
Den deutschen *Ulysses* habe ich noch nicht gesehen. Der Titel *So sind sie in Dublin* gefällt mir gar nicht. Er entspricht nicht meinem Standpunkt, der, wenn überhaupt irgendwie,

1 Dr. Georg Goyert war der Übersetzer von *Ulysses*, der am 15. Oktober 1927 erschienen war, und von *Dubliner*. Offenbar hatte Goyert »So sind sie in Dublin« mit der Begründung gewählt, daß »Dubliner« auf deutsch nicht möglich sei. Die deutsche Ausgabe (Rhein-Verlag, Basel, 1928) trug den Titel *Dublin*.

So Sind Wir in Dublin lauten würde. Aber mir gefällt keiner. Wenn »Dubliners« nicht geht, wie wär's mit »In Dublin Stadt« oder »Dublin an der Liffey«?
Bitte geben Sie mir umgehend Bescheid
Ihr ergebener JAMES JOYCE

V. Zwei Dokumente von James Joyce zum Streit mit Maunsel

Gas from a burner

Ladies and gents, you are here assembled
To hear why earth and heaven trembled
Because of the black and sinister arts
Of an Irish writer in foreign parts.
He sent me a book ten years ago:
I read it a hundred times or so,
Backwards and forwards, down and up,
Through both the ends of a telescope.
I printed it all to the very last word
But by the mercy of the Lord
The darkness of my mind was rent
And I saw the writer's foul intent.
But I owe a duty to Ireland:
I hold her honour in my hand,
This lovely land that always sent
Her writers and artists to banishment
And in a spirit of Irish fun
Betrayed her own leaders, one by one.
'Twas Irish humour, wet and dry,
Flung quicklime into Parnell's eye;
'Tis Irish brains that save from doom
The leaky barge of the Bishop of Rome
For everyone knows the Pope can't belch
Without the consent of Billy Walsh.
O Ireland my first and only love
Where Christ and Caesar are hand and glove!
O lovely land where the shamrock grows!
(Allow me, ladies, to blow my nose)
To show you for strictures I don't care a button
I printed the poems of Mountainy Mutton
And a play he wrote (you've read it, I'm sure)

Gas aus einem Brenner

Meine Damen und Herren, Sie sind hier versammelt,
Zu hörn, wieso Himmel und Erde so schrammelt:
Es liegt an den schwarzen, ja finsteren Künsten
Eines irischen Autors in fremden Diensten.
Er schickte ein Buch mir – zehn Jahre ist's her –
Und ich las es wohl hundertmal kreuz und quer,
Rückwärts und vorwärts, mit sämtlichen Finten,
Durchs Fernglas von vorne wie auch von hinten.
Ich druckte es schließlich, zu allem bereit,
Doch des lieben Gottes Barmherzigkeit
Zog mir vom Hirn die verdunkelnde Decke,
Und ich sah des Verfassers unsaubere Zwecke.
Nun bin ich verpflichtet dem Vaterland –
Ich halt seine Ehre in meiner Hand! –
Diesem lieblichen Land, dem's schon immer gefiel,
Seine Künstler zu treiben ins ferne Exil,
Und das – ein typisch irischer Spaß –
Seine eigenen Führer verriet und vergaß.
's war der Sinn für Humor nur, milde und scharf,
Der Parnell Ätzkalk ins Auge warf;
's ist der irische Dickschädel, dem es gelingt,
Daß der lecke päpstliche Kahn nicht sinkt,
Denn man weiß: ohne Billy Jott Walshs Geruhn
Kann der Bischof von Rom keinen Rülpser tun.
O du mein geliebtes Vaterland,
Wo Caesar und Christus sind Handschuh und Hand!
Wo der Shamrock wächst mit den lieblichsten Reizen!
(Erlauben die Damen – ich muß mich schnäuzen).
Daß mein Herz als Verleger bei gar nichts zuckt,
Beweist: ich hab Mountainy Mutton gedruckt,
Ein Stück von ihm gar, worin ungeniert

Where they talk of *bastard*, *bugger* and *whore*,
And a play on the Word and Holy Paul
And some woman's legs that I can't recall,
Written by Moore, a genuine gent
That lives on his property's ten per cent:
I printed mystical books in dozens:
I printed the table-book of Cousins
Though (asking your pardon) as for the verse
'Twould give you a heartburn on your arse:
I printed folklore from North and South
By Gregory of the Golden Mouth:
I printed poets, sad, silly and solemn:
I printed Patrick What-do-you-Colm:
I printed the great John Milicent Synge
Who soars above on an angel's wing
In the playboy shift that he pinched as swag
From Maunsel's manager's travelling-bag.
But I draw the line at that bloody fellow
That was over here dressed in Austrian yellow,
Spouting Italian by the hour
To O'Leary Curtis and John Wyse Power
And writing of Dublin, dirty and dear,
In a manner no blackamoor printer could bear.
Shite and onions! Do you think I'll print
The name of the Wellington Monument,
Sydney Parade and Sandymount tram,
Downes's cakeshop and Williams's jam?
I'm damned if I do – I'm damned to blazes!
Talk about *Irish Names of Places!*
It's a wonder to me, upon my soul,
He forgot to mention Curly's Hole.
No, ladies, my press shall have no share in
So gross a libel on Stepmother Erin.
I pity the poor – that's why I took
A red-headed Scotchman to keep my book.

Von »Schwulen« und »Huren« gesprochen wird;
Dann ein Stück, das vom Wort und von Paulus handelt
Und den Beinen einer Frau, mit der jemand gebandelt:
Es stammt von Moore, der nach Höherem strebt
Und von seinen Vermögensprozenten lebt;
Ich druckte mystische Bücher in Massen,
Sogar James Cousins' Gedankenblasen,
Wobei mir da freilich zu sagen obliegt,
Daß (Pardon!) man im Arsch davon Sodbrennen kriegt;
Ich druckte Folklore so manches Pfund
Von der Gregory mit dem Goldenen Mund;
Ich druckte Poeten, ernst, albern und bleich;
Ich druckte Padraic Wie-heißt-er-doch-gleich;
Ich druckte den großen John Millicent Synge,
Der hoch über uns schwebt wie ein Schmetterling
Im Playboy-Hemde – als Beute entdeckt' er's
Im Musterkoffer des Maunsel-Direktors.
Doch ich ziehe die Grenze bei jenem Gesellen,
Der kürzlich aus Öst'reich kam, uns zu verprellen:
Sang italienische Gassenhauer
Vor O'Leary Curtis und John Wyse Power
Und schrieb über Dublin auf eine Art,
Daß sämtlichen Druckern sich sträubte der Bart.
Scheiße mit Zwiebeln! Was glaubt ihr, der nennt
Beim Namen das Wellington Monument,
Die Sydney Parade und die Sandymount-Tram,
Downes's Cakeshop und Williams's Jam!
Ich will gleich verdammt sein, wenn ich das schlucke,
Geschwätz über *Irische Ortsnamen* drucke!
's wundert mich nur, daß der Kamerad
Curly's Hole zu erwähnen vergessen hat.
Nein, niemals verleg ich, bei meiner Seel,
Gegen Stiefmutter Erin solch schlimmes Libell.
Mich dauert die Armut – drum hab ich's riskiert,
Daß ein rothaar'ger Schotte die Bücher mir führt.

Poor sister Scotland! Her doom is fell;
She cannot find any more Stuarts to sell.
My conscience is fine as Chinese silk:
My heart is as soft as buttermilk.
Colm can tell you I made a rebate
Of one hundred pounds on the estimate
I gave him for his *Irish Review.*
I love my country – by herrings I do!
I wish you could see what tears I weep
When I think of the emigrant train and ship.
That's why I publish far and wide
My quite illegible railway guide.
In the porch of my printing institute
The poor and deserving prostitute
Plays every night at catch-as-catch-can
With her tight-breeched British artilleryman
And the foreigner learns the gift of the gab
From the drunken draggletail Dublin drab.
Who was it said: Resist not evil?
I'll burn that book, so help me devil.
I'll sing a psalm as I watch it burn
And the ashes I'll keep in a one-handled urn.
I'll penance do with farts and groans
Kneeling upon my marrowbones.
This very next lent I will unbare
My penitent buttocks to the air
And sobbing beside my printing press
My awful sin I will confess.
My Irish foreman from Bannockburn
Shall dip his right hand in the urn
And sign crisscross with reverent thumb
Memento homo upon my bum.

Ach Schwesterchen Schottland! Deine Zeit ist gelaufen;
Du hast keine Stuarts mehr zu verkaufen.
Mein Gewissen ist zart wie chinesische Seide,
Mein Herz ist so weich, daß ich selbst drunter leide.
Colm kann's bestät'gen: ich hab ihm im Nu
Auf sein Riesen-Budget für die *Irish Review*
'nen Rabatt von einhundert Pfund gemacht.
Ich liebe mein Vaterland – 's wär doch gelacht!
Sie müßten sehn, wie in Tränen ich liege,
Gedenk ich der Auswandrerschiffe und -züge!
Deshalb, nur deshalb ja drucke ich
Meinen Amtlichen Fahrplan so unleserlich.
In meinem Verlag, den mit Säulen ich zierte,
Treibt jede Nacht die Prostituierte,
Die arme, verdiente, im Freiringerstil
Mit dem britischen Artilleristen ihr Spiel,
Und der Ausländer lernt beim besoffenen Flachsen,
Wie der Dubliner Schlampe der Schnabel gewachsen.
Wer hat doch gesagt: Widerstrebt nicht dem Übel?
Ich verbrenne das Buch, so wahr mir der Dübel –!
Ich sing einen Psalm, wenn die Flammen turnen,
Und für die Asche gibt's Einhenkel-Urnen.
Dann tue ich Buße, will gerne mich stürzen
Aufs Knie unter reichlichen Seufzern und Fürzen,
Zur Fastenzeit, ohne ihn zu bedecken,
Meinen reuigen Arsch in die Lüfte recken
Und neben der Druckerpresse erbleichten
Gesichts meine furchtbare Sünde beichten.
Mein irischer Faktor aus Bannockburn taucht
In die Urne den frommen Daumen und haucht
Dann kreuzweis mit Asche aus jenem Gefäß
Memento homo mir aufs Gesäß.

1912

(Joyce schrieb dieses Gedicht auf die Rückseite seines Vertrags mit Maunsel, auf der Rückreise nach Triest, im Zug zwischen Flushing und München am 14. September 1912. Er ließ es im November in Triest auf eigene Kosten drucken und durch seinen Bruder Charles in Dublin verteilen.)

30. November 1913

EINE MERKWÜRDIGE GESCHICHTE

Den folgenden Brief, der die Geschichte eines Erzählungsbandes enthält, habe ich vor zwei Jahren an die Presse des United Kingdom geschickt. Er wurde, soviel ich weiß, von zwei Zeitungen veröffentlicht: *Sinn Fein* (Dublin) und *Northern Whig* (Belfast).

[Es folgt Joyces Brief an die Presse vom 17. August 1911][1]

Ich wartete nach der Veröffentlichung dieses Briefes neun Monate ab. Dann ging ich nach Irland und trat in Verhandlungen mit dem Verlag Maunsel. Man bat mich, die Erzählung ›Eine Begegnung‹ aus der Sammlung zu streichen, ebenso Stellen in ›Zwei Kavaliere‹, ›Die Pension‹, ›Ein betrüblicher Fall‹, und überall im ganzen Buch die Namen von Restaurants, Konditoreien, Bahnhöfen, Wirtshäusern, Wäschereien, Kneipen und anderen Geschäftsunternehmen zu ändern. Nachdem ich sechs Wochen lang Tag für Tag ihren Standpunkt zu widerlegen versucht und die Angelegenheiten zwei Anwälten unterbreitet hatte (die sich, obwohl sie mir erklärten, daß der Verlag vertragsbrüchig geworden sei, weigerten, meinen Fall zu übernehmen, und auch ihre Namen im Zusammenhang damit in keiner Weise genannt wissen wollten), stimmte ich verzweifelt allen diesen Änderungen zu, unter der Bedingung, daß das Buch unverzüglich herausgebracht und der Originaltext in künftigen Ausgaben, sofern diese erforderlich wären, wiederhergestellt würde. Dann verlangte der Verlag Maunsel von mir, £ 1000 als Sicherheit in ihrer Bank zu hinterlegen oder zwei Bürgschaften von je £ 500 beizubringen. Ich lehnte beides ab; worauf sie mir brieflich mitteilten, daß sie das Buch, geändert oder unverändert, nicht veröffentlichen würden, und daß sie, falls ich ihnen kein Angebot zur Erstattung der ihnen durch die Druckkosten entstandenen Verluste machte, gerichtlich gegen mich vorgehen würden, um dieselben einzutreiben. Ich bot an, sechzig

1 Siehe S. 103.

Prozent der Druckkosten der ersten Auflage in Höhe von eintausend Exemplaren zu bezahlen, wenn die Auflage mir übereignet werden würde. Dieses Angebot wurde angenommen, und ich beauftragte meinen Bruder in Dublin, das Buch für mich zu veröffentlichen und zu verkaufen. An dem Morgen, als der Vertragsentwurf und die Vereinbarung unterschrieben werden sollten, unterrichtete mich der Verlag, daß die Sache gescheitert sei, weil der Drucker die Exemplare auszuhändigen sich weigere. Ich ging daraufhin zum Drucker. Sein Werkmeister sagte mir, der Drucker habe sich entschlossen, jeden Anspruch auf das ihm zustehende Geld aufzugeben. Ich fragte, ob der Drucker die gesamte Auflage einer Firma in London oder auf dem Kontinent oder meinem Bruder oder mir aushändigen würde, falls man ihn aller Verantwortlichkeit entbände. Er sagte, die Exemplare würden seine Druckerei niemals verlassen, der Satz sei abgelegt worden und die gesamte Auflage in Höhe von eintausend Exemplaren werde am nächsten Tag verbrannt werden. Ich verließ Irland am nächsten Tag und hatte ein gedrucktes Exemplar des Buches bei mir, das ich vom Verleger bekommen hatte. JAMES JOYCE

Via Donato Bramante 4, II, Triest, Österreich

(Zuerst veröffentlicht im *Egoist* [London], I, 2 [15. Januar 1914], 26–27. Ezra Pound schrieb dazu folgende Vorbemerkung:

›Ich erhielt die folgende Erklärung von einem Autor, der, wie bekannt, bemerkenswert begabt ist, und da der Fall, so weit ich weiß, heute noch genau so liegt wie zur Zeit seines letzten Briefes (30. November), habe ich es für richtiger gehalten, seine Mitteilung vollständig abzudrucken, als mir zu erlauben, meinen üblichen, zweiwöchentlichen Kommentar zu Büchern zu geben, die in diesen vierzehn Tagen erschienen sind. Mr. Joyces Erklärung lautet folgendermaßen:‹)

VI. Stanislaus Joyce über die ›Dubliner‹

Aus ›Meines Bruders Hüter‹ und ›Dubliner Tagebuch‹

[Eine Begegnung]

In der ›Begegnung‹ schildert mein Bruder, wie er und ich, als wir dort in North Richmond Street wohnten, zusammen planten, und auch ausführten, einen Tag die Schule zu schwänzen, und unser Rencontre mit einem ältlichen Päderasten. In unsern Augen war er bloß ein ›verrückter Hund‹. Keiner von uns konnte damals eine blasse Ahnung haben, in welcher Hinsicht der ›Hund verrückt‹ war; aber etwas Komisches in seiner Sprechweise und seinem Benehmen warnte uns auf der Stelle. Wir dachten, es könnte ein entsprungener Irrer sein. Da er wie ein Fünfziger wirkte, und einen militärischen Eindruck machte, taufte ich ihn den ›Hauptmann über Fünfzig‹ nach einer Wendung, die mir in irgendeinem Bibelzitat aufgestoßen war. Mein Bruder schrieb die Erzählung erst, als er schon in Triest lebte. Ich war noch in Dublin; und als er mir das Manuskript schickte, wie er immer tat, wenn er eine Erzählung fertig hatte, empfahl ich ihm als Überschrift den erwähnten Spitznamen für den Kerl; mein Bruder aber zog seinen eigenen Titel vor.

Das war eine der Geschichten, die so großen Anstoß erregten, als 1912 der heißeste Entscheidungskampf mit Roberts tobte, dem gerissenen Manager des Dubliner Verlagshauses Maunsel & Co. Der juristische Berater meines Bruders in Dublin, George Lidwell, der ihn hinsichtlich textlicher Veränderungen zu einer weniger starren Haltung zu bewegen suchte, sagte zu ihm: »Sie sehen doch: Ihr Vater, der die Erzählung gelesen hat und wirklich ein Mann mit Lebenserfahrung ist, kann sich auch keine Vorstellung machen, was für eine Sorte Mensch Sie hier schildern«

Ich war damals in Triest, und hielt dort die Stellung. Ich schrieb meinem Bruder zurück, daß die richtige Antwort darauf, meines Erachtens, die gewesen wäre: »Ich ebensowenig; aber ich habe so meinen Verdacht, und den habe ich in dieser Erzählung niedergelegt.« Auch Tom Kettle, ein Mann dessen Urteil mein Bruder schätzte, weil bei ihm der Katholizismus auf intellektueller Überzeugung beruhte, nicht nur auf nationalistischer Konjunktur, erklärte sich gegen das Buch. Er wiederholte mehrfach:

»Oh werd' ich das Buch verreißen, sobald es rauskommt: werd' ich das verreißen!«

Das bedeutete eine reelle Fehde, die mein Bruder annahm, und die Kettle nebenbei bemerkt verloren haben würde, hätte ihn nicht der erste Weltkrieg als eines seiner sinnlosen Opfer mit Beschlag belegt. Mein Bruder wies darauf hin, daß es sich um ein tatsächliches eigenes Erlebnis handele; aber diesen Einwand schob Kettle beiseite.

»Weiß wohl«, sagte er, »Den haben wir Alle schon getroffen.«

Ich denke, es waren diese Worte Kettles, die meinen Bruder bewogen, seinen eigenen Titel für die Erzählung beizubehalten. Er schrieb mir, daß er sie gerne dem Verfasser der ›Reise der Ophir‹[1] widmen möchte. Aber warum ausgerechnet über den armen George Meredith herfallen, als wäre er der typische Exponent englischer Erziehungsmethoden und der ihnen nachgesagten Auswirkungen? Warum nicht lieber den Verfasser von ›Ralph Roister Doister‹?[2]

[Meines Bruders Hüter, S. 98 f.]

1 Meredith's Gedicht anläßlich der Weltreise, die der Prinz und die Prinzessin von Wales 1901 durch das Empire unternahmen.

2 Erstes bekanntes englisches Schauspiel, etwa 1553 von Nicholas Udall (1505–56) geschrieben.

[Arabia]

An unser nächstes Haus habe ich eine deutlichere Erinnerung, da ich nun schon um die 10 Jahr alt war, als wir dort einzogen. Es war das Haus in North Richmond Street, das in ›Arabia‹ beschrieben ist. Es war in einer ruhigen Umgebung belegen, »da North Richmond Street eine Sackgasse bildete«; und, wie mein Bruder weiter sagt: »an ihrem hinteren Ende stand, etwas abgesondert von seinen Nachbarn auf einem quadratischen Grundstück, ein unbewohntes zweistöckiges Haus.« In Wirklichkeit kam zu den zwei Stockwerken noch ein großes Souterrain; das Grundstück war ein Garten mit Apfelbäumen; der Rest von ›Arabia‹ ist reine Erfindung. Im Vorwort zu der amerikanischen Ausgabe der ›Dubliner‹[1] sagt Padraic Colum, daß es sich bei dieser Geschichte wie auch den ›Schwestern‹ unstreitig um Kindheitserinnerungen handele. Das ist ein Irrtum. Es ist vielmehr so, daß lediglich zwei dieser Erzählungen – nämlich ›Eine Begegnung‹ und ›Eine Mutter‹, die Schilderung eines Konzertes, auf dem mein Bruder zusammen mit John McCormack sang – auf tatsächliche persönliche Erfahrung gegründet sind. Alle übrigen Erzählungen sind entweder reine Erfindung, oder verarbeiten aus zweiter Hand die Erlebnisse Anderer; zumal von mir, wie ich später zeigen werde.
[MBH, S. 97 f.]

[Nach dem Rennen]

In Paris machte mein Bruder ganz zufällig ein paar Bohème-Bekanntschaften, ein Sortiment von Nationalitäten, und ohne weitere Bedeutung, als daß er an ihnen Jemanden hatte, mit dem er diskutieren konnte. Einige davon hat er in ›Nach dem Rennen‹, einer der ersten Geschichten der ›Dubliner‹

1 Viking Press, New York, 1925.

verwendet. Jim mochte diese Geschichte zwar nicht, wollte sie aber auch nicht neu schreiben, grundsätzlicher Bedenken wegen, die er hatte, einmal Veröffentlichtes zu verändern. Etwas veröffentlichen war gleichbedeutend mit Verantwortung übernehmen, und er war nicht gesinnt, sich davor zu drücken. Die Diskussionen jener Bohème-Gruppe müssen zuweilen recht lebhaft verlaufen sein; denn Einer des Zirkels, der Engländer Routh, hinterbrachte meinem Bruder einmal, daß der österreichische Dichter Däubler, aus Triest gebürtig, der ein Nazi ante litteram gewesen zu sein scheint, sich mit dem Gedanken trüge, meinen Bruder zum Duell herauszufordern, um sich für einen besonders empfindlichen Treffer während einer Kontroverse zu rächen. Als mein Bruder mir die Geschichte erzählte, fragte ich ihn:
»Was hättest Du gemacht, falls er Dich gefordert hätte?«
»Den ersten Zug nach Dublin genommen, der von Paris abgegangen wäre«, erwiderte Jim prompt.
Jedoch Herr Däubler fuhr fort, sich mit dem Gedanken einer Herausforderung zu tragen, ohne ihn in die Tat umzusetzen; und die wahre Reaktion meines Bruders auf diese spezielle Form festländischer Stupidität wurde nie auf die Probe gestellt.
[MBH, S. 263 f.]

[Nach dem Rennen]

Sein letzter Beitrag, den er aus Paris an irische Zeitungen sandte, war für die ›Irish Times‹ vom 7. April 1903; und zwar ein Interview mit einem französischen Rennfahrer, Henri Fournier, der an dem Rennen um den Gordon Bennet Cup teilnehmen sollte, das kommenden Juli in Irland ausgetragen wurde. Das Interview ist großartig. Mein Bruder wußte weder was für einen Wagen Mr. Fournier fahren würde, noch ob ein anderes großes Rennen in Madrid vor

oder nach dem ›Motor-Derby‹ stattfände; auch hielt er eine Höchstgeschwindigkeit von 110 Stundenkilometern für ein »entsetzliches Tempo«. Aus dem Interview ergibt sich mit Evidenz, daß er vom Autofahren keinerlei Ahnung hat, und sich, falls das möglich ist, noch weniger daraus macht.
Den Pokal gewann ein belgischer Fahrer auf Mercedes. Als nach dem Motor-Derby in Phoenix Park Schnelligkeitswettbewerbe ausgetragen wurden, an denen Fournier vermutlich teilgenommen hat, ging mein Bruder nicht etwa hin, sie sich anzusehen oder seine Bekanntschaft mit Fournier zu erneuern, obgleich ›ganz Dublin‹ an dem Tag im Phoenix Park war. Trotzdem hat er dies Motor-Derby, das in Irland stattfand, als Hintergrund für ›Nach dem Rennen‹ verwendet, seiner dritten Erzählung, die dann in der ›Irish Homestead‹ erschien.
[MBH, S. 295]

[Entsprechungen]

Ich kann die pomphafte Großzügigkeit nicht erkennen, die darin liegt, eine Runde auszugeben; geschweige denn eine Runde, die kein Mensch braucht. Es ist eine müßige Angewohnheit – Ballast, um eine leere Zeit und ein leeres Gemüt damit zu füllen. Außerdem glaube ich eingesehen zu haben, daß die überwiegende Mehrzahl ihre Runden irgendwie auf Kosten Anderer ausgibt; Jim zum Beispiel auf Kosten von Jedermann, den er ›anzapfen‹ kann; Pappie sein ganzes Leben lang auf Kosten von Frau und Kindern.
Die Art in der Onkel Willie seine Kinder tyrannisiert, ist in meinen Augen eine nicht zu duldende und stupide Feigheit. Und dennoch gebe ich zu, daß Jene, obgleich nicht niederträchtig oder schlechten Herzens, so doch äußerst unlenksam und schlecht erzogen sind. Daheim sind sie gedrückt, ja verschreckt, und betrachten es als großes Vergnügen, wenn man

ihnen nur gestattet, auf der Straße zu spielen. Er ist vernagelt, nicht einzusehen, daß sie nur solange gehorsam sein werden, wie sie unbedingt müssen. Alice hat mir erzählt, wie Bertie – damals ein Kind von 6 oder 7 – bei einem Anlaß Onkel William gebeten habe, ihn nicht zu schlagen, und versprochen, ein ›Ave Maria‹ für ihn zu beten, wenn er es nicht tue. Mir wurde beinahe schlecht bei einer derartig schauderhaften Feigheit auf beiden Seiten – ich hab' gelacht, wie wenn ich einen Dachschaden hätte. Die Art, wie er seine Kinder anweist, das oder jenes zu tun, ist absolut ochsig.
[Dubliner Tagebuch, S. 56 f.]

[Ein betrüblicher Fall]

Um jene Zeit (1901) ging ich einmal allein zu einem Konzert in der Rotunde, wo Clara Butt und ihr Gatte, Kennerley Rumford, sangen; auch die Begleitung war ganz ausgezeichnet. Es macht Mühe, sich nach so langer Zwischenzeit des Programms im Einzelnen zu erinnern; aber ich bin mir nahezu sicher, daß es »Mon cœur s'ouvre à ta voix« und »Che farò senza Euridice« mit umfaßte. Sie sang viele Lieder; denn sie wurde immer und immer wieder herausgerufen. Nach dem Konzert, als ich ins Freie gelangte, fühlte ich die Musik, die ich eben gehört hatte, mir noch durch alle Adern strömen; es schien mir, daß die einzige Stimme, die wert sei, daß man ihr lausche, ein Contralto wäre.
Der Konzertsaal war überfüllt, und ich einer der Begeistertsten unter der Zuhörerschaft. Nach einer Weile wurde ich gewahr, daß eine Dame, die neben mir saß, mich mehrere Male anblickte. Es war eine hübsche dunkelhaarige Frau, im Alter etwa zwischen dreißig und vierzig Jahren. Ihr reiner Teint fiel mir auf; auch die großen Pupillen und das sehr helle Weiß ihrer braunen Augen. In einer der Pausen sprach sie mich an; und in den folgenden kleinen und großen Pausen

plauderten wir weiter über das Konzert und Musik im allgemeinen, von der sie viel zu verstehen schien. Als es vorbei war, gab sie mir die Hand, und lächelte sanft.
Später bin ich ihr dann durch Zufall wieder begegnet; zumindest an ein Mal erinnere ich mich noch. Sie hielt mich auf der Straße an; ich war noch nicht 18, und hätte nie und nimmer die Verwegenheit besessen, sie von mir aus anzusprechen. Sie tat ein paar herkömmliche Fragen bezüglich meiner Studien, und ihr Benehmen war angenehm und freundlich; aber ich habe sie nie mehr wiedergesehen.
Aus diesem wenig versprechenden Material, das er in meinem Tagebuch fand, gestaltete mein Bruder die Erzählung ›Ein betrüblicher Fall‹, die er allerdings weit später, in Triest, schrieb, als die trüben Wogen des Dubliner Lebens sich in seinem Gemüt zu setzen und zu klären begannen. Der Frau darin, Emily Sinico, hat er einen Triestiner Namen gegeben; Giuseppe Sinico war der Komponist des ›Inno di San Giusto‹, des Schutzheiligen von Triest. Mr. Duffy ist der Prototyp männlicher Ehelosigkeit (wie die Maria in ›Erde‹ der der weiblichen); war aber auch als Porträt dessen gedacht, was, nach der Vorstellung meines Bruders, ich im mittleren Mannesalter sein würde. Das Porträt hat jenen »grimmigen deutschen Zug«, von dem er gesprochen hatte. Er hat zur Charakterisierung des Mr. Duffy zahlreiche meiner Eigenheiten mit herangezogen; zum Beispiel meine Unduldsamkeit gegenüber Betrunkenheit, Ablehnung des Sozialismus, oder meine Angewohnheit, kurze Sätze auf ein zusammengeheftetes Bündel loser Blätter zu notieren. Der Titel, den Jim für dieses mein Destillat an Weisheitstabletten vorschlug, war ›Gallenpillen‹. Zwei davon sind in die Erzählung eingegangen: »Jede Bindung ist eine Bindung an Sorge«; und »Liebe zwischen Mann und Mann ist unmöglich, weil kein geschlechtlicher Verkehr statthaben darf; und Freundschaft zwischen Mann und Frau ist unmöglich, weil geschlechtlicher Verkehr statthaben muß.« Beide Anmerkungen waren, aus

irgendeinem dunklen Grunde, nach der zufälligen Begegnung bei jenem Konzert entstanden. Jim hat Mr. Duffy aber auch einige Züge von sich selbst geliehen, um dessen geistiges Niveau entscheidend zu erhöhen; etwa das Interesse an Nietzsche, und die Übersetzung des ›Michael Kramer‹.
[MBH, S. 215 ff.]

[Ein betrüblicher Fall]

Mein Bruder hat der Sinn-Fein-Bewegung nicht angehört, obgleich er später, in Triest, darüber schrieb; aber er war ihr mehr gewogen, als dem »unwirksamen parlamentarischen Ringen«, an das ich meinerseits glaubte. Er neigte politisch zum Sozialismus, und hatte mehrfach an Zusammenkünften sozialistischer Gruppen in Hinterzimmern teilgenommen, in der Art, wie er Mr. Duffy in ›Ein betrüblicher Fall‹ tun läßt. Ich begleitete ihn zuweilen in diese matt erleuchteten melancholischen Schlupfwinkel, und hörte mir die unüberzeugenden Argumente an. Mein Bruder meinte, daß künstlich angeschürte Chauvinismen, wie er sie so verabscheute, für die Kriege und die Unruhe in der Welt verantwortlich zu machen wären. Mr. Duffy's Ernüchterung bezüglich des Sozialismus spiegelt jedoch nicht meines Bruders Einstellung wider, sondern die meine. Noch in Triest bezeichnete er sich als Sozialisten. Diese politische Haltung schien mir an einem Künstler, der die große Masse verabscheute, und dessen einzige Sorge die um die Qualität seines Werkes war, beziehungsweise hätte sein sollen, inkonsequent; wogegen der Sozialismus mir doch lediglich in Diskussionen über Arbeitsstunden und -löhne zu bestehen schien, unter Ausschluß jeglicher anderer Interessen. Ich stellte ihm die Frage, welchen Unterschied der Sozialismus bezüglich seines geliebten Ibsen bedeuten würde: wieviel an Arbeizszeit und -lohn würde in einem sozialistischen Staat auf *ihn* entfallen? Und auch in seiner Billigung

der Sinn Feiner folgte ich ihm nicht. Ich behauptete, daß aus dem ›Sprecht Irisch‹ und ›Kauft irisch‹ sehr bald ein ›Lest *nur* noch Irisch‹ und ›Denkt *nur* noch an Irland‹ werden, und die allgemeine Tendenz dahin gehen würde, aus dem Lande – wie ich es damals ausdrückte – »ein zweites Tibet« zu machen.
Aus einzelnen Sätzen seiner Abhandlung über Mangan ergibt sich klar, daß er ›die Geschichte‹ bereits als eine verworrene Chronik vollgepfropft mit Irrtümern zu betrachten begann, und daß er nicht an die Schuldlosigkeit der Unterdrückten glaubte. Vor allem sah er eines nicht ein: daß das Joch des Unterdrückers deswegen leichter oder süßer sein solle, weil es Einem von dem eigenen Volk auferlegt wird.
[MBH, S. 228 f.]

[Efeutag im Sitzungszimmer]

Bevor ich ins Büro des Rechnungsprüfers eintrat, war mein Vater zeitweilig als Wahlagent und Stimmenwerber für einen Kandidaten für die Stadtratswahlen von Dublin engagiert gewesen, und ich sein Schreiber. Als ich Jim nach Paris schrieb, schilderte ich ihm das Komiteezimmer mitsamt den Gestalten die aus und ein gingen, gerade so, wie sie im ›Efeutag im Sitzungszimmer‹ erscheinen. Den alten Hausmeister mit seinem häuslichen Kummer, Mr. Henchy (eine, der Umgebung entsprechend getönte, Porträtskizze meines Vaters), die übrigen Stimmenwerber, der seiner Priesterwürde entkleidete Geistliche, der Bummler, der das Gedicht aufsagt – kurzum Alles, mit Ausnahme des Gedichtes selbst, ergab sich ihm aus meinem Brief; beziehungsweise, als er zu Weihnachten heim kam, aus meiner mündlichen Beschreibung. Mein Bruder ist in seinem ganzen Leben in keinem Komiteezimmer gewesen. Ich habe unwissentlich das gesamte Material für die Erzählung geliefert; ausgenommen, wie ich bereits sagte, das

Gedicht, durch das eine leicht pathetische Note hineinkommt, die die Erzählung davor bewahrt, rein zynisch zu wirken. Und es wird auf eine Art serviert, daß, wie Padraic Colum in seinem Vorwort zu der amerikanischen Ausgabe bemerkt, trotz der banalen Reden und des arg billigen literarischen Flitters man darin echte Ergebenheit für den verstorbenen Führer spürt, und wahren Kummer.
Von sämtlichen Erzählungen, die in den ›Dublinern‹ stehen, schätzte mein Bruder, wie er angab, diesen ›Efeutag‹ am höchsten. Was meinen Anteil daran anbelangt, so hatte ich über dieses Komiteezimmer mit seinen Stimmenwerbern und Besuchern, mündlich wie schriftlich, mit ausgesprochen säuerlicher Abneigung berichtet. Nie war mir zu Sinn gekommen, daß sich aus all diesen vielen Facetten des Unrats Material für eine Geschichte ergeben könnte. Ich hatte gedacht, daß diese Dubliner Typen nicht nur für die Literatur sondern für die Menschheit schlechthin unterhalb jeglichen Interesses lägen, es sei denn für ganz abgehärtete Besserungsvereine. Noch weniger war mir eingefallen, daß man, indem man eine Erzählung daraus macht – im Geist der Distanziertheit, und vermittelst eines Stils von »peinlich gewissenhafter Vulgarität« – sich die Seele vom Ansteckungsstoff solcher Erlebnisse frei machen und sie, von höherer Warte aus mit Duldsamkeit, ja selbst mit Mitgefühl, betrachten könne.
[MBH, S. 271 f.]

[Gnade]

29. September 1904

Pappies Religion ist vielleicht das Allerspaßigste an ihm. Er richtet sich in keiner einzigen besonderen Beziehung nach ihr; wollte mich aber dennoch zwingen, die Messe usw. zu besuchen, nachdem ich meine Absicht angekündigt hatte, das nicht mehr zu tun; und da er die regelmäßig eingehenden Schulzeugnisse immer unterschreiben mußte, sagte er, er würde jetzt mal dem Rektor Bescheid stecken über mich. Der Familienkrach darob fand unten im Wohnzimmer statt: während ich oben in meinem Zimmer saß und las. Man gab mir nacheinander zu verstehen, wie es Mutters Vorstellungen gelungen sei, ihn zur Änderung seines Sinnes zu bewegen; oder auch, daß Charlie, der damals noch die Kirchenlaufbahn für sich erwog, für mich gebeten und Pappie versichert hätte, ›ich würde wieder in den betreffenden Schoß zurückkehren‹. Während diese Bulletins mir successive heraufgeschickt wurden, amüsierte ich mich großartig, und wünschte insgeheim, daß Pappie seinen Worten doch ja die Tat folgen lassen möge, (obschon ich genau wußte, er würde es nicht tun). Ich erwog sogar in Gedanken eine ›Grundsatzerklärung‹; da die Situation mich eventuell dazu hätte nötigen können, den Herren Geistlichen ein Pröbchen meiner Einstellung zu verpassen; aber diese allerletzte Erniedrigung, daß Charlie für mich, und in solchen Ausdrücken, bettelte, füllte bei mir die Schale des Ekels. Ich kam mir vor, wie der sterbende Löwe in der Fabel. Das letzte Mal, da Pappie zu Beichte plus anschließender Kommunion ging, war im höchsten Grad amüsant – ich habe damals buchstäblich gebrüllt vor Lachen! Es mag 2 Jahre her sein. Mr. Kane und Mr. Boyd und Mr. Chance wollten einer Abendandacht in Gardiner Street beiwohnen; und Pappie, (der von sich aus niemals auf etwas so gewöhnliches verfallen wäre), ließ sich von Mr. Kane überreden,. gleichfalls daran teilzunehmen. Er tat das auch, und kam nach jeglichem Sermon 2 Abende hintereinander besoffen heim. An einem dieser zweiten Abende brachte Chance ihn nach Hause. Am darauf folgenden Abend sollte er beichten. Da hörte ich nun das folgende, im Erdgeschoß stattfindende Gespräch:

Chance: Heilige Kommunion also am Sonntag Morgen; und dann wird um halb 5 noch gegangen und das Taufgelöbnis erneuert. Man gibt Dir Deine Kerze – und anschließend werden wir dann Alle miteinander . . .

Pappie (schwer betrunken): Oh, ich protestier' gegen'ie Kerzen; ich protestier' gegen'ie Kerzen! All den andern Dschob will ich prima erle'ijn; aber ich protestier' gegen'ie Kerzen.
Chance: Oh, das wird sich schon finden – 'ss doch 'ne reine Formalität – aber um welche Uhrzeit sollen wir Dich morgen Abend zur Beichte abholen kommen? Matt Kane und Boyd und ich, wir gehen um halb 7 los.
Pappie: Och, 'ch weiß nich'; 'ch weiß nich –. Ich will –. Naja, da kommt man um halb 7. Paßt Euch das ungefähr?
Chance: Großartig. Und Du kommst bestimmt mit?
Pappie: Aber ja! Aber ja! Ich komm, alter Junge. Da hab' Du man keine Angst, ich komm schon –. Kann man ei'ntlich geh'n zu Wem man Lust hat?
Chance: Ja sicher. Sie haben alle gleiche Machtvollkommenheit, alle dieselbe.
Pappie: Och, iss mir auch piepe, weiß' Du. Iss mir ganz piepe, weiß' Du. Ich mach mir nichts draus. Ich geh' rein zu dem ersten-besten Buben, der grade offen hat. Ich hab' nicht viel, was ich ihm zu erzählen brauch', weiß'Du. Oder meins' Du etwa, ich hätt ihm viel zu erzählen?
Mutter: Denk' schon. Verhüte GOtt, ich hätte so viel.
Chance: Oh, das gehört nicht zur Sache hier.
Mutter: Oh, nein! Das gehört nicht zur Sache hier, natürlich.
Chance: Das spielt gar keine Rolle, wie viel oder wie wenig Du ihm zu erzählen hast, es wird alles abgewaschen; und hinterher hast Du wieder 'ne reine Weste.
Pappie: Och, iss mir auch piepe, weiß'Du. Ich geh ohne weiter's rein zu dem ersten verdammten Buben, der offen hat, und unterhalt' mich 'n büschen mit ihm.
Chance: Recht! So ist's Recht! Also vergiß nicht: um 5 Uhr 30 bin ich hier.

Pappie ging, wie er versprochen hatte, zur Beichte am Sonnabend Abend; und ging auch zur Heiligen Kommunion am Sonntag in der Frühe. Mir scheint etwas unwiderstehlich Komisches in dem Bilde zu liegen, wie Pappie gegen 9 Uhr

morgens allein das Haus verläßt, immer bemüht, möglichst nicht zu fluchen, weil man ihm seine Rasiersachen nicht rauf geschickt hat; um dann, mit möglichst feierlichem Gesicht die Farce in der Jesuiterkirche durchzustehen. Ich kann mir gut vorstellen, wie sehr es ihm widerstanden hat, etwas so durch & durch pöbelhaftes zu unternehmen. Aber seine Eitelkeit half ihm, diese Idee sehr bald zu verdrängen; und am Frühstücks-tisch erzählte er dann (zur Feier des Anlasses war ein Sonder-frühstück angerichtet) wie Pater Vernon, (der Jesuit, der das Triduum geleitet hatte) zu ihm gesagt hätte: »Alles in allem genommen, sind Sie gar kein so schlimmer Geselle. Ha! Ha! Ha! Ha!«. Am gleichen Tag nach dem Dinner ging Pappie dann noch gegen 4 Uhr 30 zur Schlußandacht; und erschien, zusammen mit Chance, kurz vor 7 und nicht mehr ganz nüch-tern, wieder zu Hause. Er wollte Geld von Mutter pumpen; wurde ungeduldig, als sie Schwierigkeiten machte, welches herauszurücken; fing an, ihre Familie zu verhohnepiepeln; und als Mutter den Kopf über ihn schüttelte, ging er läster-lich fluchend davon und knallte die Tür hinter sich zu. Ich lachte, und sagte irgendetwas bitteres, bzw. satirisches. Es war sicher eine der kürzesten Bekehrungen, von denen die Kirchengeschichte weiß. Mutter sagte nichts, sondern schaute nur geduldig drein. *Michaelistag (1904)*
[DT, S. 115 ff.]

[Gnade]

Bevor mein Bruder Paris den Rücken kehrte, versah ihn, auf dem Umweg über meine Briefe und Tagebücher, ein absur-der Vorgang bei uns zu Hause mit den Materialien für eine weitere Erzählung, ›Gnade‹, die er ein paar Jahre später in Triest niederschrieb. In der Kirche in Gardiner Street veranstaltete ein Jesuitenpater Abendandachten für Ge-schäftsleute; und einer von meines Vaters Freunden (der ›Mr. Cunningham‹ der Erzählung) überredete seine hirnverbrannten Kumpel, einschließlich meines Vaters, hinzugehen, »Alle geschlossen, was Jungens?!« Matt Kane, denn so hieß ›Mr. Cunningham‹ eigentlich, war ein untersetzter Mann mit schwarzem Vollbart. Er war ungebildet aber gerissen, und seine Energie und sein Selbstvertrauen bewirkten, daß er von seinen Freunden als äußerst verläßlicher, besonnener, solider Mann betrachtet wurde. Er hatte eine gute Stellung als Bürovorsteher im Unterstaatssekretariat für Justiz; war aber mit einer Ehegattin gestraft, die eine unheilbare Säuferin war. Er hatte ihr schon zwei oder dreimal, wenn sie ihre nüchterne Zeit hatte, die Wohnung neu eingerichtet; aber nachher verschleuderte sie die Möbel wieder und vernachlässigte ihre kleinen Kinder, sodaß er zu dem Zeitpunkt, von dem ich berichte, seine Frau in eine Trinkerheilanstalt und die Kinder in eine Schule gesteckt hatte.

Aus bloßer sarkastischer Neugier begleitete ich sie am letzten Abend der Andacht zur Kirche, um mir den Sermon anzuhören, und meinem Vater zuzusehen, wie er schamhaft mit seiner angezündeten Kerze rumfummelte. Der Sermon bestand aus einem Gespräch von Mann zu Mann im Plauderton; ehe er noch zu Ende war, war ich wieder in der frischen Luft. Sonnabend gingen sie zur Beichte; und Sonntag in der Frühe traten sie in einer Gruppe vor den Altar. Sonntag abend, nach einer kleinen Landpartie mit seinen Freunden, kam mein Vater dann nach Hause, nur mittelmäßig betrunken, zusammen mit dem schon erwähnten ›Mr. Cunningham‹, dem er viele Male hintereinander erklärte, daß der Priester bei der Beichte zu ihm gesagt hätte, »so ein schlechter Kerl wär' er eigentlich gar nicht« – eine so maßgebliche und tröstliche Entscheidung, daß er abwechselnd darüber lachen und weinen mußte.

Mein Bruder hat dieses dürftige Material verwendet, indem er es auf seine Weise transformierte. Der Unfall, mit dem die Erzählung einsetzt, stieß meinem Vater zu; aber als Modell für den störrischen Konvertiten setzte mein Bruder einen Bekannten meines Vaters ein, einen rundlich-rötlichen Handelsreisenden und Tee-Koster. Er war in seinem Beruf ausgesprochener Fachmann, und würde in England wahrscheinlich ein hübsches Gehalt verdient haben. Er konnte mit verbundenen Augen 15 oder 20 verschiedene Arten oder Mischungen Tee unterscheiden, die in schüsselähnlichen Täßchen auf einem Tisch in seinem Büro standen. Außerdem zeichnete ihn noch sein Geschmack an Scotts Romanen aus und ein Interesse für Kricket. Sein Name war Dick Thornton – wenn er ihn aussprach, akzentuierte er das ›th‹ immer besonders deutlich – und wenn er irgendetwas im Vertrauen mitteilte, nannte er den Freund, mit dem er gerade sprach, »Kumpel«. Seinen Saufkumpanen war er als ›Vogel Dicky‹ bekannt, ein Spitzname, den meine Mutter ihm verliehen hatte. Aber der betrunkene kleine Mann hatte auch tatsächlich etwas hüpfendes und vogelähnliches. Doch konnte er singen – das war das Interesse, das sie gemeinsam hatten. Er liebte die italienische Oper, und schwor, gleich meinem Vater, auf Sims Reeves. Seine Stimmbänder waren ausgefranst vom Whisky; aber er konnte sehr gut halbtraditionelle Englische Balladen vortragen, ob sentimental oder humoristisch; und zwar nicht auf die irische jammernde Art und Weise, sondern mit übermütigem Schwung und Witz. Er war Protestant gewesen; aber obgleich seine Frau und Kinder, die er schlecht behandelte, unerklärlicherweise katholisch geworden waren, möchte ich annehmen, daß er immer noch Freimaurer war. Er nahm an den Abendandachten nicht teil. Was die amüsante Debatte in ›Gnade‹ bezüglich der Kerzen anbelangt, so ist sie nahezu wörtlich nach einer Tagebucheintragung von mir wiedergegeben.

Das merkwürdige Dogma von der persönlichen und entsündigenden Gnade, und ihrem Verhältnis zur Erbsünde, das am Ende das Thema von ›Finnegans Totenwacht‹ werden sollte, hatte meinem Bruder faszinierende Rätsel aufgegeben, als er in der Lehre der Kirche und bei der Lektüre des heili-

gen Augustinus darauf stieß; und selbst von außerhalb der Kirche betrachtet, interessierte er sich ständig dafür. Er war tatsächlich einmal zu einer Predigt über diesen Gegenstand gegangen, die in der Gardiner Street Kirche oder in der University College Kapelle stattfand, und wütend und angewidert zurückgekommen ob der Unzulänglichkeit der Darstellung. Er sagte, der Prediger hätte sich nicht einmal die Mühe gegeben, sich über den Gegenstand seiner Rede zu informieren; sondern einfach angenommen, daß für seine Zuhörer schlechterdings alles gut genug sei. Es wurmte ihn, daß derart schofles Zeug sich dann als geistliche Lenkung bezeichnete. In ›Gnade‹, wo der Prediger sich ebenfalls ein schwieriges Thema gewählt hat, und damit umspringt wie ein selbstbewußter Scharlatan, hat er als Modell für ›Pater Purdon‹ den Prediger des betreffenden Sermons, die Gestalt des Pater Bernard Vaughan verwendet; damals ein sehr populärer Wanderprediger, dessen Name häufig in den Zeitungen erschien, und der auch in Dublin vor überfüllten Auditorien aufgetreten war. Er war Jesuit, Mitglied einer alten englischen Familie, und ein vulgärer Pfaffe dazu, der auf Publizität aus war. Außer daß er von seiner legitimen Stelle, der Kanzel aus, predigte, pflegte er auch kurze flotte Ansprachen von ungeeigneteren Plätzen aus zu halten, etwa aus einem Boxring vor einem Meisterschaftskampf. Meines Bruders Verachtung gegen ihn drückt sich in der Wahl des Namens aus, mit dem er ihn geschmückt hat ›Pater Purdon‹ – der alte Name der Straße, wo sich in Dublin die Bordelle befanden, war ›Purdon Street‹.
[MBH, S. 295 ff.]

[Die Toten]

Eine neue Sekretärsstelle fand sich für meinen Vater in der Politik, beim National-Liberalen Klub; und er scheint seine Obliegenheiten auch getreulich erfüllt zu haben. Jedenfalls

schrieb sich bei einer der folgenden Wahlen der National-Liberale Klub den alleinigen Anteil am Siege zu (einer der geschlagenen konservativen Kandidaten für Dublin war Sir Arthur Guinness gewesen, später Lord Ardilaun); und der Sekretär erhielt zur Belohnung die Ehrengabe von 100 Guineas für jeden gewählten Kandidaten – ein ganz hübsches kleines Angebinde für einen flotten jungen Mann, vor rund 70 Jahren, in Dublin. Es ging sogar die Rede davon, ihn in einem Wahlkreis kandidieren zu lassen; denn er besaß viel Zungenfertigkeit, und war unter den Ersten gewesen, die in Parnell den kommenden Mann erkannten. Ihm zollte er zeitlebens fanatische Anhänglichkeit, die er auch auf seinen ältesten Sohn übertrug. Was seine ›Gabe des Mundwerks‹ anbelangt, so ist die Rede in den ›Toten‹ – etwas poliert und aufgebessert; auch die literarischen Anspielungen ausgenommen, die, laut Gabriel Conroy, über die Köpfe der Zuhörer doch hinweg gehen – eine gute Probe seiner Beredsamkeit nach Tisch. Aus seiner Kandidatur wurde jedenfalls nichts; höchstwahrscheinlich besaß er dazu weder die Geduld, noch jene Gelehrigkeit, die ältere Politiker von ihren jüngeren Parteimitgliedern zu erwarten pflegen.
[MBH, S. 57]

[Die Toten]

Was Liebe angeht, war mein Bruder Realist; und schon damals seine Auffassung davon die ›eines verheirateten Mannes‹. Frauen bildeten weder sein Hauptinteresse im Leben, noch bildete er sich ein, je das Ein & Alles im Leben einer Frau sein zu können. Er wußte, daß früher oder später Kinder seinen Platz einnehmen würden. Was ›Die Toten‹ zu einer so feinen Erzählung macht, ist, daß der Gatte und der Geliebte einmal nicht in dem ewigen Dreiecksverhältnis zueinander stehen, sondern daß sie – Beide haben die Frau

ernstlich geliebt – mit großer Einfühlungskraft als die beiden polar-entgegengesetzten Grundhaltungen des Mannes gegenüber Frauen überhaupt gezeichnet sind. Genau so klar wie jeder strebsame Anwalt oder Arzt, Geistliche oder Politiker, war auch er sich bewußt, daß er erst sein Eheproblem ins Reine bringen mußte, und dann die Arbeit vorantreiben, zu der er sich berufen fühlte. Noch war er romantischen – beziehungsweise freien; was dasselbe sein mag – Geistes genug, sich eine künftige Ehe als Abenteuer und Herausforderung zu wünschen; aber als er das Problem dann auf seine Art löste, wurde er zum Familienvater. Trotz allen Kampfes gegen Armut war er durchaus für Vaterschaft, und betrachtete es als ein Kennzeichen von Feigheit, als »allzuviel Angst vorm Schicksal«, keine Kinder zu haben.
[MBH, S. 207]

Erinnerungen an James Joyce

Joyce lehnte die Stellung eines Dozenten an der Universität ab, nahm aber eine sehr gering bezahlte Stellung an einer kleinen Privatschule in der Nähe von Dublin an. Außerdem schrieb er Buchrezensionen für eine Dubliner Zeitung . . .
Auf Russells Verlangen begann er, die ersten jener Erzählungen, die später in *Dubliner* zusammengefaßt wurden, an den *Irish Homestead* zu schicken. Dieses Landwirtschaftsmagazin, das auf dem flachen Lande seinen Absatz fand, wollte wöchentlich eine Kurzgeschichte publizieren, und Russell schlug etwas Humoriges, Gefühlvolles oder Romantisches vor. Bevor Joyce Dublin verließ, schrieb er drei Erzählungen, doch der Chefredakteur dieses kleinen Magazins für Landleute war damit nicht zufrieden. Er sagte, er erkenne den brillanten Stil des Autors an, sehe aber in den Erzählungen keine große Originalität.
Der Einfluß Maupassants auf Joyces Kurzgeschichten wird oft hervorgehoben. Joyce bewunderte die Werke Maupassants, wandte aber ein, der französische Autor sei bisweilen zu knapp, weil er beharrlich versuche, etwas in einem einzigen Satz zu definieren, und er verfahre häufig brutal in der Beurteilung der Figuren seiner Erzählungen. Stets wird in diesen eine amüsante, anstößige, pathetische oder brutale Anekdote berichtet, in deren Verlauf das Leben der Figuren nur einen kurzen Augenblick Interesse zu erregen scheint, um dann wieder in die Banalität zurückzufallen, wo der Autor es nicht weiter verfolgt. Joyce dagegen interessiert in seinen Erzählungen das alltägliche Leben der Figuren, und das Ereignis, für sich genommen so geringfügig, daß es kaum Ereignis genannt werden kann, dient nur dazu, einen bestimmten Augenblick des täglichen Lebens zu erhellen. Das Urteil ist stets ausgespart. Die einzige Pflicht des Autors ist es zu

erzählen; Vermutungen und Fragen behält er für sich, oder sie sind, sollten sie selten genug einmal durchscheinen, unerwartet und tiefsinnig.

In Joyce war ein religiöses Gewissen durch ein literarisches ersetzt worden. Er wandte sich vom Wort Gottes mit unverminderter Kompromißlosigkeit und Penibilität dem gesprochenen Wort zu. Er insistierte auf der Notwendigkeit harter, einfacher Arbeit beim Schreiben: und bis ganz zum Ende schrieb er, obwohl halb erblindet, weiter mit Hilfe eines Vergrößerungsglases. Während seiner ersten Augenkrankheit in Triest diktierte er mir den Schluß der Erzählung *Die Toten.* An den Abenden, wenn mir Zeit zur Verfügung stand, pflegte er zu diktieren, was er tagsüber im Geist komponiert hatte; allgemein jedoch diktierte er nicht gerne, aus Furcht, er könne lässig werden. Die endgültigen Konzepte seiner Manuskripte enthielten keine Korrekturen. Er war kein Schriftsteller der Inspiration, der auf die Eingebung des Augenblicks warten mußte: er kannte den »schönen Wahnsinn« des Dichters, aber er beherrschte ihn und machte ihn seinen Zwecken dienstbar. Oft zitierte er Zeilen aus einem Gedicht von Ibsen, die ungefähr lauten »Dichten heißt Gerichtstag halten über sein eigenes Ich«. Joyce arbeitete mit unerschöpflicher Geduld; vor allem mit Geduld. Gelegentlich, wenn er zu mir sprach, belferte er gegen jemanden los, und dann sagte ich zu ihm »Wo ist nun deine Geduld, deren du dich so rühmst?« Er erwiderte »Ich habe es ja nicht geschrieben«, und darauf fügte er, von sich in der dritten Person sprechend, ironisch hinzu »sobald der Barde zu schreiben beginnt, intellektualisiert er sich«.

Die Erzählung *Die Toten* ist auf ihre Weise auch eine Geistergeschichte, von den Toten, die aus Neid auf die Lebenden zurückkehren. In dieser Erzählung, der geschliffensten der Reihe, ist der tote Mann nur eine Erinnerung, aber eine so lebendige und dominierende Erinnerung, daß sie die festliche Stimmung der Lebenden verdirbt. In der Beschreibung eines

Tanzvergnügens und des darauf folgenden Soupers arbeitet Joyce minuziös und detailliert, um die Atmosphäre kleinbürgerlicher Existenzen zu erzeugen, die lärmend, vulgär und harmlos sind. Als sich das Fest dem Ende nähert und das Gelächter seinen Höhepunkt erreicht, ruft die in der Ferne kaum hörbare Stimme eines Sängers, der eine alte irische Weise singt, in einer Frau lebhaft die Erinnerung an eine wahrhaft schwärmerische Liebe wach, die durch den Tod ausgelöscht wurde; und die Erinnerung an sie erstickt mit einem Schlag ihre eigene Fröhlichkeit und die der Hauptgestalt der Erzählung. Dann werden allmählich die Geräusche des Festes, die Leidenschaften und die lebendige Erinnerung an die Toten im Schlaf sanft aufgehoben.

Der reale Hintergrund zu »Dubliner«

Die kritische Auseinandersetzung mit dem Roman *Ulysses* meines Bruders ist fast zu einer Wissenschaft geworden. Der wahre Joyce-Kritiker untersucht jedes Wort unter dem Mikroskop und erzielt oft, das muß man zugeben, aufschlußreiche Resultate; ich glaube aber, dieselbe Methode ist von Nachteil, wenn sie auf das frühere Werk meines Bruders angewandt wird. Es trifft zu, daß der *Ulysses* verschiedene Bedeutungsebenen besitzt und nach Absicht seines Autors auch besitzen soll, doch es ist etwas ganz anderes, wenn ein amerikanischer Kritiker, wie ich erfuhr, eine ähnliche Methode verwendet und bezüglich *Chamber Music* zu einer Schlußfolgerung gelangt, die ebenso absurd wie unbegründet ist. Wieder ein anderer amerikanischer Kritiker findet in der Kurzgeschichte *Erde* drei Bedeutungsebenen, auf denen Maria nacheinander sie selbst, eine Hexe und die Jungfrau Maria ist. Obgleich solche Kritiker hilflos im dunkeln tappen, bleibt ihnen doch die ungeheure Befriedigung zu wissen, in größere Tiefen vorgestoßen zu sein, als der von ihnen kritisierte Autor jemals ausgelotet hat. Ich darf eindeutig feststellen, daß mein Bruder keine Subtilitäten dieser Art im Sinn hatte, als er die Erzählung schrieb. Um gerecht zu sein, muß ich jedoch sagen, daß die erwähnten Übertreibungen für die amerikanische Kritik nicht typisch sind: sie ist insgesamt sorgfältig, gewissenhaft, intelligent und höchst verständnisvoll.

Grundplan

Die Erzählungen in *Dubliner* wurden nicht zufällig ausgewählt; dem Buch liegt ein Plan zugrunde. »Die Schwestern«, »Arabia« und »Eine Begegnung« sind Erzählungen aus dem Leben eines Heranwachsenden. »Die Schwestern« und »Arabia« sind reine Fiktion, »Eine Begegnung« jedoch basiert auf einem tatsächlichen Erlebnis, das mein Bruder und ich hatten, als wir einen Tag gemeinsam die Schule zu schwänzen planten und den Plan ausführten. Er war zu dieser Zeit ungefähr zwölf und ich ungefähr zehn Jahre alt, und wir verstanden nicht, was für einem Individuum wir begegnet waren, doch unser Argwohn war geweckt. Wir dachten, das sei ein »schräger Vogel« – eine Art entsprungener Verrückter – und wir machten uns vor ihm davon. Später nahm ihn mein Bruder in das Buch auf als eine Randerscheinung englischer Erziehungsmethoden.

»Eveline« und »Entsprechungen« sind Geschichten aus dem Leben von männlichen und weiblichen Büroangestellten. »Ein betrüblicher Fall« und »Erde« stellen Typen unverheirateter Männer und Frauen vor; doch nebenbei gesagt ist Maria zwar eine Jungfrau, aber sie ist nicht die Jungfrau Maria, und sie ist zwar eine verwelkte Jungfrau, aber keine Hexe. »Zwei Kavaliere« ist eine Geschichte aus dem Junggesellenleben, »Eine kleine Wolke« aus dem Eheleben, in der ein erfolgreicher und verstockter Junggeselle Mißstimmung hervorruft und durch eine kleine Wolke das eheliche Glück überschattet. Dazwischen dient »Die Pension« als Verbindungsglied. »Nach dem Rennen«, »Eine Mutter«, »Efeutag im Sitzungszimmer« und »Gnade« haben als Hintergrund jeweils das sportliche, musikalische, politische und religiöse Leben in der irischen Hauptstadt, während die Erzählung »Die Toten«, die das gesellige Leben darstellt, als eine Art lärmender Chor dient, der plötzlich unterbrochen wird, um das Buch mit einem Ton von Ernüchterung und Resignation, nicht aber von Verzweiflung, ausklingen zu lassen.

Mein Bruder pflegte mir die Erzählungen Seite für Seite zu zeigen, während er sie schrieb, und als er aus Dublin fortging und sich schließlich in Triest niederließ, schickte er sie mir stets zu und erbat meine Kritik. Das ging regelmäßig so fort, bis ich zu ihm nach Triest zog.

Ungewollt hatte ich einigen Anteil an den Erzählungen. »Ein betrüblicher Fall« ist ein imaginäres Porträt dessen, der ich nach der Vorstellung meines Bruders in mittleren Jahren einmal werden würde. Die zufällige Begegnung mit einer unbekannten Dame in einem Konzert fand er mehr oder weniger so, wie sie in der Erzählung beschrieben ist, in meinem Tagebuch, das er, ohne viel nach meiner Einwilligung zu fragen, zu lesen pflegte. Alles übrige ist seine Ausgestaltung; im Konzert war keine Tochter, und wenn ein Ehemann vorhanden war, so bin ich ihm nie begegnet. Die Dame, deren Namen ich nie erfuhr, hielt mich einmal, daran erinnere ich mich, auf der Straße an, um mir einige konventionelle Fragen über meine Studien zu stellen, und das war alles. Ich war damals ungefähr achtzehn und hätte niemals die Kühnheit besessen, sie anzusprechen, als ich sie traf. Einige Züge, die er von mir entlehnte, sind die Gegnerschaft zum Sozialismus – mein Bruder seinerseits war, sofern überhaupt in irgendeiner Weise politisch, Sozialist – die Unduldsamkeit gegenüber der Trunkenheit und die Angewohnheit (neben meinem Tagebuch), Notizen auf Bündel Papier zu machen. Dort fand er die beiden Epigramme, die er in der Erzählung verwendete. Da ich annehme, daß nur wenige Leser der *Dubliner* sich ihrer erinnern, will ich sie zitieren. Das eine lautet: Jede Bindung ist eine Bindung zum Leide; das andere: Liebe zwischen Mann und Mann ist unmöglich, weil es keinen Geschlechtsverkehr zwischen ihnen geben darf, und Freundschaft zwischen Mann und Frau ist unmöglich, weil es Geschlechtsverkehr zwischen ihnen geben muß ... Nun ja! Die konzentrierte Weisheit und Erfahrung eines Achtzehnjährigen! Jedenfalls hat die Verwendung, die mein Bruder von ihnen machte, sie aufgewertet, und nun belasten sie mein Gewissen ein bißchen weniger. Um Mr. Duffys kulturelles Niveau anzuheben, hat er einige Züge aus seinem eigenen Leben eingefügt, so die Übersetzung des *Michael Kramer* und die Erwähnung Nietzsches, der mich fast überhaupt nicht interessierte; doch er übernahm wenig

von sich selbst, da er Grund hatte, sich nicht als gutes Beispiel eines Junggesellen anzusehen. In meinem Tagebuch fand er auch den Schluß für »Entsprechungen«.
Mein Bruder ist nie in seinem Leben in einem Sitzungszimmer gewesen. Er entnahm diesen Hintergrund meinen Briefen an ihn. Ich war einmal vorübergehend als Schreiber für einen der Kandidaten bei den Stadtratswahlen in Dublin beschäftigt. Mein Bruder befand sich zu dieser Zeit in Paris, und in meinen Briefen und später in der Unterhaltung beschrieb ich ihm die meisten Gestalten, die in der Erzählung »Efeutag im Sitzungszimmer« vorkommen: den alten Hausmeister, die schäbigen Stimmenwerber, den seiner Priesterwürde entkleideten Geistlichen. Dagegen stammt das Gedicht auf den Tod Parnells, mit dem die Erzählung endet, von ihm und ist eine sehr geschickte Arbeit. Es ist absichtlich schlecht, aber wie Padraic Colum bemerkt, spürt man trotz des affektierten Gehabes des halbgebildeten Dichters, der das Gedicht verfaßt hat, wahren Kummer. Mein Bruder schrieb die Erzählung etwa vier oder fünf Jahre später in Triest.

Parodie der *Divina Commedia*

Den zweiten und dritten Teil von »Gnade« und einen Teil des Dialogs in der vorliegenden Form fand er wieder in meinem Tagebuch, für den ersten Teil jedoch hat er ein anderes Ereignis verwendet und einige der Figuren verändert. In der Erzählung findet sich eine Parodie der *Divina Commedia:* in der Kellertoilette *l'Inferno;* daheim im Bett bei der Genesung *il Purgatorio;* in der Kirche beim Anhören einer Predigt *il Paradiso.* Die Parodie mindert in keiner Weise die fast grenzenlose Bewunderung meines Bruders für die *Divina Commedia.* Tatsächlich hatte seine Bewunderung für sie eine so grimmige Verachtung des »Paradise Lost« von Milton zur Folge, daß die Dichter und Schriftsteller in Dublin, Yeats ausgenommen, denen gegenüber er dieser Verachtung Ausdruck gab, dadurch fast persönlich beleidigt wurden. Für den

Prediger des Sermons, Pater Purdon, hat er die Figur des Pater Bernard Vaughan, eines zu jener Zeit sehr populären Predigers, verwendet, der bisweilen in Dublin auftrat und dessen Name häufig in den Zeitungen erschien. Er war Jesuit, Mitglied einer alten englischen Familie und ein auf Publizität bedachter Kleriker, der nicht nur von seiner legitimen Stelle, der Kanzel, predigte, sondern auch kurze ungezwungene Ansprachen von ungeeigneten Plätzen aus zu halten pflegte, so aus einem Boxring vor einem Meisterschaftskampf. Mein Bruder hat ihn mit dem Namen geschmückt, den früher die Straße der Bordelle in Dublin trug – Purdon Street.

Anregung durch einen Brief

Die Idee für »Die Toten« wurde ebenfalls durch einen meiner Briefe an meinen Bruder angeregt, als dieser sich bereits in Triest befand. Das kam folgendermaßen zustande. Der Hauptsänger in einem Moore-Zentenar-Konzert in Dublin – an diese Bezeichnung erinnere ich mich, obgleich 1805 kein besonderes Datum im Leben Moores gewesen ist – war ein sehr bekannter irischer Bariton, Plunket Green, der in London lebte. Da mein Vater als junger Mann mit ihm in Konzerten gesungen hatte und oft von ihm erzählte, ging ich hin, um ihn zu hören. Seine Stimme war irgendwie rauh, wie mir schien, aber er konnte mit ihr machen, was er wollte. Eine von Moores irischen Melodien, die er sang, war »Die Toten«. Wenn in der zweiten Strophe des Liedes die Toten sprechen, sang Plunket Green nicht in düsterem Grabeston, sondern er verwendete ein klagendes Pianissimo. Die Wirkung war elektrisierend. Es erinnerte mich an die Verse eines Wiegenliedes von Yeats:

The angels are stooping Above your white bed; They are weary of trooping With the whimpering dead.	(Die Engel neigen sich über dein weißes Bett; sie sind müde, mit der Schar der wimmernden Toten zu ziehen.)

Es klang, als wimmerten die Toten und neideten den Lebenden ihr Glück. Meinem Bruder gefiel die Idee, und er bat mich, ihm das Lied zu schicken. Das tat ich, aber als er die Erzählung sechs oder sieben Jahre später schrieb – so lange brauchte sie, um zu reifen! – zog er es vor, eine westirische Ballade für das Lied zu verwenden, das den Wendepunkt der Geschichte bildet.

Aus all dem könnte wohl der Eindruck entstehen, daß ich einen Teil im Werk meines Bruders für mich in Anspruch nehme. Das ist nicht der Fall. Ein Schriftsteller findet das Material für seine schöpferische Arbeit überall – in der eigenen Erfahrung, in etwas, das er gelesen oder gehört und worüber er nachgedacht hat, in der Unterhaltung mit anderen, in Briefen, sogar in zufällig mitgehörten Worten. Diese Fähigkeit des Entwickelns ist eines der charakteristischen Merkmale des Genies, diese Fruchtbarkeit des Bodens, auf den zufällig eine Saat fällt. »Die Pension« wurde durch die rüden und flinken Bemerkungen angeregt, die ein kleiner Cockney über seine Wirtin und deren Tochter machte, der Lehrer an der Berlitz School in Triest war, als mein Bruder dorthin versetzt wurde; die Idee für »Zwei Kavaliere« entstand aus der Erwähnung der Beziehungen zwischen Porthos und der Frau eines Händlers in »Die drei Musketiere«, die mein Bruder in Ferreros »Europa Giovane« fand: daher der Titel. Solche Bagatellen weckten in ihm die Erinnerung an Dublin; er sah die Erzählung deutlich vor sich und fand keinen Frieden, bevor er sie nicht zu Papier gebracht hatte. In diesem Sinn ist *Dubliner* ein ebenso lyrisches Werk wie *Chamber Music*.

Da ich das Leben meines Bruders, abgesehen von kurzen Trennungen, Tag für Tag bis zum Januar 1915 teilte, war es nur natürlich, daß die Anregungen für Erzählungen häufiger aus der Unterhaltung und den Gesprächen mit mir als mit anderen sich ergaben; doch in keinem Fall geschah das von meiner Seite absichtlich. Zum Beispiel entnahm er alle Einzelheiten zu »Efeutag im Sitzungszimmer«, wie ich bereits gesagt habe, außer dem abschließenden Gedicht, meinen Briefen, doch mir war nie der Gedanke gekommen, daß in ihnen eine Geschichte stecken könnte – ich hatte in einer Stimmung von Abscheu und Zorn geschrieben – und noch viel weniger wäre mir eingefallen, daß man, durch die leidenschaftslose Niederschrift der Geschichte, sich über dieses ganze erbärmliche, träge, von Armut gezeichnete Leben erheben und es ohne Haß, sogar mitfühlend und mit Humor, betrachten könne.

»Efeutag im Sitzungszimmer« war die Erzählung in *Dubliner,* die mein Bruder allen anderen vorzog, doch auch er hegte seine Zweifel, ob sie als Erzählung bezeichnet werden könnte. Als das Manuskript der *Dubliner,* vom siebenten oder achten Verleger abgelehnt, wieder seinen Ruheplatz daheim gefunden hatte und ich versuchte, seine Enttäuschung zu mildern, fragte er mich ironisch:

»Glaubst du wirklich, ganz Europa wartet darauf, die Geschichte der Stadtratswahlen im Dubliner Royal Exchange Ward zu hören?«

»Na, wenn du es so ausdrückst, natürlich nicht«, antwortete ich. »Aber ich glaube, alle intelligenten Leser warten darauf, etwas zu finden, das gut geschrieben ist.«

Dubliner erschien, als gerade der erste Weltkrieg ausbrauch. Mein Bruder war in Triest (damals ein österreichischer Hafen), erhielt aber die Erlaubnis, auf Ehrenwort in ein neutrales Land, die Schweiz, zu gehen, weil zwei einflußreiche Leute in Triest für ihn bürgten. In Zürich, wo er während des Krieges lebte, brachte er sich und seine Familie zunächst mit Stundengeben durch, und unter seinen Schülern war ein älterer, kultivierter Wiener, dem er seinen neu erschienenen Erzählungsband lieh. Als der Schüler ihn zurückbrachte, fragte ihn mein Bruder, welche Erzählung ihm am besten gefiele. Ohne Zögern antwortete der Wiener: »Efeutag im Sitzungszimmer«.

Mein Bruder war erstaunt. »Was um alles in der Welt«, fragte er, »fanden Sie an dieser Erzählung zu bewundern?«
Der Wiener lachte. »Sie hat mich amüsiert«, sagte er, »weil sie solche Ähnlichkeit mit Wien besitzt.«
Ein italienisches Sprichwort sagt: *Tutto il mondo è paese* – die ganze Welt ist ein Dorf.
Ich für mein Teil halte »Die Toten« für die beste Erzählung in der Sammlung, und ich bin glücklich, daß mein Bruder mir ihren Schluß diktierte, als Augenbeschwerden ihn am Schreiben hinderten. Eine meisterliche Erzählkunst zeigt sich in der Fertigkeit, mit der allmählich ein Crescendo aus Lärm und Fröhlichkeit aufgebaut und dann plötzlich durch den Geist einer Erinnerung zum Verstummen gebracht wird, der zurückkehrt, um die Freude der Lebenden zu verderben. Doch »Die Toten« ist nicht bloß eine weihnachtliche Geistergeschichte und nicht bloß technisch geschickt gebaut. In ihr werden die beiden entgegengesetzten Haltungen von Männern gegenüber Frauen, die des Liebhabers und die des Ehemanns, mitfühlend vorgeführt. Das ist nicht die ewige Dreiecksgeschichte aus Falschheit und Täuschung. Die beiden Männer haben die Frau zu verschiedenen Zeiten ihres Lebens mit derselben Aufrichtigkeit, jeder auf seine Weise, geliebt, und diese Frau ist ohne Arg. Doch eine Liebe ist die Feindin der anderen, und die romantische Leidenschaft des toten Liebhabers, die seine sterbliche Existenz überdauert, herrscht immer noch im Herzen der Frau.
Gegen Ende des letzten Weltkrieges, während die Deutschen auf der Linie von Pesaro immer noch Widerstand leisteten, war ich in Florenz. Ich wollte einen kleinen Scheck auf die Bank in Triest einlösen und ging zur Banca d'Italia. Über dem Schalter des Kassierers hing ein Schild, daß Schecks aus Norditalien nicht akzeptiert würden. Da ich auf dem trockenen saß, legte ich meinen Scheck trotzdem vor. Der Kassierer sagte ziemlich barsch: »Können Sie das Schild nicht lesen?«
Dann bemerkte er die Unterschrift und fragte: »Sind Sie

etwa ein Verwandter von dem Schriftsteller James Joyce?«
»Sein Bruder«, sagte ich.
Er gab mir ein Zeichen zu warten, und nachdem er die anderen Kunden abgefertigt hatte – es waren nur wenige – begann er über *Dubliner* und vor allem über »Die Toten« zu sprechen. Dieser italienische Kassierer bestritt die ganze Unterhaltung; und er sprach mit solch offensichtlicher Begeisterung über die Menschlichkeit der Geschichte, das Mitleid in ihr, ihre bewegende Schönheit, daß ich ihm zuhörte »wie ein dreijähriges Kind«. Und er zahlte den Scheck aus.
Mein Bruder mochte die ersten Erzählungen, die schon in einer Dubliner Zeitung erschienen waren, nicht und hätte »Die Pension« gerne neu geschrieben, wäre nicht seine starre Abneigung gewesen, irgendetwas zu ändern oder zu streichen, das er bereits veröffentlicht hatte. Überdies glaubte er immer, diese Erzählungen könnten nur Dubliner interessieren, und er kämpfte verzweifelt um die Veröffentlichung seines Buches in Dublin. Er scheiterte: 1000 Exemplare der *Dubliner,* die zur Publikation in Dublin bereitlagen, wurden auf Geheiß eines selbstherrlichen Überwachungsausschusses verbrannt. Der Kampf kostete Jahre seines Lebens und zehrte eine Zeitlang seine Energie auf. Er trug sich mit dem Gedanken an einen anderen Erzählungsband, hatte aber keine Lust, daran weiterzuarbeiten. Diese eine Runde ging an die Kräfte hinter den Kulissen des irischen Lebens, aber es war keineswegs die letzte Runde.

(Erschienen in *The Listener,* 25. März 1954, Vol. LI. No. 1308, S. 526 f.)

VII. Erste Reaktion in der Presse

G. C.: Gedämpfter Klang

Dubliners. By James Joyce. London: Grant Richards Ltd. Pp. 278. 3s. 6d.

Eine Vielzahl kleiner Sünden verbirgt sich in diesen Skizzen des Dubliner Lebens, nicht so sehr durch die Barmherzigkeit des Autors, denn dies ist eine aktive Fähigkeit, sondern durch seine Kraft, sich mitfühlend mit den Sündern zu identifizieren. Durch seine Texte zieht langsam eine Prozession deprimierter Gestalten, kleine Angestellte, Saufbrüder, Dienstmädchen, Pensionswirtinnen, die alle ihre Fröhlichkeit durch die Sünde oder den Gedanken an Sünde bewahren. In der ersten Skizze ist ein Priester übergeschnappt, weil er einmal einen Abendmahlskelch fallen ließ. In einer anderen zerstört sich ein Schreiber seine Existenzgrundlage durch eine spitze, im Suff gefundene Antwort, die seinen tyrannischen Arbeitgeber eigentlich beschwichtigen sollte. Dann liebt ein Bankkassierer eine verheiratete Frau, unterdrückt seine Liebe, und läßt es zu, daß die Frau dem Trunk verfällt. Ein verkommener Schmarotzer schwatzt einem Dienstmädchen zehn Shilling ab. Ein Angestellter wird dazu gebracht, die Tochter seiner Wirtin zu heiraten. Das sind die Geschichten des Mr. Joyce, aber sie sind mit echter Kunstfertigkeit geschrieben, die weder beschönigt noch verdammt, die nicht einmal moralisch abwägt. Diese Dinge sind so. Sie sind Teil des Lebens einer großen Stadt, einer tragischen Stadt, die zu sehr in der Vergangenheit lebt. Ihre Tragödie frißt sich in das Mark auch ihrer geringsten Bürger. Ist deren Anteil an der Tragödie zu gering, um in der Kunst zu leben? Können die Tragödien, die sich im Leben in gedämpftem Ton vollziehen, in der Kunst durch ein Flüstern ausgedrückt werden? Dieses Problem hat sich Joyce selbst gestellt, und er schreibt so gut, daß er es in seinen kurzen Arbeiten erfolgreich löst. In den längeren wird das Flüstern monoton. Das Zuhören wird zur Anstrengung, und im Gegensatz dazu ist das Gedicht auf den Tod Parnells geradezu betäubend:

Sie haben es geschafft: er ist erschlagen.
Doch Erin, höre zu, sein Geist, er mag
Sich wie der Phönix aus der Flamme heben
Im Morgengraun an jenem Tag,

Dem Tag, der uns das Reich der Freiheit bringt.
Wenn Erin glücklich dann des Freudenquells
Labsal genießt, wird eine Bitterkeit
Im Becher sein – das Andenken Parnells.

»Mr. Crofton sagte, daß es sehr schön geschrieben sei.« Das ist es auch. In der Rezitations-Szene und in ein oder zwei anderen Szenen lodert die schwelende Tragödie des Buches zur Flamme auf.

(*The Manchester Guardian*, 24. Juni 1914)

»The Dubliners«

By James Joyce. Grant Richards. 3s. 6d.

Der Hauch des Morbiden liegt über den Erzählungen dieses Bandes. Die meisten sind unangenehm, einige sind ganz und gar widerlich und hätten nicht geschrieben werden sollen. Die schlimmsten Erzählungen sind jene, die irgendeine unaussprechliche Phase perversen Lasters suggerieren. Andere sind weniger verschleiert und deshalb weniger schändlich. Mr. Joyce scheint beweisen zu wollen, daß auch hinter dem sanftesten Aspekt der menschlichen Natur ein wildes Tier lauert. Er vermittelt uns alle möglichen schrecklichen Vorstellungen von moralischer Krankheit. In seinen längeren Geschichten verliert er sich ziemlich in Worten. Sie erscheinen vielleicht ein wenig nichtssagend. In keiner fehlt jenes seltsam Ungesunde, das für das Ganze charakteristisch ist. Eine solche Fertigkeit verdient keine Unterstützung. Das ist kranke Kunst, sie vergiftet die Quellen unseres Denkens. Das Buch hinterläßt keine angenehme Erinnerung, keinen Gedanken an Schönheit oder Anmut, nicht einmal an Mitleid.

(*The Saturday Review*, 4. Juli 1914)

Gerald Gould: Neue Romane

Tales of Two Countries. By Maxim Gorki. T. Werner Lauric. 6s.
Dubliners. By James Joyce. Grant Richards. 3s. 6d.
The New Road. By Neil Munro. Blackwood. 6s.

[...]

Es fällt leicht, von Gorki zu sagen, er sei ein Genie. Dasselbe von James Joyce zu sagen, erfordert mehr Mut, denn sein Name ist wenig bekannt; aber die Bezeichnung Genie trifft auf ihn genau zu. Er besitzt eine eigenständige Auffassung, eine spezielle Methode, vollständiges Vertrauen in seine Fähigkeit der Beschreibung und Darstellung. Ob seine Fähigkeiten sich weiterentwickeln, sein Gesichtskreis sich erweitern, seine Sympathien sich vertiefen werden oder nicht – ob, kurz gesagt, seine Genialität groß oder klein ist, kann ich zu sagen mir nicht anmaßen. Reife und Selbstvertrauen in einem ersten Buch (ich glaube, daß dies Joyces erstes Buch in Prosa ist) tragen sowohl eine Gefahr als auch ein Versprechen in sich. Sie deuten auf eine festgelegte Denkweise, weniger auf eine sich entwickelnde Fähigkeit. Gewiß ist die Reife, die individuelle Sicherheit und Kraft dieser Erzählungen erstaunlich. Das einzige Werk jüngeren Datums, das mit ihnen verglichen werden könnte, ist *The House with the Green Shutters*, und selbst das wäre sehr schwierig, denn in ihm hörte man den leisen Ton menschlichen Jammerns – seine Schrecken bestanden zum Teil in der Art und Weise, persönliches Unbehagen auszudrücken; während James Joyce diese versachlichte, schmutzige, kriecherische Welt mit dem kalten Gleichmut eines ungnädigen Gottes zu betrachten scheint. Er besitzt viel Humor, aber dieser Humor ist immer objektiv, nicht kommentierend. Er wagt es, die Leute mit der seltsam peinlichen Genauigkeit, mit den hartnäckigen, unangebrachten

Wiederholungen, die das Gespräch zwischen Menschen in der Wirklichkeit kennzeichnen, für sich selbst sprechen zu lassen. Wenn man noch nicht begriffen hat, wie dringend unsere tägliche Unterhaltung der Veröffentlichung bedarf, dann begreift man es durch die Texte von James Joyce. Eine sehr kraftvolle Erzählung mit dem Titel *Gnade* besteht hauptsächlich aus so banalem, so lebensechtem langwierigen Gerede, daß man es kaum erträgt – und doch kann man noch weniger einfach aufhören, es zu lesen. Dies ist eine der lebendigsten Passagen:

-Papst Leo XIII., sagte Mr. Cunningham, war eine der Leuchten seiner Zeit. Sein großer Gedanke war die Vereinigung der römischen und der griechischen Kirche, nicht. Das war sein Lebensziel.

-Ich habe oft gehört, daß er einer der intelligentesten Männer Europas war, sagte Mr. Power. Ich meine, außer daß er Papst war.

-Das war er auch, sagte Mr. Cunningham, wenn nicht sogar *der* intelligenteste. Sein Wahlspruch, nicht, als Papst, war *Lux auf Lux – Licht auf Licht.*

-Nein, nein, sagte Mr. Fogarty eifrig. Ich glaube, da irren Sie sich. Es war *Lux in Tenebris*, glaube ich – *Licht in der Finsternis.*

-Ah ja, sagte Mr. M'Coy, *Tenebrae.*

-Gestatten Sie, sagte Mr. Cunningham bestimmt, es war *Lux auf Lux.* Und der Wahlspruch von seinem Vorgänger, Pius IX., war *Crux auf Crux* – das heißt *Kreuz auf Kreuz* – um den Unterschied zwischen ihren Pontifikaten deutlich zu machen.

Der Folgerung wurde stattgegeben. Mr. Cunningham fuhr fort.

-Papst Leo war ein großer Gelehrter und Dichter, nicht.

-Er hatte ein ausgeprägtes Gesicht, sagte Mr. Kernan.

-Ja, sagte Mr. Cunningham. Er hat lateinische Gedichte geschrieben.

-Wirklich? fragte Mr. Fogarty.

Ist die Methode erkennbar? Sie wird nicht nur in der Unterhaltung angewandt. Die Beschreibung der Stimmung, der Atmosphäre ist ebenso detailliert und ebenso unnachsichtig. Schreckliche, garstige Realitäten, die uns martern und von denen uns keine einzige erspart bleibt, schließen uns ein wie die vier Wände einer Folterkammer. Alles geschieht ganz ruhig, ganz leidenschaftslos, ganz sachlich. Niemals langweilt es. Manchmal wünscht man sich fast die Langeweile zur Erleichterung.

Die besten Stücke in diesem Buch sind *Arabia*, eine wundervoll magische Studie knabenhafter Zuneigung und verwundeten Stolzes, und *Die Toten*, eine lange (an den Schluß gestellte) Erzählung, in der wir zuerst ein wunderliches, altmodisches Tanzvergnügen erleben, bei dem die Besorgnis vorherrscht, ob ein gewisser Gast »beschwipst« eintreffen wird, und in der wir weitergeführt werden durch all die wunderlichen, atemberaubenden Banalitäten des Soupers, der Konversation und des Abschiednehmens, bis wir uns in einem Hotelzimmer mit einem Ehemann und seiner Frau wiederfinden; die Gefühle des Ehemanns sind aufgerührt, die Frau ist seltsam entrückt und betrübt, sie erinnert sich des Jungen, Michael Furey, den sie geliebt hat und der wegen ihr gestorben war. Den Schluß ohne die unzähligen vorbereitenden Details zu zitieren, die ihn einleiten, scheint ungerecht; und doch muß er allein wegen seiner melancholischen Schönheit wiedergegeben werden:

> Es pochte ein paarmal leise an die Scheibe, und er wandte sich zum Fenster um. Es hatte wieder zu schneien begonnen. Er beobachtete schläfrig die Flocken, silbern und dunkel, die schräg zum Lampenlicht fielen. Die Zeit war für ihn gekommen, seine Reise gen Westen anzutreten. Ja, die Zeitungen hatten recht: Schneefall in ganz Irland. Schnee fiel überall auf die dunkle Zentralebene, auf die baumlosen Hügel, fiel sacht auf den Bog of Allen, und, weiter gen

Westen, fiel er sacht in die dunklen, aufrührerischen Wellen des Shannon. Er fiel auch überall auf den einsamen Friedhof oben auf dem Hügel, wo Michael Furey begraben lag. Er lag in dichten Wehen auf den krummen Kreuzen und Grabsteinen, auf den Speeren des kleinen Tors, auf den welken Dornen. Langsam schwand seine Seele, während er den Schnee still durch das All fallen hörte, und still fiel er, der Herabkunft ihrer letzten Stunde gleich, auf alle Lebenden und Toten.

Offen gesagt halten wir es für bedauerlich (und verraten damit vielleicht eine kleinlich puritanische Denkweise), wenn ein Mann, der in dieser Art zu schreiben vermag, so beharrlich wie James Joyce auf jenen Aspekten des Lebens insistiert, über die man gewöhnlich nicht spricht. Um gerecht zu sein: wir glauben nicht, daß das eine Pose ist; er schließt einfach das »Unaussprechliche« in seine unerbittliche Betrachtung ein.

[...]

(*The New Statesman*, 27. Juni 1914)

Ezra Pound: »Dubliners« and Mr. James Joyce

In der zeitgenössischen englischen Prosa findet man so selten etwas, das nicht schlampig geschrieben ist, daß man eigentlich nur zu sagen brauchte: »Die Prosa von Mr. Joyces Kurzgeschichten ist nicht geschludert«, um dem intelligenten Leser augenblicklich den Wunsch zu erwecken, aus seinem Studierzimmer zu stürzen und dreieinhalb Shilling für das Bändchen anzulegen.
Leider Gottes hat man als Kritiker viel zu wenig Autorität, um derartige Wirkungen hervorzurufen.
Die Leser des »Egoist«, die Mr. Joyces Arbeiten seit einigen Monaten verfolgen konnten, wird man auf seine Qualitäten kaum ausdrücklich hinweisen müssen. Für sie und für die Zeitschrift ist seine Mitarbeit ein großer Gewinn.
Mr. Joyce schreibt klare, harte Prosa. Er handelt von subjektiven Dingen, aber er zeichnet sie so klar umrissen, daß es sich ebenso gut um Lokomotiven oder detaillierte Baupläne handeln könnte. Aus diesem Grund kann man Mr. Joyce lesen, ohne dabei das Gefühl zu haben, man erweise ihm einen Gefallen. Ich will das für mich persönlich so formulieren: Ich kenne etwa 168 Autoren. Ungefähr einmal im Jahr lese ich etwas Zeitgenössisches, ohne den Eindruck zu haben, daß ich dem armen Jones oder dem armen Fulano de Tal den Weg ebne.
Ich kann ein gut geschriebenes französisches Buch aus der Hand legen und zu einem Text von Mr. Joyce greifen, ohne mich zu fühlen, als würde mein Kopf in ein Sofakissen gestopft. Es laufen immer noch Impressionisten herum, und sie können Mr. Joyce sicher als einen der ihren beanspruchen. Ich bewundere impressionistische Schriftsteller. Englische Prosaschriftsteller, die noch nicht bis zum Impressionismus vorgedrungen sind (d. h. also 95 Prozent aller englischen Prosaschriftsteller), öden einen an.

Impressionismus hat jedoch zwei Bedeutungen, oder vielleicht sollte ich besser sagen, bei dem Wort »Impressionismus« hat man zwei verschiedene »Impressionen«.

Es existiert eine Schule von Prosaisten, und übrigens auch von Versdichtern, die Stendhal vorbereitet und Flaubert gegründet hat. Die Nachfolger Flauberts machen in exakter Wiedergabe. Sie konzentrieren sich oft derartig auf diese genaue Wiedergabe, daß sie darüber Intensität, Auswahl und Dichte vernachlässigen. Sie haben aber, wie vielleicht kaum jemand anderes, als Katalysator und positiver Einfluß auf die moderne Literatur gewirkt und tun es noch.

Dann ist da noch so ein anderer Verein, Versdichter vor allem, die nicht von irgendwelchen anderen Schriftstellern, sondern von den Bildern Monets ausgehen. Jede Stilrichtung in der Malerei hat ein paar Dichter im Schlepptau, die in Worten nachzuvollziehen suchen, was ein anderer gemalt hat. So sah ein Schriftsteller ein Gemälde von Monet und sprach dann von »rosa Schweinchen, die am Berghang blühen«, und später sprach ein anderer von »schieferblauem Haar« und »himbeerfarbenen Flanken«.

Diese »Impressionisten«, die, wenn sie schreiben, Monets verschwommene statt Flauberts scharfe Konturen nachahmen, sind abgestandene oder, was vielleicht besser paßt, rosige, blumige Langweiler.

Der Geist einer Epoche schlägt sich gleichermaßen in allen Künsten nieder. Bewegungen laufen »parallel«. Ihre Ursprünge und ihre Wirkungen müssen sich, oberflächlich betrachtet, nicht unbedingt ähnlich sehen.

Dieses Nachäffen der Malerei, zehn oder zwanzig Jahre hintennach, hat mit der »literarischen Bewegung«, die der heute imitierten Bewegung in der Malerei ursprünglich parallel lief, nichts mehr gemeinsam. Die gleiche Notwendigkeit etwa, die den Dichter veranlaßt, eine moralische Betrachtung auszuklammern, wird den Maler veranlassen, auf naturgetreue Abbildung zu verzichten. Das so entstandene Gedicht braucht keineswegs auf das entsprechende Bild schließen zu lassen.

Es ist ein Verdienst von Mr. Joyce – ich will nicht sagen, sein Hauptverdienst, aber doch das, was am meisten für ihn einnimmt –, daß er es sorgfältig vermeidet, einem lauter Zeug zu erzählen, von dem man nichts wissen will. Er stellt seine Personen vor, rasch und lebendig, verbreitet keine Sentimentalitäten über sie, spinnt keine verwickelten Zusammenhänge. Er ist Realist. Er glaubt nicht, »das Leben« als Ganzes käme in Ordnung, wenn man die Vivisektion abschaffte oder ein neues »Wirtschaftssystem« einführte. Er gibt die Sache selbst. Er fühlt sich nicht an die stumpfsinnige Tradition gebunden, nach der ein Ausschnitt aus dem Leben nur dann interessant sein kann, wenn er auf die konventionelle Form einer »story« zurechtgestutzt worden ist. Seit Maupassant gibt es jede Menge Leute, die versuchen, »stories« zu schreiben, aber äußerst wenige, die das Leben selbst wiedergeben. Das Leben spielt sich eben nicht vorwiegend in Form von säuberlichen kleinen Diagrammen ab, und nichts geht einem mehr auf die Nerven als das dauernde So-tun-als-ob.

Mr. Joyces »Araby«, zum Beispiel, ist viel besser als eine »story«, es ist die verkörperte Erwartung.

Erstaunlicherweise ist Mr. Joyce Ire. Man hat die überall herumwabernde irische oder »keltische« Einbildungskraft (oder »Phantasie«, wie man sie ja wohl neuerdings nennt) so satt. Mr. Joyce wabert nicht. Er definiert. Er versteht sich nicht als Einrichtung zur Förderung des irischen Kunstgewerbes. Er legt internationale Maßstäbe für Prosa an und wird ihnen gerecht.

Er zeigt uns Dublin, wie es sicherlich ist. Er gleitet nicht ins Farcenhafte ab. Er verläßt sich nicht aufs Karikieren à la Dickens. Er zeigt uns die Dinge, wie sie sind, nicht nur in Dublin, sondern in jeder Stadt. Man streiche die Dubliner Ortsnamen, ein paar lokal begrenzte Anspielungen, ein paar historische Ereignisse und setze dafür andere Ortsnamen, An-

spielungen und Ereignisse ein, dann könnte man diese Geschichten auch von jeder anderen Stadt erzählen.
Das heißt also, dieser Autor ist fähig, die Dinge seiner Umgebung aufzugreifen, und zwar direkt, aber er geht in diesen Besonderheiten nicht unter, er versteht es, an das universale Element dahinter zu gelangen. Die Grundsituationen in *Madame Bovary* und *Doña Perfecta* sind nicht vom Lokalkolorit oder von lokalen Besonderheiten abhängig, darin liegt ihre Stärke. Die Literatur, die Darstellung von Rang, kann durchaus einen lokal begrenzten Gegenstand haben, aber sie darf nicht davon abhängig sein. Mr. Joyce bringt keine »Typen«, sondern Individuen. Er behandelt Gefühle, die allen Menschen gemeinsam sind. Er tut mehr, als nur den irischen Nationalcharakter auszuschlachten. Die irische Literatur hat in unserer Zeit drei Hauptphasen durchlaufen: die Shamrock-, die taubengraue und die Kiltartan-Periode.* Mit den Werken von Mr. Joyce scheint mir eine neue Periode zu beginnen. Er schreibt als Zeitgenosse aller anderen Schriftsteller auf dem Kontinent. Damit meine ich nicht, daß er jede Mode mitmacht, daß er Strindberg imitiert, zum Beispiel, oder Bang. Er durchfilzt die Unterwelt nicht nach Widerlichkeiten. Er stellt keine düstere Seelenquälerei zur Schau. Weil er über alltägliche Dinge und über alltägliche Leute schreibt, ist er klassisch. Ein schäbiges Wahlbüro, Little Chandler, ein Mensch ohne Bedeutung, eine Pension für Angestellte – das sind seine Themen, und er bietet sie so, daß sie zu würdigen Gegenständen der Kunst werden.

* *Shamrock* = Kleeblatt, nationales Symbol; eine folkloristische Periode.
Dove-grey = zwielichtig (Celtic Twilight); die Periode des mystischen, dunstigen Schreibens.
Kiltartan: vgl. Yeats, *An Irish Airman Foresees His Death: My country is Kiltartan cross, my countrymen Kiltartan's poor* – also irische Dichtung mit zeitgenössischem Sujet im und nach dem ersten Weltkrieg.

Francis Jammes, Charles Vildrac und D. H. Lawrence haben kurze Erzählungen in Versform geschrieben, wobei es ihnen offenbar darauf ankam, Situationen so klar wie ein Prosaschriftsteller, nur wesentlich kürzer wiederzugeben. Um eine ähnliche Form von Verknappung bemüht sich Mr. Joyce. Er ist bei der Prosa geblieben, weil er die angeblichen Privilegien der Versdichtung nicht braucht, um seine Methode zu rechtfertigen.

Ich finde, daß er besser ist als die meisten impressionistischen Schriftsteller, weil er auf jedes überflüssige Detail verzichtet. Es gibt eine klare Trennung zwischen unnötigem und belanglosem Detail. Ein impressionistischer Freund von mir redet immer sehr viel von »vorbereitenden Motiven« und rechtfertigt damit eine Menge unnötiger Details, die dann zwar nicht belanglos sind, aber einen doch ermüden und die Lust an seiner Erzählung verleiden.

Mr. Joyces rigorose Auswahl der darzustellenden Einzelheiten weist ihn, glaube ich, als Angehörigen meiner eigenen Generation aus, also der »Neunzehnhundertzehner«, nicht der Zeit zwischen den »neunziger Jahren« und heute.

Auf jeden Fall sind diese Erzählungen und der Roman, der zur Zeit in Fortsetzungen erscheint, geeignet, Mr. Joyce einen recht prominenten Platz unter den zeitgenössischen englischen Prosaschriftstellern zu sichern, und zwar nicht nur einen Platz in der Spalte »Romane der Woche«. Denn bei uns sind Leute, die gute, klare Prosa schreiben, so überaus selten, daß wir es uns nicht leisten können, sie miteinander zu verwechseln oder zu übersehen.

V. S. Pritchett: Dubliners

In der vergangenen Woche hat George Orwell die Verfasser von Kurzgeschichten ein wenig unter die Lupe genommen; das hat mich veranlaßt, *Die Toten* von Joyce nachzulesen, die Orwell in sein persönliches Verzeichnis der besten Kurzgeschichten der letzten Generation aufgenommen hat. Damit hatte er recht. *Die Toten* sind eine Erzählung von höchstem Rang. Ich erinnere mich, daß ich vor Jahren über ein Essen zu berichten hatte, welches von den politischen Drahtziehern in Belfast gegeben wurde – einer Kollektion von so abgebrühten Politikern, wie man sie damals auf den britischen Inseln nur finden konnte – und daß ich hörte, wie Thomas Moores *Oft in the Stilly Night* gesungen wurde, als man die Zigarren anzündete. Tränen standen in den Augen der abgebrühten Stadtväter, aber ich glaube nicht, daß es sentimentale Tränen waren. Joyces *Die Toten* schöpft aus der gleichen Quelle des Pathos, aus der auch Moores Lied stammt. Den Iren scheint in ihrem regenfeuchten und tränenreichen Klima – ich weiß nicht warum – ein Gefühl und ein Pathos unmittelbarer zugänglich zu sein, das nach meiner Meinung unverfälschter als bei uns ist. In England wurde es durch die Moralpredigten der Händler und der Kirche getrübt.

In den *Toten* und in einer anderen Erzählung mit dem Titel *Gnade* erreichte Joyce den Gipfel seiner Begabung als Verfasser von Kurzgeschichten. Die übrigen Geschichten in *Dubliner* sind plump, provinziell und oft kraftlos ... Sie erinnern nicht an die russischen Schriftsteller, auf die in der irischen Kritik üblicherweise Bezug genommen wird, sondern an das Werk eines völlig andersgearteten Autors: Gissing. Da findet sich der nämliche stilistische Dilettantismus, das nämliche Selbstmitleid, das schüchterne Wehklagen des deprimierten Jünglings, während er verstohlen durch die Straßen eilt, den

Kopf voll von Arabia, mit klingenden Ohren und schulderfüllt, weil er gelauscht hat. Vor allem findet sich da die ganze unerfreuliche, kleinstädtische Welt der unteren Mittelklasse mit ihren tausendundein kleinlichen Beschränkungen, schäbigen Raffinessen und ordinären Hoffnungen. Joyce ist natürlich kein Prediger. Er war selbstquälerisch, er quälte sich mit den Dingen, die er haßte. Doch Gissing war nur zum Teil ein erfolgloser Wells; zum anderen war er derjenige, der *The Private Papers of Henry Ryecroft* schrieb, jener bedrückte, sechzehnjährige Kommis aus der Zeit König Edwards, der ebenfalls beschämt durch Joyces heruntergekommenes Dublin schleicht, hin- und hergerissen zwischen Mädchen und dem puritanischen katholischen Gewissen. Beide Autoren setzten ihren verschwiegenen Weg in die verzauberte Welt der Eloquenz fort, so daß sich schwer erkennen läßt, was dunkler ist: Finnegans Dublin oder Gissings narkotische Träume vom antiken Griechenland und Rom. Vergleicht man jedoch Joyce und Gissing als Realisten, dann erkennt man die ungeheure Überlegenheit Joyces gegenüber dem Engländer.

Niederzuschreiben, was die Leute »wirklich reden«, ist die hauptsächliche Neuerung, welche die jüngeren Autoren im Roman und besonders in der Kurzgeschichte eingeführt haben. Interessant ist festzustellen, daß Joyce 1914 das tat, was nach allgemeiner Annahme viel später mit Schriftstellern wie Ernest Hemingway begann und was am gelungensten in Christopher Isherwoods Berliner Tagebüchern zu erkennen ist, auch in Frank O'Connors bewundernswertem jüngsten Roman *Dutch Interior*, ein Buch, von dem ich glaube, daß es ein Markstein der anglo-irischen Literatur werden wird. Doch ich sollte besser ein Beispiel für den Joyceschen Dialog geben. Ich entnehme es der Erzählung *Gnade*, die beschreibt, wie die Freunde eines Dubliner Trunkenboldes sich zusammentun, um ihn zu bessern, indem sie ihn überreden, einen »Bußgottesdienst« mitzumachen. Der Trunkenbold liegt im Bett und erholt sich von einer bösen Sauftour, die Freunde machen eine Flasche Whisky auf und steuern durch allgemeines religiöses Geschwätz auf den Zweck ihres Besuches zu:

-Ich habe oft gehört, daß er einer der intelligentesten Männer Europas war, sagte Mr. Power. Ich meine, außer daß er Papst war.

-Das war er auch, sagte Mr. Cunningham, wenn nicht sogar *der* intelligenteste. Sein Wahlspruch, nicht, als Papst, war *Lux auf Lux – Licht auf Licht*.

-Nein, nein, sagte Mr. Fogarty eifrig. Ich glaube, da irren Sie sich. Es war *Lux in Tenebris,* glaube ich – *Licht in der Finsternis*.

-Ah ja, sagte Mr. M'Coy, *Tenebrae*.

-Gestatten Sie, sagte Mr. Cunningham bestimmt, es war *Lux auf Lux*. Und der Wahlspruch von seinem Vorgänger, Pius IX., war *Crux auf Crux* – das heißt *Kreuz auf Kreuz* – um den Unterschied zwischen ihren Pontifikaten deutlich zu machen.

Der Folgerung wurde stattgegeben. Mr. Cunningham fuhr fort.

-Papst Leo war ein großer Gelehrter und Dichter, nicht wahr.

-Er hatte ein ausgeprägtes Gesicht, sagte Mr. Kernan.

-Ja, sagte Mr. Cunningham. Er hat lateinische Gedichte geschrieben.

-Wirklich? Fragte Mr. Fogarty.

Mr. M'Coy kostete zufrieden von seinem Whisky, schüttelte in doppelter Absicht den Kopf und sagte:

-Das ist kein Witz, sage ich Ihnen.

-Das haben wir auf der Penny-Schule nicht gelernt, Tom, sagte Mr. Power und folgte Mr. M'Coys Beispiel.

-Schon so mancher ehrliche Mann ist mit einem Stück Torf unterm Rock in die Penny-Schule gegangen, sagte Mr. Kernan sententiös. Das alte System war doch das beste: einfache ehrliche Erziehung. Nichts von diesem modernen [illegible] . . .

-Ganz richtig, sagte Mr. Power.

-Keine Entbehrlichkeiten, sagte Mr. Fogarty.

Er artikulierte das Wort sorgfältig und trank dann ernst.

-Ich erinnere mich, gelesen zu haben, sagte Mr. Cunningham, daß eins der Gedichte von Papst Leo über die Erfindung der Photographie ging – auf lateinisch natürlich.

-Über die Photographie! rief Mr. Kernan.

-Ja, sagte Mr. Cunningham.

Auch er trank aus seinem Glas.

-Nun, sagte Mr. M'Coy, ist die Photographie nicht etwas Wunderbares, wenn man es einmal genau bedenkt?

-Aber natürlich, sagte Mr. Power, große Geister erkennen manches.

-Wie der Dichter sagt: *Große Geister sind dem Wahnsinn nahe*, sagte Mr. Fogarty.

Mr. Kernan schien im Geiste beunruhigt. Er gab sich Mühe, sich einige heikle Punkte der protestantischen Theologie ins Gedächtnis zu rufen, und wandte sich schließlich an Mr. Cunningham.

-Nun sagen Sie mal, Martin, sagte er. Waren nicht einige von den Päpsten – natürlich nicht unser heutiger oder sein Vorgänger, aber einige von den alten Päpsten – nicht so ganz . . . Sie wissen schon . . . so ganz astrein?

Aus George Orwells Anmerkungen ging nicht klar hervor, ob er einfach Erzählungen mit Aktion bevorzugt oder ob er mit seiner Klage über den Mangel an Handlung in modernen Erzählungen nicht in Wirklichkeit einen Mangel an Themen und Milieu meinte. Nun ist das Milieu in der von mir zitierten Erzählung von Joyce sehr wichtig. Die Vulgarität der Epoche Edwards erreichte nirgendwo einen tieferen Stand als in Joyces Dublin. Für die Pollys und Kipps der englischen unteren Mittelklasse kam Befreiung, Entspannung, soziale Reform, jeder hatte die Vorstellung, er sei David, der gegen den Goliath der Monopole auszog, jeder glaubte zu wissen, er sei der lebenswichtigste Teil der Gemeinschaft. Für die Fo gartys in Dublin stagnierte das Leben. Entweder man machte sich davon, sofern man dazu fähig war, oder man ließ sich in den Pinten vollaufen, und nach einer kurzen Glanzzeit als »fideler Kumpel« richtete man sich in einer Mediokrität ein, die um so schrecklicher wegen der gängigen Einbildung war, Dublin sei das Zentrum der Frömmigkeit, der Kultur und des Universums. Joyce durchstreifte Dublin und suchte sich die »Pfauen« heraus, die lästigen Maulhelden in den Kneipen, die verblödeten Handlungsreisenden, die Hohepriester der Terenure-Tram und der Rathgar-Soiree. Er konzentrierte sich auf den Halbgebildeten, den geschwätzigen Ignoranten, das enorme Gehirn, das sich am Ende als nur erbsengroß erweist. *Sinn Féin* predigte zu dieser Zeit Blutvergießen: Irland war zu wohlhabend und zufrieden. Joyce beschreibt das Schreckliche dieser Selbstzufriedenheit, und er verließ Irland vielleicht deshalb, weil er erkannte, daß diese Klasse nach der Revolution an die Macht kommen würde.

Als die Romanciers nur über Leute schrieben, bei denen ein gemeinsamer Bildungsstandard angenommen wurde, war Natürlichkeit des Dialogs unnötig, ausgenommen für Charakterrollen. Meredith, der vor allem wegen seines Dialogs gerühmt wurde, gab seinen Menschen eine Sprache, hinter der er lediglich sich selbst und seine eigene Schlagfertigkeit verbarg. Nur für die Ungebildeten galt die – geradenwegs auf Scott zurückgehende – Konvention, eine natürliche oder volkstümliche oder undisziplinierte Sprache zu sprechen. Das bedeutete Entspannung durch Komik. Wells verwendete die Volkssprache der unteren Mittelklasse sogar in seinen frühen Büchern, um komische Effekte zu erzielen. Er floh die unbehagliche Wirklichkeit, in der seine Personen lebten. Ein Autor wie Joyce flieht nicht. Die Sprache ist der Mensch. Man könnte fast sagen, mit *Gnade* schreibt er eine Erzählung, in der abstrakte Gedanken nicht vorkommen oder verworrene Gedanken vorgeführt werden. In den *Toten* schreibt er mit ehrlichem Gefühl eine Erzählung über eine provinzielle

Abendgesellschaft, die Wells in seinem Abscheu ins Lächerliche gezogen und die Gissing sentimentalisiert hätte. Und Joyce erreicht zweierlei, indem er so verfährt: er zeichnet ein wahrheitsgetreues Bild einer stagnierenden, selbstzufriedenen und hoffnungslosen Gruppe – die Situation seiner Zeit – und, indem er sie für sich selbst sprechen läßt, erzielt er das Pathos ihres festgefahrenen, verhärteten, ereignislosen, plumpen Lebens. Ihr Drama ist – was? Es ist das fundamentale menschliche Drama: so schäbig sie auch sind, sie werden sterben. Gabriel geht zum Fenster »während er den Schnee still durch das All fallen hörte, und still fiel er, der Herabkunft ihrer letzten Stunde gleich, auf alle Lebenden und Toten«. Das ist nicht tragisch, denn es sind keine großen Leute in einer großen Situation; aber das Pathos ist echt.
Kein phantasiebegabter Autor schreibt genau das nieder, was die Leute »wirklich reden«. Ein wahrer Dialog erschafft zwischen den Zeilen eine Figur, eine Welt, auch eine Reihung von Vorstellungen und ist in Wirklichkeit eine Sammlung sorgfältig ausgewählter Andeutungen. Der Leser ist ständig beschäftigt, sie zu entziffern, die Lücken auszufüllen. Die Geschichte erscheint nach und nach durch den Dialog, wie ein Gesicht am Fenster erscheint. Zu beobachten, wie diese Figur Gestalt annimmt, ist ein Vergnügen, das große Befriedigung gewährt, ein ebenso eindeutiges Vergnügen, wie es eine Erzählung mit Aktion bereitet. Der Fehler so mancher proletarischer Erzählungen, in denen ein natürlicher Dialog gesprochen wird, liegt darin, daß keine Auswahl vorgenommen wurde; sie sind bloße Transkriptionen ohne Thema. Sie sind keine Fenster, sondern nackte Wände. Vater klaut dem Sohn den Lohn. Wen kümmert's? Der Sohn könnte ebensogut den vom Vater klauen. Beides sind Handlungen, wenn man schon Handlung verlangt, und die Zeitung kann hier den Geschichtenschreiber auf seinem eigenen Gebiet schlagen. Dann ist es besser (man muß George Orwell zustimmen) die Tricks des Kurzgeschichtenverfassers, den altbewährten vor

borgenen Stachel, beizubehalten. Noch besser aber ist es zu begreifen, daß das Thema einer Erzählung nicht in den Ereignissen innerhalb der Erzählung, noch in ihren Dialogen, ihrer Aktion oder ihren Menschen zu finden ist, sondern daß es sich um etwas handelt, das aus all diesen erwächst und zwischen ihnen lebt.

(*The New Statesman and Nation*, 15. Februar 1941.)

VIII. Zu den Quellen

Michael J. O'Neill
Die Verarbeitung von Erinnerungen in Joyces »Eine Mutter«

Joyce war, wie wir wissen, durchaus erfüllt von Erinnerungen an das Dublin seiner Jugend, und er war durchaus auf sie angewiesen, weil er sie als Material in seine Arbeiten einflechten wollte. So bedeutete der schöpferische Akt für ihn sehr häufig, zur Sache gehörende wahre Vorgänge aus seiner Vergangenheit heraufzurufen und sie fast unverändert in seine Arbeiten zu übernehmen. Er erzielte folglich eine ungewöhnliche Umkehrung, durch die die Menschen seiner Geburtsstadt schließlich legendäre Figuren wurden.

Einige Regionen der Dubliner Welt, die Joyce kannte und deren er sich später erinnerte, sogar einige Erlebnisse, die er hatte und später in Dichtung verwandelte, sind in den umfangreichen Tagebüchern eines Dubliner Zeitgenossen, Joseph Holloway, zu finden. Obgleich Holloway (1861–1944) vor allem als Architekt des Abbey Theatre bekannt ist, leistete er auf außergewöhnliche Weise einen Beitrag zur modernen irischen literarischen Bewegung. Fünfzig Jahre lang verfaßte er täglich einen Bericht mit seinen Beobachtungen und Erinnerungen aus dem Theatergeschehen und dem literarischen Leben Dublins.

Ermutigt durch seinen Erfolg als Tenor beim Achten Jährlichen Feis-Ceoil-Wettbewerb in den Antient Concert Rooms, entschloß sich Joyce, mit seiner Stimme Geld zu verdienen. Kurz darauf sang er wieder auf derselben Bühne in einem Konzert am Samstag, dem 27. August 1904, diesmal aber als Professioneller. Der allgegenwärtige Holloway besuchte die Aufführung, und sein Bericht über dieses Ereignis ist aufschlußreich. Durch den noch vorhandenen Programmzettel, der die Künstler und ihre verschiedenen Beiträge aufführt, sowie durch die Notizen in Holloways Tagebuch, wird klar erkennbar, in welcher

Weise Joyce bei der Abfassung der Erzählung »Eine Mutter« in *Dubliner* die Realität verarbeitet und transponiert hat.

Bevor wir uns jedem dieser Punkte im einzelnen zuwenden, um das von Joyce verwendete Ausgangsmaterial aufzufinden, soll zunächst seine Erzählung betrachtet werden. Sie handelt, wie man sich erinnern wird, von einer übertrieben ehrgeizigen Mutter, Mrs. Kearney, die als Ausgleich für ihre eigene mediokre Heirat die Karriere ihrer Tochter Kathleen scharf überwacht. Sie führt eine zielbewußte Kampagne, um sie zu einer erfolgreichen Konzertpianistin zu machen, und zu diesem Zweck arrangiert sie mit dem stellvertretenden Sekretär einer nationalistischen Gruppe (Eire Abu Society) in Dublin eine Reihe von vier Konzerten von Mittwoch bis Samstag, in denen die Tochter spielen soll. Die ersten drei sind finanzielle Mißerfolge, die die Gesellschaft veranlassen, ihre Verluste durch eine besondere »Gala-Aufführung« am Samstag mit prominenten irischen Unterhaltungskünstlern auszugleichen. Hinter der Bühne streitet die Mutter an diesem Abend um Kathleens Honorar und verzögert den Beginn des Konzertes, wodurch der unerfahrene zweite Tenor heftiges Lampenfieber bekommt und beim Lärm des enttäuschten Publikums im Saal zu zittern beginnt. Erst nachdem sie eine Anzahlung erhalten hat, läuft der erste Teil der Veranstaltung ab. Trotz des antiquierten Gesangsstils der Madame Glynn wird das Konzert ein Erfolg, welcher der allgemeinen Beliebtheit des ungenannten ersten Tenors und der Altistin Miss Healy zu danken ist. Während der Pause nimmt Mrs. Kearney den Kampf mit der Direktion um die Auszahlung der vollen Summe wieder auf. Sie erhält sogar Zustimmung durch den zweiten Tenor. Die Direktoren jedoch erfüllen ihre Forderungen nicht; in der Folge droht sie, die weitere Mitwirkung ihrer Tochter zu verhindern. Doch dieses Vorgehen führt nur zu ihrer endgültigen Demütigung. Das Programm wird ohne ihre Tochter fortgesetzt, die Altistin springt für diese ein und geht mit dem Bariton auf die Bühne.

Wir gewinnen eine Vorstellung, wie Joyce seine Erinnerung in dieser Erzählung verwertet hat, wenn wir nun den echten Programmzettel der Aufführung zu Rate ziehen, bei der er am 27. August sang. Nach dem Ruf zu urteilen, den die teilnehmenden Künstler am Ort genossen, ist klar erkennbar, daß die besten Kräfte für den Samstag bestimmt waren wie in Joyces Erzählung. Es handelte sich um eines der verschiedenen Konzerte, die von der Irischen Industrieausstellung subventioniert wurden, um Propaganda zu machen und Geldmittel aufzubringen. Sie fanden von Montag bis Samstag statt und wurden an den beiden ersten Tagen der folgenden Woche fortgesetzt. Das Programm für »das große Konzert« war in zwei Teile gegliedert, wobei in jedem eine Vielzahl von Solisten auftrat, die, dem Charakter der Veranstaltung entsprechend, vor allem patriotische Weisen ausgewählt hatten.

Nach der Orchesterouvertüre begann Joyce als zweiter Tenor die Solodarbietungen mit »Down by the Sally Gardens«. Dann folgten die drei Zugnummern, Miss Agnes Treacy, Vorbild für Miss Healy, die Sopranistin in »Eine Mutter«, der Bariton J. C. Doyle und der erste Tenor John McCormack in dieser Reihenfolge. Das Prestige der beiden Sänger berechtigte zu der Erwartung, ihre Anwesenheit werde »einen Hauch von Wohlleben in die Gesellschaft« bringen. Ebenfalls an diesem Abend wirkte Madame Halle mit, das Modell für Madame Glynn in Joyces Erzählung. Beide Frauen hatten ihren Lebensfrühling bereits einige Zeit hinter sich und agierten mit »altmodischen Manierismen«. Madame Halle sang »The Old Green Isle«: aber anders als ihr Ebenbild Madame Glynn, die »Killarney« im ersten Teil des erdichteten Programms sang, bot sie das Stück erst gegen Ende des Konzerts. Irische Dudelsäcke bildeten das erregende Finale des ersten Teils.

Miss May Reidy, die Schwester der Begleiterin, leitete den zweiten Teil des Programms mit einigen irischen Melodien auf dem Cello ein. Nach ihr kamen, in der Reihenfolge ihres

Auftretens, Miss Treacy, J. C. Doyle und Joyce, der »The Croppy Boy« singen sollte. Zur Abwechslung rezitierte Miss Marie nic Shiubhlaigh ein patriotisches Gedicht; sie war zu dieser Zeit in verschiedenen nationalistischen Frauenorganisationen äußerst aktiv und war eine ausgezeichnete Schauspielerin der Irish National Theatre Society. In Joyces Erzählung dagegen bringt eine sehr ähnliche Figur den ersten Teil der Veranstaltung zu einem effektvollen Abschluß.

Durch die Notizen des Tagebuchschreibers zu diesem Abend können wir uns nun auch unter Joyces Publikum versetzt fühlen. Und aus Holloways Eintragung scheint hervorzugehen, daß sowohl die »Epiphanie« des Romanciers als auch der Wendepunkt in »Eine Mutter« aus einem Erlebnis entstand, das er während diesem Konzert hatte. Joyce erinnerte sich offenbar später neben anderen Einzelheiten daran, daß die Pianistin ihre Aufgabe nicht weiter erfüllte und daß er in ihrer Abwesenheit während des zweiten Teils des Konzerts sich selbst bei seinem Lied begleiten mußte. Wir können auch das überschäumende Verhalten des nationalistischen Publikums erkennen, das durch die Unpünktlichkeit der Veranstalter verärgert war. Kein Wunder, daß Mr. Bell, der zweite Tenor, der ebenso wie Joyce gerade eine Bronzemedaille beim Feis Ceoil gewonnen hatte, angesichts einer ebensolchen Veranstaltung höchst nervös war!

Nachdem er erwähnt hat, wer das Konzert subventionierte und warum es veranstaltet wurde, fährt Holloway fort:

> Der Besuch war gut, aber die Organisation des Abends hätte nicht schlechter sein können. Die Anhänger der Irischen Renaissance brauchen dringend einen fähigen Organisator. Gegenwärtig beginnen sie ihre Anlässe regelmäßig beträchtlich nach der angekündigten Zeit und machen die Zuhörer ungeduldig; damit beeinträchtigen sie auch die Künstler auf unverantwortliche Weise. Der heutige Abend war keine Ausnahme von der Regel. Nach dem ersten Stück war die Verzögerung derart groß, daß die

> Zuhörer zu lärmen begannen und gereizt wurden. Die Aufseher an den Türen gestatteten es, daß Leute während der Darbietungen geräuschvoll hereinkamen, so daß alle aufmerksamen Zuhörer abgelenkt und gestört, die Künstler häufig verwirrt wurden. Viele Besucher gingen während der Lieder hinaus und belästigten dabei jedermann auf ihrem geräuschvollen Weg zu den Türen ... Die an Stelle von Miss Eileen Reidy, die früh am Abend weg-ging, vorgesehene Ersatzbegleiterin war so unfähig, daß einer der Sänger, Mr. James A. Joyce, sich beim Lied »In Her Simplicity« selbst ans Klavier setzen mußte, nachdem sie mehrere fruchtlose Versuche unternommen hatte, »The Croppy Boy« zu klimpern, das Stück, das neben des Sängers Namen auf dem Programm stand ... Mr. Joyce besitzt eine helle Tenorstimme, die er bei den hohen Tönen etwas zu forcieren neigt, aber er singt mit viel künstlerischem Einfühlungsvermögen. Ein Stück seiner Wahl, »Down by the Sally Gardens«, eignete sich für seine Technik am besten, und als Zugabe sang er zart »My Love Was Born in the North Countree«, ein kurzes und entzückendes Lied.

Die Vorbilder der anderen Figuren in »Eine Mutter« können ebenfalls leicht identifiziert werden, da Joyce die Realität nicht sehr verändert. Mr. Hendrick, »der Mann vom *Freeman*«, ist Jack B. Hall, Reporter des *Freeman* und Autor eines Memoirenbandes mit dem Titel *Random Records of a Reporter*. Sein in diesem Buch wiedergegebenes Bild zeigt einen adretten kleinen Mann mit sorgfältig gepflegtem grauem Haar und grauem Schnurrbart, mit traurigen Triefaugen; man würde von ihm erwarten, daß er, wie Joyce beschreibt, »sorgfältige Manieren« besitzt. Als unerschütterlicher Anhänger Parnells besaß politische Betätigung für ihn hervorragende Bedeutung. Joyce traf deshalb genau die Einstellung des Mannes, als er feststellte, daß »Konzerte und *artistes* ihn erheblich langweilen.«

Das Porträt von O'Madden Burke, in Wirklichkeit O'Leary Curtis, trägt ein wenig ironische Züge. Auch er war glühender Parnell-Anhänger und Reporter, der wenig von Joyces erdichteter Figur abwich. Er war eine imponierende Erscheinung, eine Tatsache, die ihm nicht unbekannt war, denn er trug mit Vorliebe eine wehende Künstlerkrawatte. Obgleich er über Literatur wohlinformiert und auch auf literarischem Gebiet tätig war, bewunderte er doch lieber schöpferische Geister, anstatt selbst schöpferisch zu wirken. Joyces Bemerkungen zu Burkes »bombastischem westlichen Namen«, »auf dem er das delikate Problem seiner Finanzen im Gleichgewicht hielt«, zielen wahrscheinlich auf Curtis' unglücklichen Ruf unter den trinkenden Literaten Dublins. In einer Stadt, in der das Bezahlen von Runden an der Theke ein feststehendes Ritual ist, hatte man es niemals erlebt – so heißt es wenigstens in Gogartys Parodie – daß er »einen ausgab«. Wenn die Reihe an ihn kam zu bezahlen, mußte er stets fort; irgendwo brauten sich bedeutende Neuigkeiten zusammen.
Nimmt man an, daß Joyces erdichtetes Konzert in der letzten Augustwoche 1904 stattfand, dann ergibt sich daraus vielleicht auch ein Anhaltspunkt dafür, wann er der Erzählung »Eine Mutter« den letzten Schliff gab. Er erwähnt in ihr, daß Mrs. Patrick Campbell zu dieser Zeit in Dublin auftrat. In Wirklichkeit jedoch spielte sie dort erst fast ein Jahr später, am 17. Juli 1905; zu dieser Zeit trat sie gemeinsam mit Sarah Bernhardt in *Pelléas et Mélisande* auf. Wegen der Sorgfalt, mit der der damals im Exil weilende Joyce sich stets über die letzten Neuigkeiten aus Dublin unterrichtete, kann füglich angenommen werden, daß er eine solche Information erhielt und sie als realistisches Detail in sein Werk einfügte, um es abzurunden. Drei Monate später, am 15. Oktober, war er bereit, die abgeschlossenen *Dubliner* einem Verleger zu unterbreiten.

(*Modern Language Notes*, Vol. LXXIV, März 1959)

Richard Ellmann
Die Hintergründe zu den »Toten«

Der Aufenthalt in Rom schien zwecklos gewesen zu sein, aber Joyce wurde sich während dieser Zeit seiner veränderten Haltung gegenüber Irland und damit auch gegenüber der Welt bewußt. Seine neuen Vorstellungen legte er in den »Toten« nieder. Die Novelle, die eine lange Wartezeit benötigt hatte, begann zwar schon in Rom Form anzunehmen, wurde aber erst nach seiner Abreise aus der Stadt niedergeschrieben. Hinweise, plötzliche Einsichten und alte Erinnerungen stauten sich in seinem Geiste an, bis er sich endlich wie König Midas' Barbier zum Sprechen gezwungen sah.

Obwohl die Geschichte vorwiegend von drei Generationen seiner Familie in Dublin handelt, liegt ihr auch ein Vorfall zugrunde, der sich im Jahre 1903 in Galway zutrug. Damals warb Michael (Sonny) Bodkin um Nora Barnacle, zog sich aber Tuberkulose zu und wurde ans Bett gefesselt. Kurz darauf beschloß Nora, nach Dublin zu gehen. Bodkin schlich sich trotz dem regnerischen Wetter aus seinem Krankenzimmer, um ihr unter einem Apfelbaum ein Ständchen zu bringen und Lebwohl zu sagen. In Dublin erfuhr Nora bald, daß Bodkin gestorben war, und als sie Joyce kennenlernte, wurde sie zuerst – das erzählte sie ihrer Schwester – von seiner Ähnlichkeit mit Sonny Bodkin angezogen.

Joyces Gewohnheit, Einzelheiten aufzuspüren, hatte ihn schon vor ihrer Abreise aus Dublin veranlaßt, genaue Erkundigungen über Nora einzuholen. Es hatte ihn beunruhigt, daß sie schon vor ihm andere junge Männer interessiert hatten. Es war ihm gar nicht angenehm, zu wissen, daß ihr Herz immer noch, wenn auch nur von Mitleid, bewegt wurde, wenn sie sich an den Jungen erinnerte, der sie geliebt hatte. Für einen Mann mit Joyces eifersüchtiger Veranlagung bildete sich leicht und unter Verdruß die Vorstellung, er sei in einem gewissen Sinne Rivale eines Toten, der auf dem kleinen Friedhof bei Oughterard begraben lag. Das war einer der Hintergründe seiner Klage gegenüber Tante Josephine, Nora sehe ihn immer ganz wie andere Männer.

Ein paar Monate nachdem er diesem Ärger Ausdruck verliehen hatte, als Joyce und Nora Barnacle bereits im Jahre 1905 in Triest lebten, erhielt er einen weiteren Anstoß für »Die Toten«. Stanislaus erwähnte zufällig in einem Brief, er habe ein Konzert Plunket Greenes, des irischen Baritons, besucht, an dem eine von Thomas Moores *Irish Melodies*, »O Ye Dead« (»O ihr Toten!«) gesungen worden sei. Das Lied, ein Gespräch der Lebenden und Toten, war reichlich unheimlich; was aber Stanislaus besonders beeindruckte, war Greenes Interpretation der zweiten Strophe, in der die Toten den Lebenden antworten, als wimmerten sie um die körperliche Existenz, die sie nun nicht mehr genießen können:

It is true, it is true, we are shadows cold and wan;
And the fair and the brave whom we loved on earth are gone;
  But still thus ev'n in death,
  So sweet the living breath
Of the fields and the flow'rs in our youth we wandered o'er,
  That ere, condemn'd, we go
  To freeze, 'mid Hecla's snow,
We would taste it awhile, and think we live once more!

James' Interesse war geweckt, und er bat Stanislaus, ihm den Wortlaut zu senden, den er selber singen lernte. Seine Gefühle zum toten Geliebten seiner Frau fanden hier ihr dramatisches Gegenstück in der Eifersucht der Toten auf die Lebenden in Moores Lied: es sah fast aus, als seien Lebende und Tote gegenseitig aufeinander eifersüchtig. Ein weiterer Zug dieser Rivalität findet sich im *Ulysses*, wo Stephen dem Geist seiner Mutter, dessen »glasige Augen aus der Tiefe des

Todes starrten, meine Seele zu erschüttern und zu beugen ... mich niederzuzwingen«, da er ihn nicht aus seinem Geist verbannen kann, zuruft: »Nein, Mutter. Laß mich in Ruh und laß mich leben.« Daß die Toten nicht im Grabe bleiben, ist tatsächlich ein Thema, das Joyces Werk von Anfang bis Ende durchzieht; Finnegan ist nicht der einzige Leichnam, der wiederaufsteht.

In Rom beeinflußte die Zudringlichkeit der Toten seine Gedanken an Dublin, eine andere katholische Stadt, die er aufgegeben hatte, und auch eine Stadt, deren sichtbare und unsichtbare Ruinen zum Greifen nahe waren. Es formte sich in ihm immer aufdringlicher das Gefühl, daß die tote Stadt ungebührlich stark auf die lebende übergreife. Die trennende Ähnlichkeit bestand darin, daß das hinter ihm begrabene Dublin immer noch durch seine Gedanken geisterte. Im *Ulysses* wurde das Thema in viel schrecklicherer Form nochmals angeschlagen, im Geiste Stephens, der Leichen wie Vampire aus ihren Gräbern steigen sieht, welche die Lebenden ihrer Lebensfreude berauben wollen. Brautbett, Kindbett und Totenbett sind miteinander verknüpft, und der Tod »kommt, der fahle Vampir, durch Sturm seine Augen, seine Fledermaussegel blutfärben das Meer. Mund für den Kuß seines Mundes.« Wir können gleichzeitig im Tod wie im Leben weilen.

Am 11. Februar 1907, nach sechs Monaten Aufenthalt in Rom, wußte Joyce in großen Zügen, wie die Geschichte geschrieben werden müsse. Eine seiner Schwierigkeiten, mit dem Schreiben anzufangen, lag, wie er selbst zugab, im Dubliner Streit um *The Playboy of the Western World.* Synge war dem Rate Yeats', den Joyce ausgeschlagen hatte, gefolgt, hatte die Inspiration im irischen Volk gesucht und war auf die Aran-Inseln gefahren. Diese alte Streitfrage findet in dieser Novelle ihren Widerhall. Fräulein Ivors, die Nationalistin, versucht Gabriel dazu zu überreden, nach Aran zu gehen, und tadelt ihn für seinen Mangel an vaterländischem

Gefühl, als er sich weigert. Obwohl Gabriel beabsichtigt, die Autonomie der Kunst und deren Gleichgültigkeit gegenüber der Politik zu verteidigen, weiß er wohl, daß eine solche Verteidigung anmaßend wäre, weshalb er sich bloß zu der Bemerkung aufrafft, er habe sein eigenes Land satt. Aber die Frage ist für ihn beileibe nicht gelöst.

»Die Toten« beginnt mit einer Gesellschaft und endet mit einer Leiche und verflicht so, wie in der Totenwache Finnegans, *funferal* (= Spaß für alle) mit *funeral* (= Leichenbegängnis). Der Anfang mit einer Gesellschaft geht zumindest teilweise auf Joyces Gefühl zurück, die übrigen Erzählungen in *Dubliner* erfaßten das Gesamtbild der Stadt nicht vollständig. In einem Brief vom 25. September 1906 hatte er seinem Bruder von Rom aus geschrieben, einige Elemente Dublins seien in seinen Geschichten nicht berührt worden: »Ich habe ihre freimütige Insularität und ihre Gastfreundschaft nicht gestaltet. Die letztgenannte ›Tugend‹ gibt es, soweit ich sehe, nirgends sonst in Europa.« Ein weniges von dieser Wärme ließ er auch in »Die Toten« einfließen. In seiner Rede an der Weihnachtsgesellschaft rühmt Gabriel Conroy Irland ausdrücklich für diese Tugend der Gastfreundschaft, obgleich die Art und Weise, wie er seinen Gedanken Ausdruck verleiht, deutlich vom Stil der Tischreden gezeichnet ist: »Mit jedem neuen Jahr empfinde ich lebhafter, daß unser Land keine Tradition hat, die ihm so zur Ehre gereicht und die es so eifersüchtig hüten sollte wie die seiner Gastfreundschaft. Es ist eine Tradition, die unter den heutigen Völkern einmalig dasteht, soweit meine Erfahrung reicht (und ich habe nicht wenige Orte im Ausland aufgesucht).« Das war Joyces indirekte Art, mit der Wiedergutmachung zu beginnen, in einer Sprache, die sich über seine eigene lustig machte.

Bei den Einzelheiten für »Die Toten« sehen wir Joyce die Wahl treffen, die, meisterhaft, wie sie ist, doch die Vorurteile verrät, die ihn im Banne hielten. Als er einmal entschlossen war, eine irische Gesellschaft darzustellen, fiel ihm die Wahl der Örtlichkeit, bei den Jungfern Morkan, nicht mehr schwer. Er hatte bereits für *Stephen der Held* die Beschreibung einer Weihnachtsgesellschaft in seinem eigenen Hause geplant, einer Gesellschaft, die ebenso durch ein Gespräch über einen Toten überschattet werden sollte. Die übrigen festlichen Anlässe seiner Kindheit standen alle mit seinen gastfreundlichen Großtanten Mrs. Callanan und Mrs. Lyons sowie Mrs. Callanans Tochter Mary Ellen in deren Hause am Usher's Island 15, das auch unter dem Namen »Misses Flynns Schule« bekannt war, in Verbindung. Dort pflegten sich alljährlich alle Joyces, die alt genug waren, einzufinden, und John Joyce zerlegte jeweils die Gans und hielt die Rede. Stanislaus Joyce sagt, die Rede Gabriel Conroys in den »Toten« sei eine gute Nachahmung des Rednerstils seines Vaters.

In Joyces Erzählung werden die Flynn-Mädchen, Mrs. Callanan und Mrs. Lyons, zu den ledigen Damen Morkan und Mary Ellen Callanan zu Mary Jane. Die meisten Gäste wurden auch aus Joyces Erinnerungen hervorgeholt. Mrs. Lyons hatte einen Sohn Freddy, der einen Laden mit Weihnachtskarten an der Grafton Street führte. Joyce läßt ihn als Freddy Malins auftreten und verlegt seinen Laden an die weniger vornehme Henry Street, vielleicht um anzudeuten, daß er den Sovereign nötig hatte, den Gabriel ihm lieh. Eine weitere Verwandte von Joyces Mutter, eine Kusine ersten Grades, heiratete einen Protestanten namens Mervyn Archdale Browne, der von Beruf Musiklehrer und gleichzeitig Vertreter für eine Diebstahlversicherungsgesellschaft war. Joyce gibt ihm in den »Toten« seinen wahren Namen. Bartell d'Arcy, der heisere Sänger in der Erzählung, geht zurück auf Barton M'Guckin, den führenden Tenor an der Carl Rosa Opera Company. Es hätte noch andere Tenöre gegeben, wie zum Beispiel John McCormack, auf die Joyce hätte zurückgreifen können, aber er brauchte einen, der erfolglos und mit sich selbst nicht im reinen war, und seines Vaters so oft

erzählte Anekdote über M'Guckins Mangel an Selbstvertrauen gab ihm genau den Sänger an die Hand, nach dem er Bartell d'Arcy zu zeichnen beabsichtigte.
Die Gestaltung seines Helden, Gabriel Conroy, war vielfältiger. Die Grundsituation der Eifersucht auf den toten Geliebten der Frau war natürlich Joyces eigene. Der Mann, der ermordet wird, läßt D. H. Lawrence eine seiner Gestalten sagen, wünscht ermordet zu werden, und einige Charaktere brauchen das Gefühl, ihre Freunde und Geliebten würden sie betrügen. Joyce kam in seinen Gesprächen oft auf das Wort »Verrat« zurück; und die in Schwierigkeiten verstrickten Unschuldigen, die er zu seinen Helden macht, sind alle Erscheinungen dieser Konzeption von sich selbst. Obwohl Gabriel weniger eindrücklich erscheint als seine anderen Helden: Stephen, Bloom, Richard Rowan oder Earwicker, gehört er doch zu ihrer erlesenen Gesellschaft von Hintergangenen.
In mehreren Punkten überträgt Joyce seine eigenen Erfahrungen auf Gabriel. Der Brief, den sich Gabriel am Anfang ihrer Liebe an Gretta Conroy geschrieben zu haben erinnert, ist einer davon. Daraus zitiert Gabriel für sich selbst das Gefühl: »Wie kommt es, daß Worte wie diese mir so stumpf und kalt erscheinen? Liegt es daran, daß es kein Wort gibt, welches zärtlich genug wäre, Dein Name zu sein?« Diese Sätze sind fast wörtlich einem Brief entnommen, den Joyce im Jahre 1904 an Nora schrieb. Es war natürlich auch Joyce, der Buchbesprechungen schrieb, genau wie es Gabriel Conroy für den *Daily Express* tut. Da der *Daily Express* proenglisch eingestellt war, hatte man ihn wahrscheinlich bei seinen zahlreichen Besuchen im Hause des Parlamentariers David Sheehy damit geneckt. Eine der Sheehy-Töchter, Kathleen, hat vielleicht auch als Modell für Miss Ivors gedient, denn sie trug dieses unausgeschnittene Kleid und die Brosche mit der irischen Devise. In Grettas früherem Geliebten, in Gabriels Briefen, in den Buchbesprechungen und den Diskussionen darüber sowie im körperlichen Ebenbild Gabriels mit dem in

der Mitte gescheitelten Haar und der eingefaßten Brille bezog sich Joyce unmittelbar auf sein eigenes Leben.

Auch sein Vater war an der Erzählung stark beteiligt. Stanislaus Joyce erinnert sich, daß Vater und Mutter manchmal die Joyce-Kinder mit einer Gouvernante zu Hause ließen, als diese noch zu klein waren, zu der Gesellschaft der Misses Flynn mitgenommen zu werden, und dann in einem Dubliner Hotel übernachteten, statt nach ihrem Hause in Bray zurückzukehren. Gabriel und Gretta halten es genau so. Gabriels Streitigkeiten mit der Mutter weisen auch auf John Joyces Streitigkeiten mit seiner Mutter hin, die die Heirat ihres Sohnes mit einer Frau aus niedrigerem Stand nie gelten ließ. Aber John Joyces Wesen glich dem Gabriels nicht, denn er zweifelte nicht an sich selbst und war trotz zahlreichem Versagen immer voller Selbstbewußtsein. Er besaß dasselbe unerschütterliche Selbstvertrauen wie sein Sohn James. Es gab unter Joyces Freunden ein anderes Vorbild für Gabriels Persönlichkeit, nämlich Constantine Curran, den man manchmal mit dem Spottnamen »behutsamer Con« rief. Er ist aber ein bemerkenswerterer Mensch, als es Joyce ihm zugesteht, doch Joyce stützte sich auf seine Erinnerungen an Curran als sehr jungen Mann und verfärbte sie auch zweifellos ein wenig. Daß er zumindest teilweise Curran vor Augen hatte, geht daraus hervor, daß er Gabriels Bruder Currans Vornamen Constantine gibt und Gabriels Bruder wie jenen Currans zum Priester macht. Curran hat dieselbe lebhafte Gesichtsfarbe und dasselbe nervöse, ängstliche Benehmen wie Gabriel, und wie Gabriel ist er auf dem Kontinent gereist und hat sich kosmopolitische Ansichten zugelegt. Curran heiratete wie Conroy eine Frau, die keine Dublinerin war, obwohl sie nicht weiter westlich als Limerick zu Hause war. In anderer Hinsicht ist er ganz verschieden. Gabriel wurde zur Hauptsache aus Curran, Joyces Vater und Joyce selbst zusammengestellt. Wahrscheinlich wußte Joyce, daß es auf Howth einen Gastwirt namens Gabriel Conroy gab, oder, wie Gerhard Friedrich vermutet[1], kann er auch den Namen dem Titel eines Romans von Bret Harte entliehen haben. Wenn nicht der Name, so war aber doch der Charakter seine eigene Mischung[2].

Joyce hatte nun seine Personen, seine Gesellschaft und einen Teil ihrer Entwicklung. In dem festlichen Rahmen, in dem der Schnee einen ständig wechselnden Ausblick bietet, bis er sich schließlich, wie W. Y. Tindall vorbringt, selbst verändert, entwickelt er Gabriels private Ängste, sein Gefühl der Unzulänglichkeit und sein verdrießliches Beharren auf seinen eigenen kleinen Ansprüchen. Von Anfang an ist er verletzlich; seine gutgemeinten und sogar großzügigen Annäherungen werden regelmäßig mißverstanden. Das Dienstmädchen zerstört seinen optimistischen Glauben, jedermann sei glücklich in der Liebe und auf dem Wege zum Traualtar. Er ist aber seiner selbst nicht sicher genug, die Tadel aus seinem Kopf zu verbannen, die ihm seit langer Zeit anhaften. So schämt er sich zum Beispiel, trotz seiner unterwürfigen Haltung gegenüber Gretta, ihrer Herkunft aus dem Westen Irlands. Er kann die Erinnerung an die Bemerkung seiner toten Mutter nicht ertragen, Gretta sei eine »Plietsche vom Land«, und als Miss Ivors von Gretta sagt: »Sie stammt doch aus Connacht, nicht wahr?«, antwortet er kurz: »Ihre Familie, ja.« Er hat sie aus diesem Sumpf gerettet. Miss Ivors' Vorschlag, einer Anhängerin der Gälischen Liga würdig, seine Ferien auf den Aran-Inseln zu verbringen, wo (im Westen) Irisch gesprochen wird, verwirrt ihn. Das ist gerade der Fleck in der Vergangenheit seiner Frau, den er zu vergessen wünscht. Über weite Strecken der Geschichte verknüpfen Gabriels Gedanken den Westen Irlands mit der Vorstellung einer dunklen und

1 Gerhard Friedrich: »Bret Harte as a Source for James Joyce's ›The Dead‹«, *Philological Quarterly*, XXXIII, Oktober 1954, S. 442–4.

2 Der Name von Conroys Gattin Gretta wurde bei einer anderen Freundin entliehen, Gretta (in Wirklichkeit Margaret) Cousins, die Frau von James H. Cousins. Da Joyce zur gleichen Zeit, da er über »Die Toten« nachdachte, in einem Brief die Gefahr erwähnt, ein »geduldiger Cousins« zu werden, erinnerte er sich offensichtlich damals an diese Familie.

recht peinlichen Primitivität, einem Zug seines Landes, dem er durch seine Reisen auf den Kontinent beharrlich auswich. Der Westen ist Wildheit; im Osten und Süden trinken die Leute Wein und tragen Galoschen.

Gabriel ist in seiner Überzeugung etwas erschüttert worden, hält aber daran bis zum Ende fest. Ohne daß es ihm bewußt wird, wird sie durch das Lied »Die Dirn von Aughrim« herausgefordert. Aughrim ist ein kleines Dorf im Westen, nicht weit von Galway. Das Lied hat noch eine besondere Bedeutung; es handelt von einer Frau, die, von Lord Gregory verführt und im Stich gelassen, mit ihrem Baby durch den Regen kommt und um Einlaß in sein Haus bittet. Es bringt die ländliche Mutter und den gebildeten Verführer zusammen; Gabriel hört aber den Worten nicht zu, er betrachtet nur seine Frau beim Zuhören. Joyce hatte diese Ballade von Nora gehört; vielleicht zog er auch in Erwägung, Tom Moores »O, Ye Dead« in die Geschichte zu verarbeiten, muß dann aber eingesehen haben, daß »Die Dirn von Aughrim« die Beziehung zum Westen und Michael Fureys Besuch bei Gretta im Regen besser zum Ausdruck bringt. Aber die Idee, überhaupt ein Lied zu verwenden, mag ihm gut als Folge der Erregung gekommen sein, die Moores Lied in ihm hervorrief.

Dann gehen Gretta und Gabriel zum Gresham Hotel, Gabriel befeuert durch seine lebende Frau und Gretta niedergeschlagen durch die Erinnerung an ihren toten Geliebten. Er hört nun zum erstenmal von dem jungen Mann in Galway, dessen Namen Joyce geschickt von Sonny oder Michael Bodkin in Michael Furey abgeändert hat. Der neue Name läßt – wie der Gegensatz zwischen dem streitbaren Michael und dem freundlich-sanften Gabriel – jene heftige Leidenschaft ahnen, die in ihrer Galwayer Vergangenheit, nicht in ihrer Dubliner Gegenwart lebt. Gabriel versucht Michael Furey herunterzumachen. »Was war er?« fragt er, im Vertrauen, daß sein eigener Beruf als Sprachlehrer (den er natürlich mit

Joyce gemeinsam hat) überlegen sei. »Er hat im Gaswerk gearbeitet«, antwortete sie, als sei dieser Beruf ebenso gut wie irgendeiner. Dann setzt Gabriel nochmals an: »Und woran ist er so jung gestorben, Gretta? Schwindsucht, ja?« Er hofft, die übliche Mitleidsbekundung zu hören, aber Gretta bringt ihn mit ihrer Antwort: »Ich glaube, er ist meinetwegen gestorben«, zum Schweigen und entsetzt ihn.[1] Da Joyce ja bereits zu verstehen gegeben hatte, daß Michael Furey Tuberkulose hatte, liegt in dieser Antwort Grettas ein feiner Doppelsinn. Sie behauptet den Egoismus der Leidenschaft und bietet unbewußt Gabriels vernünftiger Frage Trotz.

Jetzt unterliegt Gabriel dem toten Geliebten seiner Frau allmählich und wird zum Pilger auf den Wegen leidenschaftlicher Gefühle, die außerhalb seiner eigenen Erfahrung liegen. Vom biographischen Standpunkt aus bilden diese Schlußseiten eine der verschiedenen Achtungsbezeugungen, die Joyce der schlichten Redlichkeit seiner Frau zollt. Nora Barnacle war trotz ihrem Mangel an Erziehung unabhängig, unbefangen und handelte instinktiv richtig. Gabriel wird sich derselben Ganzheit in seiner Frau bewußt und erkennt im Westen Irlands, in Michael Furey, eine Leidenschaft, die ihm immer gefehlt hat. »Es war besser, kühn in jene andere Welt hinüberzugehen, mit der ganzen Glorie einer Leidenschaft, als kläglich vor Alter zu schwinden und zu verwelken«, läßt Joyce Gabriel denken. Und dann folgt jener merkwürdige Satz im Schlußabschnitt: »Die Zeit war für ihn gekommen, seine Reise gen Westen anzutreten.« Als abgedroschene Redensart würde das besagen, jede Reise nach dem Westen führe zum Tode, aber der Westen hat in dieser Novelle eine eigene Bedeutung. Gretta Conroys Westen ist der Ort, wo das Leben

1 Adaline Glasheen hat hier ein Echo aus Yeats' nationalistischem Stück *Cathleen ni Houlihan* (1902) entdeckt, wo ein altes Weib, das Irland symbolisiert, ein Lied vom »strohblonden Donough, der in Galway gehängt wurde«, singt. Als sie gefragt wird: »Was war es, das ihm diesen Tod eintrug?« antwortet sie: »Er starb aus Liebe zu mir; viele Männer sind aus Liebe zu mir gestorben.«

einfach und leidenschaftlich gelebt worden war. Kontext und Formulierung lassen ahnen, daß sich Gabriel am Einschlafen befindet und halb bewußt annimmt, was er bisher verschmähte: die Möglichkeit einer wirklichen Reise nach Connacht. Was der Satz endlich auf der Gefühlsebene bekräftigt, ist das westliche primitive, naturhafte und impulsive Land, dem sich Gabriel zuvor entfremdet fühlte; in der Erzählung ist der Westen aber paradoxerweise auch mit Vergangenheit und Tod verknüpft. Er ist wie Tante Julia Morkan, die, wenn auch unwissend, alt, grauhäutig und abgestumpft, bei ihrem Lied in der Gesellschaft »die Erregung raschen und sicheren Fluges« fühlt.
Der Ton des Satzes: »Die Zeit war für ihn gekommen, seine Reise gen Westen anzutreten«, klingt etwas resigniert. Er legt ein Zugeständnis, einen Verzicht nahe, und Gabriel gesteht auch vieles ein und leistet Verzicht – auf sein Gefühl der Wichtigkeit zivilisierten Denkens, auf kontinentalen Geschmack, auf all diese lauen, aber genauen Unterscheidungen, worauf er so stolz war. Die Seifenblase seiner Selbstbeherrschung ist geplatzt, er beherrscht sich nicht mehr selbst; und sich nicht mehr zu beherrschen ist in gewisser Weise der Tod. Es ist eine Selbstaufgabe, nicht unähnlich der Fureys, und durch Gabriels Kopf zieht die Bilderwelt des Kalvarienberges. Er stellt sich den Schnee auf dem Friedhof in Oughterard vor, wie er »in dichten Wehen auf den krummen Kreuzen und Grabsteinen, auf den Speeren des kleinen Tors, auf den welken Dornen« liegt. Er denkt an Michael Furey, der, wie Gretta sagte, ihretwegen gestorben war, und beneidet ihn um sein Opfer für eine andere als die christliche Liebe. In einem gewissen Ausmaß stirbt auch Gabriel für sie, indem er aufgibt, was er an sich am meisten liebte, alles, was ihn von den schlichteren Menschen in der Gesellschaft trennte. Er fühlt sich Gretta durch Mitgefühl, wenn nicht gar durch Liebe eng verbunden, jetzt, da sie beide Jugend, Schönheit und Leidenschaft hinter sich gelassen haben.

Er fühlt sich auch ihrem toten Geliebten verbunden, auch einem Lamm, das auf ihrem Altar geopfert wurde, obwohl auch sie jetzt verbrannt wurde. Er fühlt keinen Groll, nur Mitleid. In seinem eigenen Selbstopfer ist er sich einer melancholischen Vereinigung zwischen Lebenden und Toten bewußt.

Gabriel, der seines eigenen Vaterlands überdrüssig war, wird unweigerlich zu einem schweigenden Tribut an dieses Land gedrängt, der viel bedeutsamer ist als seine auf der Gesellschaft gesprochenen Worte. Er hatte Illusionen über die Richtigkeit eines Lebensstils, wie er außerhalb Irlands gepflegt wurde, aber durch die Erfahrung mit seiner Frau akzeptiert er eine Art Bindung, ja sogar eine Bewunderung für einen Teil des Landes und einen Lebensstil, der höchst irisch ist. Irland erweist sich als stärker, als kräftiger als er. Auch am Ende des *Porträt* macht Stephen Dedalus, der sich so energisch dem Nationalismus widersetzte, eine ähnliche Konzession, wenn er seine Abreise aus Irland als Versuch deutet, ein Bewußtsein seines Volkes zu schmieden.

Joyce hat die Ereignisse, die seine Novelle beschließen, die zweiten Flitterwochen Gabriels und Grettas, die ein so böses Ende nehmen, nicht erfunden. Seine Kompositionsmethode gleicht stark der T. S. Eliots: geistige Vertiefung eines zufälligen Stoffes durch die Einbildungskraft. Die Methode gefiel Joyce nicht besonders, weil sie ihm nicht schöpferisch genug war, aber es war die einzige Art, wie er arbeiten konnte. Den Schluß für »Die Toten« borgte er aus einem anderen Buch. In diesem Buch erhalten Braut und Bräutigam in ihrer Hochzeitsnacht die Nachricht, daß eine junge Frau, welcher der Gatte eben erst den Laufpaß gegeben, Selbstmord begangen hat. Die Nachricht trennt sie. Sie bittet ihn, sie nicht zu küssen, und beide werden von Gewissensbissen gequält. Der Hochzeitsakt bleibt unvollzogen, und die Frau schläft schließlich ein, während der Gatte ans Fenster tritt und »in die melancholisch graue Dämmerung« hinausblickt. Zum erstenmal

erkennt er mit der Gewalt einer Offenbarung, daß sein Leben ein Fehlschlag ist und seine Frau der Leidenschaft des Mädchens ermangelt, das sich getötet hat. Er beschließt, da er ja keines belangvolleren Lebens mehr würdig ist, zu versuchen, wenigstens sie glücklich zu machen. Dies ist sicherlich die Ausgangssituation, die Joyce so geschickt umarbeitete. Die tote Geliebte, die zwischen die Liebenden tritt, des Gatten Gefühl des Versagens, die Annahme der Mittelmäßigkeit, der Entschluß, auf alle Fälle Mitgefühl zu bezeigen, all das kommt aus dem anderen Buch. Aber Joyce verwandelt es. Er läßt zum Beispiel Gretta ihren Mann küssen, doch ohne Leidenschaft, und er verfeinert die Situation, indem er sie nicht aus einem Selbstmord, sondern aus der Erinnerung an eine frühe Liebe erstehen läßt. Das Buch, an das Joyce sich anlehnte, wird heute kaum mehr gelesen: George Moores *Vain Fortune*. Doch Joyce las[1] und lobte es in seinem frühen Essay *Der Tag des Pöbels* übermäßig als »schönes, ursprüngliches Werk«.
Moore erwähnt jedoch keinen Schnee. Niemand weiß, wie Joyce die Schlußerfahrung Gabriels mit dem Schnee in Verbindung brachte. Er hatte aber immer eine Vorliebe für Hintergründe dieser Art, wie auch die Verwendung des Kamins im »Efeutag« verdeutlicht oder die Straßenlampen in den »Zwei Kavalieren« und der Fluß in *Finnegans Wake*. Der Schnee scheint kaum der Tod zu sein, wie so viele behauptet haben, denn er fällt auf Lebende und Tote gleichermaßen, und daß Tod auf die Toten fallen solle, wäre ein Pleonasmus, dessen sich Joyce nicht schuldig gemacht hätte. Der »Schneefall in ganz Irland« ist natürlich in diesem Lande etwas ganz Ungewöhnliches. Die schöne Beschreibung: »Schnee fiel überall auf die dunkle Zentralebene, auf die baumlosen Hügel, fiel sacht auf den Bog of Allen, und, weiter gen Westen, fiel er sacht in die dunklen aufrührerischen Wellen des Shan-

1 Als er »Die Toten« schrieb, frischte er offenbar sein Gedächtnis an dieses Buch wieder auf, denn sein Exemplar von *Vain Fortune*, das sich jetzt in Yale befindet, trägt das Datum »März 1907«.

non«, wurde von Joyce wohl aus einem berühmten Vergleich im zwölften Buch der Ilias übernommen, den Thoreau wie folgt übersetzt: »Die Schneeflocken fallen dick und rasch auf einen Wintertag. Die Winde haben sich gelegt, und der Schnee fällt ohn Unterlaß, bedeckt die Bergspitzen und die Hügel und die Ebenen, auf denen Lotusbäume wachsen, und die bebauten Felder, und sie fallen auf die Buchten und Küsten der schäumenden See, werden aber schweigend von den Wogen aufgelöst.« Doch Homer beschrieb einfach die Dichte der Pfeile im Kampf zwischen Griechen und Trojanern, und wenn auch Joyce seine topographischen Einzelheiten zu übernehmen scheint, braucht er das Bild hier hauptsächlich doch für ein ähnliches Gefühl des Drängens und stummen Drucks. Wo Homer von den Wogen spricht, die den Schnee schweigend auflösen, fügt Joyce die letzte Einzelheit der »aufrührerischen Wellen des Shannon« hinzu, welche die Furey-Eigenschaft [fury = Wildheit, Wut] des Westens andeutet. Der Schnee, der auf Gabriel, Gretta und Michael Furey fällt, auf die Jungfern Morkan, auf die toten Sänger und die lebenden, symbolisiert die Gegenseitigkeit, das Gefühl ihrer Wechselbeziehungen, ein Gefühl, daß keiner sein Alleinsein besitzt. Die Gäste auf der Gesellschaft ziehen die toten Sänger den lebenden vor, die Frau einen toten Geliebten einem lebenden.

Der Schnee steht aber nicht isoliert in dieser Novelle. Er ist Teil einer komplexen Bilderwelt, die neben dem Schnee auch Hitze und kühle Luft, Feuer und Regen umfaßt. Die Beziehungen dieser Elemente unter sich sind nicht einfach. Während der Gesellschaft scheinen die lebenden Menschen, ihre Festlichkeiten und die ganze menschliche Gesellschaft, im Gegensatz zu stehen zur Kälte, die draußen herrscht, wie die Wärme von Gabriels Hand auf der kalten Fensterscheibe. Diese Wärme aber wird von Gabriel als stickig und einengend empfunden, und die Kälte draußen wird wiederholt mit Duftendem und Frischem in Beziehung gebracht. Die

Kälte, die schneidende Schärfe, findet ihren Höhepunkt in dem Bild Michael Fureys in Regen und Dunkelheit der Galwayer Nacht.

Noch eine andere Wärme spielt in dieser Novelle eine Rolle. In Gabriels Erinnerung an seine eigene Liebe zu Gretta kommen ihm gewisse Ereignisse in der Geschichte seiner Liebe wie Sterne vor, die mit reinem und fernem Licht strahlen und ihm Augenblicke seiner Leidenschaft für sie ins Gedächtnis rufen, die das Feuer der Sterne atmeten. Die Ironie dieses Bildes liegt darin, daß diese harte und schöne Erfahrung, obwohl er sie bis zu dieser Stunde noch nicht kannte, unvollständig ist. Er gebraucht eine vielsagende Metapher: er erinnert sich an einen Augenblick des Glücks, als er mit Gretta in der Kälte stand und durch ein vergittertes Fenster auf einen Mann schaute, der in einem dröhnenden Ofen Flaschen blies. Plötzlich rief er dem Mann zu: »Ist das Feuer heiß?« Diese Frage faßt seine naive Isoliertheit zusammen;[1] hätte der Mann am Ofen die Frage gehört, denkt Gabriel, würde er vielleicht grob geantwortet haben. Die Offenbarung dieser Nacht ist für Gabriel ähnlich grob. In dieser Nacht sieht er ein, daß Liebe ein Gefühl ist, das er nie ganz besaß.

Gabriel ist aber nicht all unserer Gefühle beraubt. Durch die ganze Geschichte hindurch verspürt man eine Zuneigung zu diesem Mann, der zwar nicht über die schärfsten und leidenschaftlichsten Wahrnehmungen verfügt, aber doch großzügig und rücksichtsvoll ist. Das Heftige und das Mäßige können sich begegnen; Heftigkeit bricht aus und erlöscht, das Gemäßigte kann es bewundern und bemitleiden und das Schicksal teilen, das beide Menschentypen zum Alter und zum Tode führt. Der fernste Punkt der Liebe, dessen Gabriel fähig ist, liegt in der Vergangenheit. Fureys Leidenschaft ist vergan-

1 Ellmanns Deutung beruht auf einer Lesart (»rief er dem Mann zu«), die irrtümlicherweise »he« statt »she« enthielt und die erst in der kritisch edierten Ausgabe von Scholes (1967) berichtigt worden ist. Vgl. *Dubliner*, Frankfurt 1969, S. 218.

gen, wegen seines plötzlichen Todes. Gretta ist wohl am meisten zu bemitleiden, weil sie Fureys Leidenschaft kennt und aus demselben Holz geschnitzt ist; sie stirbt zwar nicht, schwindet aber auf Gabriels Weg lebendig dahin. In dieser Nacht ist auch sie ermüdet, nicht mehr schön, und ihre Kleider liegen zerdrückt neben ihr. Der Schnee scheint an diesem Verfall teilzuhaben; von der Gesellschaft, von innen her betrachtet, ist er etwas Erstrebenswertes, Unerreichbares, und Gabriel beneidet ihn, wie er Michael Furey beneidete, als er zum erstenmal von ihm hörte. Am Ende aber, als die Gäste der Gesellschaft zur Droschke hinausgehen, liegt der Schnee streifen- und batzenweise, und dann wieder, vom Hotelzimmer aus betrachtet, gehört er allen Menschen an, ist er allgemein, gemeinsam. Unter seinem Baldachin werden alle Menschenwesen, ungeachtet des Grades ihrer Leidenschaftlichkeit, zu einer Einheit. Die Gegenseitigkeit liegt darin, daß alle Menschen fühlen und ihre Gefühle verlieren, daß alle aufeinander einwirken, alle Anspruch auf dieses Mitgefühl haben, das Gabriel nun auf Furey, Gretta, sich selbst und sogar auf Tante Julia ausdehnt.

In ihrer lyrischen, melancholischen Annahme all dessen, was Leben und Tod bieten, ist diese Erzählung eine Achse in Joyces Werk. Auch hier findet sich die Grundsituation des wirklichen oder nur vermuteten Ehebruchs, der sich durch das ganze Werk hindurchzieht. Es findet sich hier die typisch Joycesche Kollation der besonderen Einzelheit, die zu rhythmischer Intensität gesteigert wird. Der tiefste Sinn der Novelle, die wechselseitige Abhängigkeit von Lebenden und Toten, ist etwas, was ihn von früher Jugend an immer wieder stark beschäftigt hat. Zuerst hatte er den Gedanken im Jahre 1902 in seinem Essay über Mangan ausgedrückt, als er bereits von der Vereinigung sprach, die sich in der großen Erinnerung des Todes mit dem Leben vollzieht.[1] Schon damals hatte er wie Gabriel einzusehen begonnen, daß wir alle wie Rom

1 *Critical Writings*, London 1959, S. 83.

sind: unsere neuen Gebäude werden neben – und sogar zusammen mit – den alten Monumenten errichtet. In *Dubliner* baute er dann diesen Gedanken weiter aus. Die Wechselbeziehung zwischen Toten und Lebenden ist auch das Thema der ersten Novelle in *Dubliner* sowie der letzten. Sie ist auch Gegenstand von »Ein betrüblicher Fall«; aber eine noch engere Parallele zu den »Toten« ist die Erzählung »Efeutag im Sitzungszimmer«. Sie war in gewissem Sinne eine Antwort an seine Freunde auf der Universität, die sich über seine Bemerkung lustig machten, der Tod sei die schönste Form des Lebens, indem sie sie parodierten: Abwesenheit sei die höchste Form der Anwesenheit. Joyce hielt weder den einen noch den anderen Gedanken für widersinnig. Was den »Efeutag« mit den »Toten« verbindet, ist, daß der Ursprung der Handlung in beiden Novellen von einer Person ausgeht, die nie in Erscheinung tritt, die tot ist, abwesend. Joyce schrieb an Stanislaus, Anatole France habe ihm die Idee für beide Erzählungen gegeben. Es mag noch weitere Quellen in Frances Werk geben, eine aber ist sicher »Der Statthalter von Judäa«. Darin erinnert sich Pontius Pilatus mit einem Freund an die Tage, da er Statthalter von Judäa war, und beschreibt die Ereignisse jener Zeit mit römischer Vernunft, Ruhe und Eleganz. Weder sein Freund noch er erwähnen auch nur ein einziges Mal die Person, die wir sie zu diskutieren erwarten, den Stifter des Christentums nämlich, bis schließlich am Ende der Freund die Frage stellt, ob Pontius Pilatus sich zufällig an Jesus von Nazareth erinnere, und der erfahrene Verwalter antwortet: »Jesus? Jesus von Nazareth? Ich kann mich nicht an ihn erinnern.« Die Erzählung wird überschattet von der Person, an die sich Pilatus nicht mehr erinnern kann; ohne sie würde die Geschichte gar nicht existieren. Joyce wendet eine ähnliche Methode mit Parnell im »Efeutag« und mit Michael Furey in den »Toten« an.

Im *Ulysses* bewegt sich die entscheidende *Circe*-Episode in derselben Nebeneinanderstellung von Lebenden und Toten einem düsteren Ende zu: Stephen stellt sich der Geist seiner Mutter, Bloom der Geist seines Sohnes entgegen. Aber Joyces größter Triumph in der Bezeugung der Vertrautheit zwischen Lebenden und Toten sollte der Schluß von *Finnegans Wake* sein. Hier fließt Anna Livia Plurabelle, der Lebensfluß, dem Meere zu, das der Tod ist: das süße Wasser vermengt sich mit dem salzigen, ein bitteres Ende. Und doch stellt er auch eine Rückkehr zu ihrem Vater, dem Meer, dar, das eine Wolke erzeugt, die den Fluß werden läßt, und ihr Vater ist zugleich ihr Gatte, dem sie sich wie die Braut dem Bräutigam hingibt. Anna Livia geht zu ihrem Vater zurück, wie Gabriel nach Westen reist, im Gefühl, zu den Wurzeln seines Vaterlandes zurückzukehren. Wie er ist auch sie traurig und müde. Ihm erscheinen die Shannon-Wogen dunkel und aufrührerisch, für sie ist das Meer kalt und verrückt. In *Finnegans Wake* vereinigt sich Anna Livia nicht nur mit der Liebe, sondern auch mit dem Tode; wie Gabriel scheint sie dahinzuschwinden.

Daß Joyce diese Novelle im Alter von fünfundzwanzig oder sechsundzwanzig Jahren geschrieben hat, sollte nicht seltsam anmuten. Junge Schriftsteller erreichen ihre größte Beredsamkeit, wenn sie sich mit den Schrecken des mittleren Alters und was diesem nachfolgt auseinandersetzen. Aber über diese natürliche Neigung hinaus, die er auch mit anderen teilte, hatte Joyce einen besonderen Grund, 1906 und 1907 »Die Toten« zu schreiben. In seinem eigenen Denken hatte er seine Flucht aus Irland gründlich gerechtfertigt, hatte aber die Frage noch nicht entschieden, *wohin* er fliehen solle. In Triest und Rom hatte er wieder gelernt, was er in Dublin verlernt hatte: ein Dubliner zu sein. Wie er seinem Bruder mit einigem Erstaunen aus Rom geschrieben hatte, fühlte er sich gedemütigt, wenn jemand sein »verarmtes Vaterland« angriff. »Die Toten« ist sein erster Gesang aus der Verbannung.

(Aus: Richard Ellmann, *James Joyce*, Zürich 1961)

IX. Abbildungen und Karten

1 »Wir ergötzten uns am Schauspiel des Dubliner Handels . . .« *(Eine Begegnung)* – Dublin, untere Liffey-Quays.

2 »Wir entrichteten unser Fahrgeld und überquerten die Liffey auf der Fähre . . .« *(Eine Begegnung)* – Dublin, Liffey-Fähre nach Ringsend, gegenüber die Mündung des Dodder-Flusses.

3 »North Richmond Street war, als Sackgasse, eine stille Straße ... Ein unbewohntes zweistöckiges Haus stand an ihrem Ende, abgesondert von seinen Nachbarn auf einem viereckigen Grundstück. Die anderen Häuser der Straße, des ehrbaren Lebenswandels in ihrem Innern bewußt, sahen einander mit braunen unerschütterlichen Gesichtern an.« *(Arabia)* – Dublin, North Richmond Street.

5 »Als sie am Gitterzaun von Trinity College vorüberkamen, hüpfte Lenehan auf den Fahrdamm und spähte zur Uhr hinauf.« *(Zwei Kavaliere)* – Dublin, Grafton Street, rechts Trinity College (Jahrhundertwende).

←

4 »Jimmy machte sich daran, diesen hochvornehmen Wagen, in dem er saß, in Arbeitstage umzurechnen.« *(Nach dem Rennen)* – Dublin, Grafton Street (Jahrhundertwende).

6. »Einer sagte, daß er vor einer Stunde in der Westmoreland Street Mac gesehen habe.« *(Zwei Kavaliere)* – Dublin, Westmoreland Street (Jahrhundertwende).

7 »Er schritt an der Nordseite von Stephen's Green energisch aus ...« *(Zwei Kavaliere)* – Dublin, Stephen's Green North (Jahrhundertwende).

8 ». . . und trotzdem noch die Zwölfuhrmesse in der Marlborough Street mitzukriegen« *(Die Pension)* – Dublin, Pro-Cathedral in der Marlborough Street.

9 »Er tauchte unter dem feudalen Bogen der King's Inns auf, eine ordentliche bescheidene Figur, und ging rasch die Henrietta Street hinunter.« *(Eine kleine Wolke)* – Dublin, Henrietta Street mit den King's Inns im Hintergrund.

10 »Als er über die Grattan Bridge ging, blickte er flußabwärts zu den unteren Quays und bedauerte die armen verkümmerten Häuser.« *(Eine kleine Wolke)* – Dublin, Blick von der Grattan Bridge flußabwärts.

11 ». . . im lieben schmuddeligen Dublin.« *(Eine kleine Wolke)* – Dublin, Bull Alley (Jahrhundertwende).

12 »Von der Haustür an ging er verstohlen dicht an den Häusern entlang und tauchte plötzlich in einen Hauseingang. Im dunklen Hinterzimmer von O'Neills Kneipe war er jetzt in Sicherheit ...« *(Entsprechungen)* – Dublin, Eustace Street.

13 »Ein Mann mit sehr verdrossenem Gesicht stand an der Ecke der O'Connel Bridge und wartete auf die kleine Tram . . .« (*Entsprechungen*) – Dublin O'Connell Bridge (Jahrhundertwende). Links hinten die Nelson-Säule, w Maria in *Erde* aus der Tram steigt; über die O'Connell Bridge kommt auc die Droschke zum Gresham Hotel am Ende von *Die Toten*.

→

15 ». . . der auf dem Ormond Quay eine Schuhmanufaktur hatte.« (*Eine Mutter* – Dublin, Ormond Quay und Grattan Bridge, im Hintergrund der »Palast de Four Courts«, der sich (in *Die Toten*) »drohend vom schweren Himmel abhebt.

14 »Als er die Anhöhe des Magazine Hill erreicht hatte, blieb er stehen und blickte den Fluß entlang nach Dublin, dessen Lichter in der kahlen Nacht rötlich und einladend brannten.« *(Ein betrüblicher Fall)* – Dublin, Blick vom Magazine Hill im Phoenix-Park stadtwärts.

DEO UNI ET TRINO SUB INVOC·S·FRANCISCI·XAVERII·

17 »Das Querschiff der Jesuitenkirche in der Gardiner Street war nahezu voll ...« *(Gnade)* – Dublin, Jesuitenkirche in der Gardiner Street.

←

16 »Man braucht sich nur ihre Kirche anzusehen ...« *(Gnade)* – Dublin, Jesuitenkirche in der Gardiner Street.

18 »Er fiel auch überall auf den einsamen Friedhof oben auf dem Hügel, wo Michael Furey begraben lag.« *(Die Toten)* – Der Friedhof bei Oughterard.

Kartenlegende

1 »Die Schwestern«; ihr Laden liegt in der Great Britain (heute: Parnell) Street

2 »Eine Begegnung«

A Der Treffpunkt der Jungen auf der Canal Bridge

B Ihr unerreichtes Ziel: das Pigeon House

C Der Ort der »Begegnung« in Ringsend

3 »Arabia«; North Richmond Street

4 »Eveline«; North Wall Quay

5 »Nach dem Rennen«

A Naas Road

B Bank of Ireland

C Der Hafen von Kingstown

6 »Zwei Kavaliere«

A Rutland (heute: Parnell) Square

B Stephen's Green Ecke Hume Street

C Baggot Street

Die Linie zeichnet die Route nach, die Lenehan zusammen mit Corley und allein zurücklegt

7 »Die Pension«; Hardwicke Street

8 »Eine kleine Wolke«

A Die King's (bzw. Queen's) Inns, Little Chandlers Arbeitsstätte

B Die Grattan Bridge, auf der Little Chandler seinen poetischen Augenblick erlebt

C Corless' in der St. Andrew Street

9 »Entsprechungen«

A Eustace Street, Farringtons Arbeitsgegend

B Die Gegend von Farringtons Zechtour (»Scotch House« und »Mulligan's«)

C Farringtons Wohngegend an der Shelbourne Road

10 »Erde«

A Ballsbridge, wo sich die Waschanstalt »Dublin by Lamplight« befindet

B Die Nelson-Säule auf der Sackville (heute: O'Connell) Street

C Die Canal Bridge auf der Strecke nach Drumcondra

11 »Ein betrüblicher Fall«

A Chapelizod, Mr. Duffys Wohnort

B Baggot Street, wo Mr. Duffy arbeitet

C Sydney Parade, wo Mrs. Sinico ums Leben kommt

D Die Anhöhe im Phoenix Park

12 »Efeutag im Sitzungszimmer«; Wicklow Street

13 »Eine Mutter«; Antient (auch: Ancient) Concert Rooms in der Great Brunswick (heute: Pearse) Street

14 »Gnade«

A Grafton Street; hier kommt Mr. Kernan zu Fall

B Glasnevin Road, wo Mr. Kernan wohnt

C Gardiner Street; hier befindet sich die Jesuitenkirche

15 »Die Toten«

A Usher's Island, wo die Jungfern Morkan wohnen

B Das Gresham-Hotel in der Sackville Street

Die Innenstadtkarte ist dem Baedeker-Reiseführer »Großbritannien« (Leipzig, 1906) entnommen; der Karte der Dubliner Bucht liegt der »Ordnance Survey of Ireland« (Dublin, 1968) zugrunde. Beide Karten wurden für diese Ausgabe bearbeitet vom »Büro für Grafik Design«, Hamburg.

DUBLIN
N. Richmond St.
Richmond District Lunatic Asylum
Hospitals
Abattoir
Constabulary Barracks
PHOENIX PARK
Peoples Garden
Wellington Testimonial
Royal Military Infirmary
Mil. Hospital
Ordn. Stores
Military Hospital
Garrison
Blue Coat Hosp.
Esplanade
RIVER LIFFEY
Parkgate St.
Kings Br.
Goods Depot
Kings Bridge Station
Barracks
Steevens Hospital
Swift's Hospital
Royal Hospital
Brewery
South Union Workhouse
Auxiliary Workhouse
Distillery
Foundry
Fever Hospital
Harcourt Br.
Griffith Br.
Harberton Br.
Dolphins Barn
Camac Br.
New Market
St. Nicholas
St. Audoens
Cook Street
St. Michans Ch.
Four Courts
Withworth Hosp.
Goods Store
Broadstone Station
Queens Inns
Presbyt. Chu.
Rotunda
National Schools
Amiens Street Station
Inner Dock
Old Dock
George's Dock
Custom House
North Wall Station
Sir John Rogersons Qu.
Sailors' Home
Gas Works
Grand Canal Dock
Trinity College
College Park
Westland Row Station
Merrion Square
Leinster Lawn
Natl. Gallery
Mansion House
Museum
St. Stephens Green
St. Vincent Hosp.
Catholic University
Royal University
Harcourt St. Station
St. Patricks Cathedral
Moravian Ch.
St. Kevins
Meath Hospital
Stephens Chu.
Beggars Bush Barracks
Episcopal H.
Pembroke Road
Harrington St.
Clanbrassil St.
St. Patricks Hospital
11D
15A
8A
8B
9A
8C
5B
1
6A
7
14C
3
2A
15B
9B
4
13
12
14A
11B
6B
6C
9C
Feet
Mile
Métres

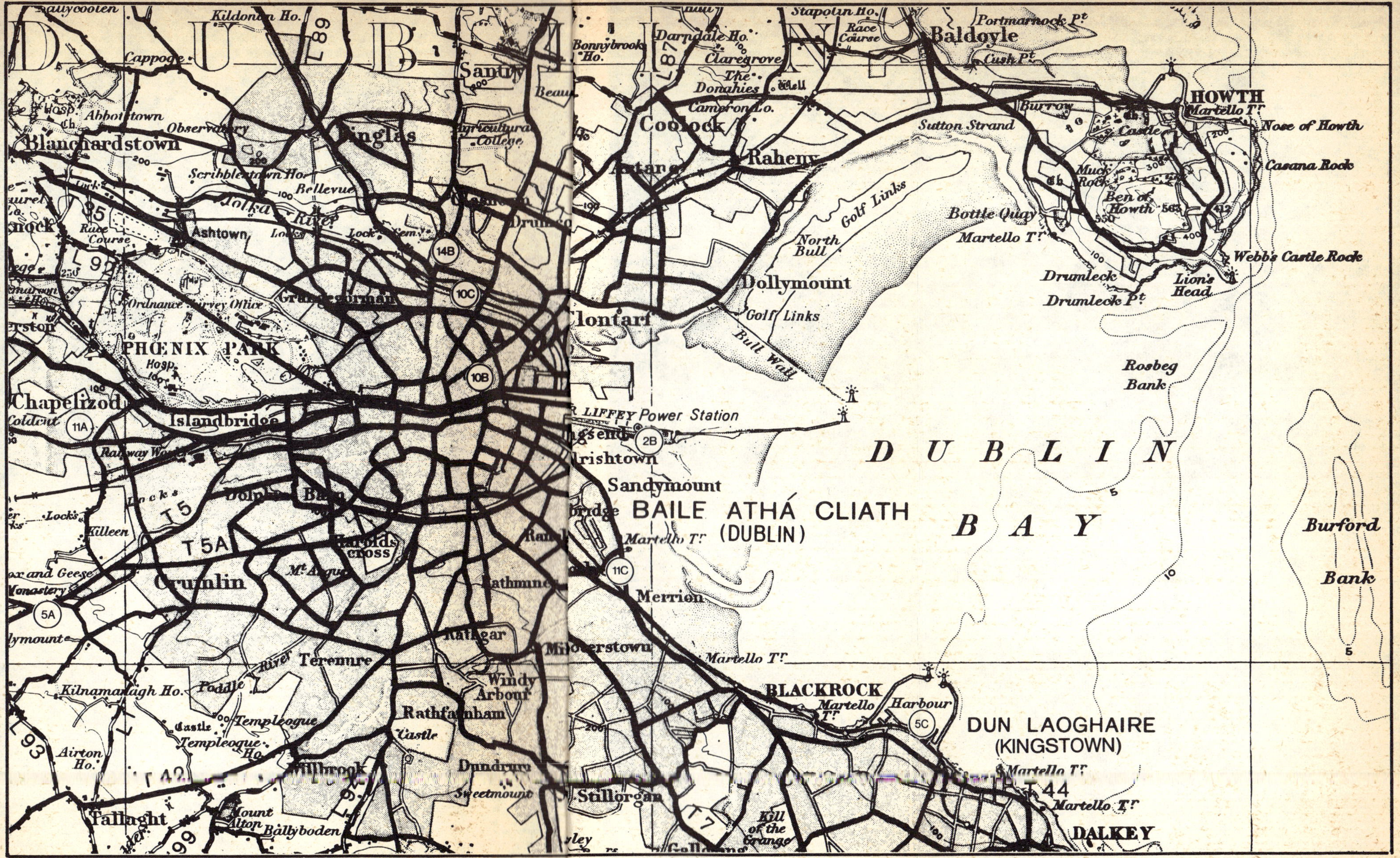

DUBLIN
Kildonan Ho.
L 89
Stapolin Ho.
Race Course
Portmarnock Pt
Baldoyle
Cappoge
Santry
Bonnybrook Ho.
Darndale Ho.
Claregrove
The Donahies
Cameron Lo.
L 87
Cush Pt
Burrow
HOWTH
Martello Tr
Nose of Howth
Castle
Casana Rock
Muck Rock
Ben of Howth
Abbotstown
Observatory
Blanchardstown
Dinglas
Agricultural College
Coolock
Raheny
Sutton Strand
Scribblestown Ho.
Bellevue
Tolka River
Artane
Golf Links
Bottle Quay
Martello Tr
North Bull
Race Course
Ashtown
Lock
Webb's Castle Rock
L 92
14B
10C
Dollymount
Drumleck
Drumleck Pt
Lion's Head
Ordnance Survey Office
Grangegorman
Clontarf
Golf Links
Bull Wall
PHOENIX PARK
Hosp.
10B
Rosbeg Bank
Chapelizod
11A
Islandbridge
R. LIFFEY
Power Station
2B
Irishtown
DUBLIN
BAY
Railway Works
Sandymount
Locks
T 5
Dolphins Barn
BAILE ATHÁ CLIATH
(DUBLIN)
Killeen
Martello Tr
T 5A
Harolds Cross
Burford Bank
Fox and Geese
Monastery
Crumlin
Mt Argus
11C
Rathmines
Merrion
5A
Rathgar
Milltown
Terenure
Martello Tr
Kilnamanagh Ho.
Windy Arbour
BLACKROCK
Harbour
Templeogue
Rathfarnham
Martello Tr
5C
DUN LAOGHAIRE
(KINGSTOWN)
L 93
Castle
Templeogue Ho.
Airton Ho.
Dundrum
Martello Tr
Willbrook
T 42
Sweetmount
Stillorgan
T 44
Martello Tr
T 7
Kill of the Grange
Tallaght
Mount Alton
Ballyboden
DALKEY

X. Anmerkungen zu »Dubliner«

Die folgenden Anmerkungen wurden aus der gesamten Sekundärliteratur, hauptsächlich aber aus

James Joyce, *Dubliners, Text, Criticism, and Notes*, hrsg. von Robert Scholes und Walton Litz, New York, 1969,

Don Gifford, *Notes for Joyce*, New York, 1967,

Marvin Magalaner, *Time of Apprenticeship: The Fiction of Young James Joyce*, London und New York, 1959,

James Joyce's Dubliners: Critical Essays, hrsg. von Clive Hart, London 1969,

ausgesucht und zusammengestellt und ergänzt von den Herausgebern.

Die Ziffern vor den Anmerkungen beziehen sich auf Seiten- und Zeilenzahl der Neuübersetzung der *Dubliner* von Dieter E. Zimmer, die als Band I der Frankfurter Ausgabe der Werke von James Joyce im Herbst 1969 im Suhrkamp Verlag, Frankfurt am Main, erschienen ist.

»Die Schwestern«

»Die Schwestern« wurde als erste der *Dubliner* Erzählungen geschrieben. Eine frühe Fassung (s. S. 9) erschien in einer Dubliner Wochenzeitschrift der Landwirtschaftsgazette *The Irish Homestead*, am 13. August 1904. Diese frühe Fassung, die als selbständige Geschichte konzipiert war, wurde später wesentlich überarbeitet, als Joyce sie zur »programmatischen« Erzählung der ganzen Sammlung machte.

7,8 *daß zu Häupten eines Leichnams zwei Kerzen aufgestellt werden müssen* – es handelt sich um eine irische Sitte, nicht um den Teil eines vorgeschriebenen religiösen Rituals.

7,14 *das Wort Gnomon im Euklid* – Gnomon ist ein Ergänzungsparallelogramm. Damit werden die flächengleichen Parallelogramme bezeichnet, die entstehen, wenn durch einen Diagonalpunkt zu den Seiten eines Parallelogramms parallele Geraden gezogen werden. – Im Jargon der Schuljungen bedeutet »der Euklid« jedes Geometrie-Lehrbuch, das auf den *Elementen* des griechischen Mathematikers Euklid (um 300 v. Chr.) basierte.

7,15 *das Wort Simonie im Katechismus* – mit Simonie wird der Kauf oder Verkauf von geistlichen Ämtern oder Dingen bezeichnet. Der Ausdruck stammt aus dem biblischen Bericht über Simon Magus, einen samarischen »Zauberer«, der von der geistlichen Kraft der Apostel beeindruckt war und ihnen Geld für das Geheimnis bot (Apostelgeschichte 8, 18/19). Nach dem römisch-katholischen Katechismus gilt Simonie als Sünde wider das Erste Gebot.

8,33 *Rosenkreuzer* – im engeren Sinn die Bezeichnung für einen Angehörigen des mystischen Ordens von Pater Christian Rosenkreuz, eines legendären Mannes, der auf einer Pilgerreise im 15. Jahrhundert die geheime Weisheit des Ostens gefunden haben soll. In weiterem Sinn wurde die Bezeichnung zu einem Slang-Ausdruck für jemanden, der zu Träumerei und Weltfremdheit neigte. Das Studium des Rosenkreuzertums und anderer esoterischer Systeme war um die Jahrhundertwende bei den Intellektuellen Dublins sehr populär.

9,29 *den Simonisten loszusprechen* – die Strafe für Simonie ist die Exkommunizierung, die »einzig dem Heiligen Stuhl vorbehalten ist«.

9,31 *Great Britain Street* – heute Parnell Street.

11,2 *am Irischen Kolleg in Rom* – eine von Irland finanzierte Gründung in Rom zur Ausbildung irischer Priester. Das Kolleg wurde 1628 eröffnet, bis 1772 von Jesuiten, danach von italienischen Priestern geleitet. 1798 wurde es von Napoleon geschlossen, 1826 wieder eröffnet.

14,14 *für den Freeman's General* – »Freeman's *Journal* and National Press«, eine Dubliner Tageszeitung gemäßigter Richtung.

15,9 *Irishtown* – es war keine weite Reise, von der Pater Flynn träumte: Irishtown ist ein ärmlicher Stadtteil Dublins, knapp drei Kilometer östlich des Stadtzentrums.

15,12 *die mit den rheumatischen Rädern* – Eliza verwechselt »pneumatisch« mit »rheumatisch« (vgl. 14,14).

15,35 *der Junge war schuld* – der Meßdiener, der dem Priester am Altar beisteht und die Kerzen trägt.

»Eine Begegnung«

»Eine Begegnung« entstand als neunte der Erzählungen, sie war in der Zeit vor dem 18. September 1905 abgeschlossen. In *Meines Bruders Hüter* schildert Stanislaus Joyce die Entstehung der Geschichte, s. S. 143 f.

17,3 The Union Jack, Pluck *und* The Halfpenny Marvel – Magazine mit beliebten Abenteuergeschichten für Jungen, die den mehr auf Sensation ausgerichteten »Schund« der Groschenhefte durch »saubere, gesunde« Geschichten ersetzen sollten. Sie handelten von Indianern, Seeleuten, Abenteuer- und Forschungsreisen.

17,12 *zur Acht-Uhr-Messe jeden Morgen in die Gardiner Street* – in die Jesuitenkirche St. Francis Xavier, in der auch der Bußgottesdienst am Ende der Erzählung »Gnade« stattfindet.

18,16 *College* – wahrscheinlich Belvedere College, Great Denmark Street, eine Jesuitenschule für Jungen. Joyce besuchte sie von 1893 bis 1898. In den Kapiteln 2, 3 und 4 von *A Portrait of the Artist as a Young Man* werden die Jahre, die Stephen Dedalus am Belvedere College verbringt, geschildert.

18,20 *National-Schule* – von der Regierung unterstützte nationale Schulen, nach englischen und protestantischen Grundsätzen geführt und von katholischen Erziehern mit Mißtrauen betrachtet als Teil einer englischen Verschwörung, Irland religiös, sozial und politisch noch mehr unterzuordnen. Die National-Schulen galten auch gesellschaftlich als minderwertig.

19,7 *Pigeon House* – ein Elektrizitätswerk auf dem Damm, der sich auf der Südseite der Liffey in die Bucht von Dublin hinein erstreckt; von Ringsend bis zum Pigeon House hätten die beiden Jungen noch etwa zweieinhalb Kilometer zu laufen gehabt. Das »Tauben«-Haus (pigeon) ist wahrscheinlich nach einem früheren Beamten John Pigeon benannt, es diente früher als Befestigungswerk und als Hotel.

19,26 *Pfeifenton* – sehr plastischer und reiner Ton von gräulichweißer Farbe vorwiegend zur Herstellung von Pfeifen.

19,27 *Pferde, die einen Tramwagen ... zogen* – 1872 wurden in Dublin Pferdestraßenbahnen eingeführt; diese wurden 1901 durch zweistöckige elektrische Straßenbahnen ersetzt; ab 1949 wurden auch die aus dem Verkehr genommen, heute gibt es nur noch Busse. Die Art der Straßenbahnen ist ein Indiz für die Datierung der Erzählungen.

20,24 *Blauköpfe* – ein Schimpfwort für Protestanten.

20,26 *das Smoothing Iron* – Eingang zu einer Badestelle am Meer (bei der East Wall Road) in der Form eines Bügeleisens. Die ganze Stelle entlang der Küste wurde später aufgefüllt.

21,35 *Ringsend* – ein ärmlicher Stadtteil Dublins bei der Mündung der Liffey ins Meer. Ringsend war früher der Hafen, der die Verbindung zu England und dem Kontinent darstellte. 1646 landete Oliver Cromwell mit seinem Invasionsheer in Ringsend.

22,11 *die Dodder* – ein Nebenflüßchen der Liffey.

22,28 *einen Bibi* – einen Homburg.

23,12 *die Gedichte von Thomas Moore oder die Werke von Sir Walter Scott und Lord Lytton* – Thomas Moore (1779 bis 1852), irischer Poet und Liederdichter; Sir Walter Scott (1771–1832), schottischer Dichter und Romancier; Edward George Earle Lytton Bulwer-Lytton (1803–1873), englischer Romancier und Dramatiker. Alle drei Dichter waren für ihre romantischen Themen und Situationen berühmt.

23,21 *Werke von Lytton, die nichts für Jungen seien* – Bulwer-Lyttons Romane waren mit didaktischer Absicht geschrieben, jedoch ließ die Freiheit der Stoffwahl (Horror und Übernatürliches, Verbrechen und soziale Ungerechtigkeit) viele Kritiker des neunzehnten Jahrhunderts an ihrer Aufrichtigkeit und Moral zweifeln. Skandale im Privatleben des Autors verstärkten den ungünstigen Ruf einiger seiner Werke.

»Arabia«

»Arabia« wurde als elfte Erzählung geschrieben und im Oktober 1905 beendet.

27,2 *Christian-Brothers-Schule* – eine von den Irish Christian Brothers, einem konservativen Laienorden, geführte Tagesschule. Die Christian Brothers wurden durch öffentliche Spenden unterstützt; sie berechneten sehr niedrige Gebühren für ihre Dienste und waren mehr an praktischer als an akademischer Erziehung interessiert. Die Joyce-Kinder besuchten diese Schule im Jahr 1893 für kurze Zeit. James und sein Vater fühlten, daß der Unterricht der Christian Brothers (der »prinzipiell, aber nicht ausschließlich für die Söhne der Armen und der Arbeiterklasse« bestimmt war) dem der Jesuiten sowohl sozial als auch intellektuell unterlegen war. So verachtete Joyce geradezu die Christian Brothers und den hündischen Gehorsam, den sie von ihren jungen und unreifen Schülern zu erzwingen schienen.

27,14 Der Abt *von Walter Scott* – 1820 geschrieben, behandelt der Roman Schottland und die Gefangenschaft der schottischen Königin Maria Stuart in Lochleven.

27,15 Der gottesfürchtige Kommunikant – das Buch erschien 1813, sein vollständiger Titel lautet *The Devout Communicant: or Pious Meditations and Aspirations for the Three Days Before and Three Days After Receiving the Holy Eucharist;* Verfasser war der Franziskaner Pacificus Baker (1695–1774).

27,16 Denkwürdigkeiten Vidocqs – das Buch erschien 1828–29 in London unter dem Titel *Memoirs of Vidocq, principal agent of the French police until 1827: and now proprietor of the paper manufactory at Mandé. Written by Himself.* François-Jules Vidocq (1775–1857) begann seine Laufbahn mit einer Gefängnishaft, wurde Informant, später Detektiv, dann wegen seiner zweifelhaften Methoden aus dem Polizeidienst entlassen.

27,33 *Cottages* – North Richmond Cottages, eine kleine, ärmlichere Querstraße der North Richmond Street.

28,6 *Unterhöfe* – englisch »areas«, bei vielen Dubliner Häusern der schmale lichte Raum vor dem Kellergeschoß, in dem sich die Küche und Wirtschaftsräume befinden. Vom Gehsteig aus führt in der Regel eine kleine Treppe über den »Unterhof« hinauf zur Haustür; zuweilen führt eine zweite Treppe hinab in den »Unterhof« zur Küche. Das Mädchen in der Erzählung »Zwei Kavaliere« steigt zunächst in den »Unterhof«, in den Domestikenbereich, und kommt über die herrschaftliche Haupttreppe wieder aus dem Haus heraus.

29,4 *einen come-all-you* – eine Gruppe von Bänkelliedern, die in Wirtshäusern oder auf den Straßen gesungen wurden und deren Anfangszeile immer »Come all you (oder ye)« lautete, z. B. »Come all you gallant Irishmen and listen to my song«.

29,4 *O'Donovan Rossa* – Jeremiah O'Donovan (1831–1915), bekannt unter dem Spitznamen »Dynamite Rossa«; irischer Nationalist, ein Führer der revolutionären Phoenix Society, wurde 1865 wegen revolutionärer Betätigung eingekerkert; 1870 wurde er in die Vereinigten Staaten verbannt, kehrte 1891 zurück und blieb bis 1900 in Irland.

29,31 *Arabia* (engl. Araby) – ein Bazar, der in Dublin vom 14. bis 19. Mai 1894 veranstaltet wurde. Als »Grand Oriental Fête« bezeichnet, verdankt der Bazar seinen Namen wahrscheinlich dem populären Lied »I'll Sing Thee Songs of Araby« (Text von W. G. Wills, vertont von Frederic Clay):

I'll sing thee songs of Araby,
And tales of far Cashmere,
Wild tales to cheat thee of a sigh,
Or charm thee to a tear;
And dreams of delight shall on thee break,
And rainbow visions rise,
And all my soul shall strive to wake
Sweet wonder in thine eyes.

(Lieder will ich dir singen von Arabia / und Sagen vom fernen Kaschmir, / wilde Sagen, dir einen Seufzer abzupressen / oder eine Träne abzuschmeicheln; / und Träume des Entzückens sollen über dich hereinbrechen / und Regenbogen-Visionen aufsteigen, / und meine ganze Seele soll streben, / süßes Verwundern in deinen Augen zu wecken.)

30,24 *freimaurerische Sache* – der Orden der Freimaurer wurde als Feind der katholischen Kirche angesehen. Die Tante des Jungen bringt den exotischen Bazar offensichtlich mit den geheimen Riten der Freimaurer in Verbindung.

32,12 *Des Arabers Abschied von seinem Roß* – »The Arab's Farewell to his Steed« (auch: »The Arab's Farewell to His Horse«), ein gefühlvolles Gedicht von Caroline Norton (1808–1877). Der Beginn einer Version des Gedichts lautet:

My beautiful! my beautiful!
  That standest meekly by
With thy proudly arched and glossy neck,
  And dark and fiery eye ...

(Meine Schöne! Meine Schöne! / Die du sanftmütig wartest / mit deinem stolz geschwungenen und schimmernden Nacken / und dem dunkel feurigen Auge.) Und der Refrain:

The stranger hath thy bridle rein –
  Thy master hath *his* gold –
Fleet-limbed and beautiful, farewell! –
  Thou'rt sold, my steed, thou'rt sold!

(Der Fremde hat deinen Zügel, / dein Herr der hat *sein* Gold – / Flinkfüßige und Schöne, lebe wohl! – / Verkauft bist du, mein Roß, du bist verkauft!) Der Schluß:

  'Tis false! 'tis false! – My Arab steed!
I fling them back my gold!

('s ist treulos! 's ist treulos! – Mein arabisches Roß / Ich werfe Ihnen mein Gold wieder hin!)

»Eveline«

»Eveline« entstand als zweite Erzählung; sie wurde zuerst in *The Irish Homestead* am 10. September 1904 veröffentlicht.

35,11 *ein Mann aus Belfast* – ein Außenseiter, ein Protestant aus dem Norden Irlands.

36,4 *Verheißungen ... die der Seligen Margareta Maria Alacoque gemacht worden waren* – geboren 1647 im burgundischen Janots, legte diese französische Nonne im Alter von vier Jahren ein Keuschheitsgelübde ab; sie bekannte später, daß sie in diesem Alter weder wußte, was ein Gelübde, noch was

Keuschheit war. Mit acht Jahren wurde sie in eine Klosterschule geschickt, wo sie die Nonnen durch ihre Frömmigkeit so beeindruckte, daß sie ein Jahr später zum ersten Mal kommunizieren durfte. Durch die Selbsttorturen, denen sie sich unterwarf (unter anderem schnitt sie sich den Namen »Jesus« mit einem Federmesser in der Brust), wurde sie gelähmt, dann aber auf wunderbare Weise geheilt, als sie ein heiliges Leben zu führen gelobte. 1673 hatte sie die erste ihrer Offenbarungen und Visionen. Sie gilt als Begründerin der Herz-Jesu-Andacht. Nach einem Leben schwerer Prüfungen und Krankheiten starb sie im Jahr 1690. Sie wurde 1864 seliggesprochen, von Papst Benedikt XV. 1920 heiliggesprochen.

Die Verheißungen von Jesus Christus an die selige Margareta Maria Alacoque sind in den Farbdrucken meist in Strahlen angeordnet, die von einer Figur Jesu Christi mit ausgestreckten Armen nach allen Seiten ausgehen; im ganzen gibt es zwölf solcher Verheißungen.

37,35 *Die Zigeunerin* – »The Bohemian Girl«, eine romantische irische Oper, 1843 erstaufgeführt. Musik von Michael William Balfe, Libretto von Alfred Bunn. Berühmt ist aus dieser romantischen Entführungsgeschichte, die auf einer Erzählung von Cervantes basiert, die Arie »I Dreamt that I Dwelt in Marble Halls«. Siehe auch die Erzählung »Erde«.

38,3 *vom Mädchen, das den Seemann liebt* – »The Lass that Loves a Sailor«, von dem englischen Dramatiker und Liederdichter Charles Dibdin (1745–1814).

The moon on the ocean was dimmed by a ripple,
Affording a chequered delight,
The gay jolly tars passed the word for the tipple
And the toast, for ’twas Saturday night.
Some sweetheart or wife, he loved as his life,
Each drank, and wished he could hail her,
But the standing toast that pleased the most,
Was the wind that blows, the ship that goes,
And the lass that loves a sailor.
. . . . .
Some drank our Queen and some our land –

Our glorious land of freedom!
Some, that our tars might never stand,
For heroes brave to lead 'em!
That beauty in distress might find,
Such friends as ne'er would fail her,
But the standing toast that pleased the most,
Was the wind that blows, and the ship that goes,
And the lass that loves a sailor.

(Den Mond auf dem Meer trübten kräuselnde Wellen, / sie formten ein Muster der Freude, / die lustig fidelen Teerjacken riefen zum Trunk / und zum Trinkspruch, denn es war Samstagabend. / Ein jeder trank auf einen Schatz oder eine Frau, die er liebte wie sein Leben, / und wünschte, er könnte sie herbeirufen, / doch war immer der Spruch, der am besten gefiel, / auf den wehenden Wind, und das Schiff, das schwimmt, / und das Mädchen, das den Seemann liebt. . . . Einige tranken auf unsere Königin, und einige auf unser Land – / unser glorreiches Land der Freiheit! / Einige, daß unseren Teerjacken niemals tapfere Helden fehlen mögen, sie zu führen! / Daß die bedrängte Schönheit Freunde finden möge, die sie niemals enttäuschten, / doch war immer der Spruch . . . usw.)

38,8 *für ein Pfund im Monat* – kein so geringer Lohn, wie es scheint, da das Geld zur freien Verfügung stand, sofern der Seemann nicht für seine Kleidung selbst aufkommen mußte. Die Durchschnittsheuer eines erfahrenen Matrosen betrug im Jahr 1900 £ 2/10 bis £ 3 im Monat.

38,8 *auf einem Schiff der Allan-Linie* – die Allan and Cunard Line American Steamers verkehrte zwischen Großbritannien und Nordamerika.

39,10 *Sixpence* – ungewöhnlich viel für einen Drehorgelspieler, der gewöhnlich einen Penny oder darunter erhielt.

39,19 *Derevaun Seraun* – (sprich: ˈ**dæɹəvɔːnsəˈɹɔːn** wahrscheinlich korruptes Gälisch. Der Ausdruck ist erklärt worden als »deireadh amháin saráin«, aus dem Dialekt von Galway, und würde ungefähr »am Ende nur Maden« bedeuten. – Eine ähnliche Deutung sieht darin eine gälische Wendung »Würmer, das einzige Ende« oder »Nur das Ende ist sicher«.

»Nach dem Rennen«

Dritte Erzählung in der Reihenfolge der Entstehung, wurde »Nach dem Rennen« zuerst am 17. Dezember 1904 in *The Irish Homestead* veröffentlicht. Anfang April 1903 interviewte Joyce in Paris den französischen Rennfahrer Henri Fournier; das Interview erschien am 7. April 1903 in *The Irish Times* (s. S. 18). Joyce hatte dieses Erlebnis offenbar in Erinnerung, als er »Nach dem Rennen« schrieb. Während *Dubliner* Gestalt annahm, wurde er immer unzufriedener mit der Form dieser frühen Erzählung; im August 1906 schrieb er an seinen Bruder Stanislaus, daß er sie gerne neu schreiben würde, und im November 1906 bezeichnete er »Nach dem Rennen« und »Ein betrüblicher Fall« als »die beiden schlechtesten Erzählungen«.

41,10 *ihrer Freunde, der Franzosen* – seit über zwei Jahrhunderten hatten die Iren in den Franzosen ihre möglichen künftigen Befreier von den Engländern gesehen. Zwischen 1796 und 1798 unternahmen die Franzosen mehrere Invasionsversuche, die scheiterten.

42,5 *fortgeschrittener Nationalist* – ein leidenschaftlicher Anhänger Parnells und der Home Rule für Irland.

42,7 *Kingstown* – heute Dun Laoghaire, Hafen- und Ferienort unmittelbar im Süden von Dublin.

42,10 *Lieferverträge mit der Polizei* – Verträge zur Versorgung der Gefängnisse, die gewöhnlich zu einem festen Preis pro Kopf abgeschlossen wurden. Die Verträge konnten äußerst lukrativ sein.

44,13 *Trambahnfahrer* – vgl. Anm. zu »Eine Begegnung«, 19,27.

44,14 *Bank* – Die Bank of Ireland im Zentrum der Stadt, gegenüber von Trinity College.

46,19 *Kingstown* – vgl. Anm. zu 42,7.

46,24 *Cadet Roussel* – ein französisches Trinklied mit aktuellen (und oft improvisierten) Strophen, das 1792 zuerst bekannt wurde. Der Refrain lautete: »Ah! ah! mais vraiment, Cadet Roussel est bon enfant«, oder auch »Ho! Ho! Hohé, vraiment!«

»Zwei Kavaliere«

»Zwei Kavaliere« wurden im Winter 1905–1906 geschrieben, nachdem Joyce seinem Verleger eine symmetrische Sammlung von zwölf Erzählungen vorgelegt hatte. Sie wurde zwischen »Nach dem Rennen« und »Die Pension« als zusätzliche Geschichte »aus der Jugend« eingeschoben, siehe den Brief an Stanislaus Joyce vom 24. September 1905, S. 86. Im Mai 1906 äußerte Joyce gegenüber seinem Verleger: »Es ist eine der wichtigsten Erzählungen des Bandes. Ich würde lieber *fünf* von den anderen Erzählungen opfern (die ich Ihnen nennen könnte) als gerade diese. Es ist die Erzählung, die mich (nach ›Efeutag im Sitzungszimmer‹) am meisten befriedigt.«

»Zwei Kavaliere« ist eine Erzählung von den Dubliner Straßen – Joyce bezeichnete sie als eine »irische Landschaft« –, und die geographischen Gegebenheiten werden peinlich genau und realistisch dargestellt. Lenehans Weg läßt sich auf einem Stadtplan verfolgen.

49,10 *Rutland Square* – heute Parnell Square, im Norden des Stadtzentrums. Das Mädchen treffen sie am Stephen's Green, einem Park im Süden des Stadtzentrums. Allein gelassen, beschreibt Lenehan auf seiner ziellosen Wanderung einen Kreis um das Dubliner Stadtzentrum, zurück zum Rutland Square und dann wiederum auf einer anderen Route zum Stephen's Green, zusammen reichlich vier Kilometer.

51,3 *daß ich früher bei Pim war* – ein großes und sehr angesehenes Quäker-Warenhaus für Textilien in Dublin.

51,32 *aspirierte er den Anfangsbuchstaben seines Namens nach Art der Florentiner* – die Florentiner aspirieren »c« als »h«, dadurch wird aus *casa* – *hasa,* aus Corley – Horley oder Whorley (»whore« = Hure).

54,11 *Portal des Clubs* – der Kildare Street Club, einst Dublins exklusivster Club, für den Landadel gegründet. Unter den sonst flachen Ziegelfassaden der Kildare Street fällt das Säulenportal des Clubs besonders auf.

54,19 *Silent, O Moyle* – »The Song of Fionnuala« aus Thomas Moores *Irish Melodies.*

Silent, O Moyle! be the roar of thy water,
Break not, ye breezes, your chain of repose,
While, murmuring mournfully, Lir's lonely daughter
Tells to the night-star her tale of woes.
When shall the swan, her death-note singing,
Sleep with wings in darkness furled?
When will heaven, its sweet bell ringing,
Call my spirit from this stormy world?

Sadly, O Moyle, to thy winter-wave weeping,
Fate bids me languish long ages away;
Yet still in her darkness doth Erin lie sleeping,
Still doth the pure light its dawning delay.
When will that day-star, mildly springing
Warm our isle with peace and love?
When will heaven, its sweet bell ringing,
Call my spirit to the fields above?

O weht nicht ihr Lüfte! Laßt Ruh in den Hainen,
Sei schweigend o Moyle, du schimmernder See,
Lir's einsame Tochter erzählt jetzt mit Weinen
Den nächtlichen Sternen ihr bitteres Weh!
O wann singt der Schwan mit gesunkenen Schwingen
Sein letztes Lied in dem Abendstrahl?
O wann wird die Glocke des Friedens klingen,
Um fort mich zu rufen aus irdischem Thal?

O Moyle, wie lange Zeit ist verflossen,
Seit ich weine an deiner eisigen Flut?
Und noch immer hält Erin die Augen geschlossen,
Und wird nicht erweckt durch die tagende Glut!
O wann wirft die Sonne auf strahlenden Schwingen
Die Lieb' und den Frieden auf unser Feld?
O wann wird die Glocke des Friedens klingen,
Um fort mich zu rufen zum Sternenzelt?
(Übers. Oscar Falke, Leipzig o. J. [um 1875])

In seinen *Irish Melodies* gibt Moore folgende Anmerkung: »Fionnuala, die Tochter des Lir (das Meer in der irischen

Sage), wurde durch eine übernatürliche Macht in einen Schwan verwandelt und dazu verdammt, viele hundert Jahre über Seen und Flüsse Irlands zu wandern, bis zur Heraufkunft des Christentums; der erste Klang der Meßglocke sollte das Zeichen ihrer Erlösung sein«. Das Lied gehörte zu Joyces Lieblingsstücken.

56,11 *Shelbourne Hotel* – eines der vornehmsten Dubliner Hotels, an der Nordseite von Stephen's Green, Ecke Kildare Street.

57,4 *bog nach links* – also in die Great Britain Street, heute Parnell Street, in der sich auch das Tuchwarengeschäft der Erzählung »Die Schwestern« befindet.

57,18 *›Kurat‹* – englisch »curate«, eine alte, heute nicht mehr gebräuchliche, kaum noch bekannte Dubliner Bezeichnung für Verkäufer und Kellner.

59,11 *des College of Surgeons*, an der Westseite von Stephen's Green.

60,14 *Unterhof* – vgl. Anm. zu »Arabia«, 28,6.

61,13 *eine kleine Goldmünze* – halber Sovereign (10 Shilling), der Lohn des Mädchens für mindestens zwei, wenn nicht sogar drei Wochen. Oder auch gestohlenes Geld (vgl. die gestohlenen Zigarren und Zigaretten, von denen Corley erzählt).

»Die Pension«

»Die Pension« entstand als fünfte Erzählung, das Manuskript trägt das Datum 1. Juli 1905. In einem Brief an seinen Bruder Stanislaus vom 19. Juli 1905 verweist Joyce auf die »unterkühlte Stimmung« in »Pension« und »Entsprechungen«.

62,17 *Sheriff:* ein dem Lord-Mayor unterstellter Beamter, der die Aufgabe hat, gerichtliche oder behördliche Beschlüsse (wie Zwangsvollstreckungen oder Verhaftungen) in die Tat umzusetzen. Er beschäftigt *bailiffs*, auch einfach *sheriff's men* genannt.

62,32 *sprachen von ihr als »der Madame«* – ein Ausdruck, der oft für eine Bordellbesitzerin verwendet wird.

64,24 *George's Church* – St. George's Church, in der Temple Street, protestantisch (Church of Ireland).

65,19 *die kurze Zwölfuhrmesse in der Marlborough Street* – die kürzeste Messe des Tages. Die katholische Hauptkirche in Marlborough Street, Metropolitan Church of St. Mary, wird gewöhnlich Pro-Cathedral genannt.

67,13 *Reynolds's Newspaper* – eine (vom konservativen Standpunkt) radikale Londoner Sonntagszeitung, die über gesellschaftliche und politische Skandale berichtete.

69,10 *Bass* – ein starkes, braunes Bier.

»Eine kleine Wolke«

Die Erzählung wurde in der ersten Hälfte des Jahres 1906 geschrieben und ist die vierzehnte in der Reihenfolge der Entstehung. Joyce hatte sie gern und erklärte im Oktober 1906 »an einer Seite von ›Eine kleine Wolke‹ habe ich mehr Freude als an allen meinen Versen«. Der Titel stammt aus 1. Könige 18,44. Ahab und das Volk Israel hatten sich gegen Jehova gewandt, indem sie ihre fremden Götter anbeteten, und Elia hatte prophezeit, es werde weder Tau noch Regen kommen, er sage es denn. Schließlich trat Elia nach zwei Jahren vor Ahab, schlug die Propheten Baals, und das Volk kehrte zum Herrn zurück. Die lange Dürre war zu Ende, und als erstes Zeichen des kommenden Regens berichtete Elias Diener: »Siehe, es gehet eine kleine Wolke auf aus dem Meer wie eines Mannes Hand.«

71,11 *Gallaher* – ein wichtiger Schritt in Ignatius Gallahers Karriere wird in der Aeolus-Episode von *Ulysses* (7. Kapitel) dargestellt. Die Figur geht zurück auf einen bekannten Dubliner Journalisten, Fred Gallaher, der für irische und englische Zeitungen arbeitete. Ein Vorbild dürfte auch Joyces Freund Oliver St. John Gogarty (= Buck Mulligan im *Ulysses*) gewesen sein.

71,21 *in den King's Inns* – Amtssitz von Rechtsanwälten (ähnlich den Londoner Inns of Court) im nördlichen Stadtgebiet.

72,36 *wie erschreckte Atalantas* – Atalanta oder Atalante, die schöne arkadische Jägerin der Mythologie, bekannt für ihre Anmut und Schnelligkeit; ihre Freier mußten mit ihr wettlaufen.

74,18 *Jeder Schritt brachte ihn London näher* – eine auch im geographischen Sinne richtige Feststellung.

74,35 *zu der keltischen Schule* – Bezeichnung für jene Gruppe irischer Dichter, die um die Jahrhundertwende eine Wiederbelebung der vergangenen Kultur Irlands, seiner Sprache und seiner Kultur anstrebten. Zu der Gruppe gehörten W. B. Yeats, A. E. (George Russell), Douglas Hyde, George Moore und andere.

76,3 *über dem lebhaften Orange seiner Krawatte* – Orangemen, nach William of Orange (Wilhelm von Oranien) genannt, waren die Verteidiger des anglo-irischen Protestantismus.

76,34 *Land Commission* – eine bedeutende Behörde, die die Übergabe von Farmland von den Grundbesitzern an die Pächter betrieb. Bis zu den Landreformen des späten neunzehnten Jahrhunderts wurde Irland von wenigen Großgrundbesitzern beherrscht, die nahezu feudale Macht über ihre Pächter besaßen. Durch Gesetze aus den Jahren 1891, 1896 und 1903 wurden britische Kredite bereitgestellt, die den Pächtern den Landkauf ermöglichen sollten. Außerdem wurden nach 1903 Prämien gezahlt, um die Grundbesitzer zum Verkauf anzuregen. Die Kommission wurde daher zu einer ständigen Subventionseinrichtung.

81,19 *deoc an doruis* – (sprich: djɔx ʁ 'dɔɹiʃ zum Klischee gewordener gälischer Ausdruck für einen Abschiedstrunk, wörtlich: »der Trunk der Tür«; eine bessere Schreibweise ist »deoch an dorais«.

83,28 *von Bewley – Bewley's Oriental Cafe,* Kaffeehaus, Restaurant und Konditorei, mit Niederlassungen an drei Hauptstraßen im Zentrum von Dublin.

85,13 *Der Wind verstummt ...* Die erste Strophe des Gedichts »On the Death of a Young Lady« von George Gordon Lord Byron, aus *Hours of Idleness*:

Hush'd are the winds, and still the evening gloom,
Not e'en a zephyr wanders through the grove,
Whilst I return, to view my Margaret's tomb,

And scatter flowers on the dust I love . . .

Das Gedicht ist das erste in den Gesammelten Werken; Byron hat sich später selbst von diesem Jugendwerk distanziert.

85,29 *In dieser engen Zelle* – das Gedicht lautet weiter:

Within this narrow cell reclines her clay,
That clay, where once such animation beam'd;
The King of Terrors seized her as his prey,
Not worth nor beauty have her life redeem'd.

Oh! could that King of Terrors pity feel,
Or heaven reverse the dread decrees of fate,
Not here the mourner would his grief reveal,
Not here the muse her virtues would relate.

But wherefore weep? Her matchless spirit soars
Beyond where splendid shines the orb of day;
And weeping angels lead her to those bowers
Where endless pleasures virtue's deeds repay.

And shall presumptuous mortals Heaven arraign,
And, madly, godlike Providence accuse?
Ah! no, far fly from me attempts so vain; –
I'll ne'er submission to my God refuse.

Yet is remembrance of those virtues dear,
Yet fresh the memory of that beauteous face;
Still they call forth my warm affection's tear,
Still in my heart retain their wonted place.

In dieser engen Zelle ruht ihr Staub,
Der Staub, den erst noch solcher Reiz umwallt;
Der Todesfürst erkor sie sich zum Raub;
Es half nicht Werth, nicht Schönheit der Gestalt.

O fühlt' Erbarmen doch, der sie uns nahm!
Wär' wandelbar des Himmels strenger Schluß!
Nicht müßt' ich hier enthüllen meinen Gram,
Nicht weih'n die Muse ihren Trauergruß.

Doch warum Thränen? Wohnt ihr reiner Geist
   Doch droben, wo die ew'ge Sonne glüht,
Ein Engelchor ihr Friedenslauben weist,
   Wo unverwelklich Wonn' um Wonne blüht!

Und darf der Mensch den Himmel klagen an,
   Mit Gottes Schickung hadern? das sei fern!
Aus meiner Seele weich', o eitler Wahn!
   Ich neige mich in Demut meinem Herrn.

Doch ihrer Tugend denk' ich allezeit;
   Stets lebt sie mir als höchster Anmuth Bild –
Drum sei der Wehmuth Thräne ihr geweiht,
   Drum ruht sie mir im Herzen lieberfüllt.
(Übs. Heinrich Stadelmann, Hildburghausen 1872)

»Entsprechungen«

»Entsprechungen« entstand als sechste Erzählung und wurde fast gleichzeitig mit »Die Pension« geschrieben und um den 12. Juli 1905 beendet. Joyces Haltung gegenüber Farrington war nicht völlig ablehnend. Im November 1906 schrieb er an seinen Bruder Stanislaus: »Ich bin, wie Du weißt, kein Freund von Tyrannei, aber wenn viele Ehemänner brutal sind, dann ist die Atmosphäre, in der sie leben (vide *Entsprechungen*) brutal, und nur wenige Ehefrauen und Familien können den Wunsch nach Glück befriedigen.«

87,2 *nordirischen Akzent* – der Konflikt in »Entsprechungen« spiegelt nebenbei sowohl die Spannung zwischen dem protestantischen, englisch orientierten Norden Irlands (Ulster) und dem katholischen Süden als auch die zwischen England und Irland.

89,28 *›Kurat‹* – vgl. Anm. zu »Zwei Kavaliere«, 57,18.

93,36 *Eine Crown!* – fünf Shilling.

94,1 *sechs Shilling* – eine beträchtliche Summe für einen Abend in den Kneipen. Ein Glas Porter kostete 1 Pence. Harte Getränke waren geringer besteuert als heute, deshalb war ein Whisky relativ noch billiger (2 oder 2 1/2 Pence). Farringtons sechs Shilling entsprechen wahrscheinlich einem Fünftel bis einem Viertel seines Wochenlohns.

94,11 *Tramglocken* – vgl. Anm. zu »Eine Begegnung«, 19,27.

94,28 *in der Art der losen Schäfer in den Eklogen* – in *Hamlet*, IV, vii, spricht die Königin von »losen Schäfern«. Joyce könnte auch auf Vergils *Eklogen* anspielen, doch es ist wahrscheinlicher, daß er an den aufgeblasenen Stil mancher Renaissance-Pastoralen dachte.

»Erde«

Als vierte Erzählung entstanden, scheint »Erde« Joyce mehr Mühe als die meisten anderen gekostet zu haben. Im November 1904 begann er eine Erzählung, »Christmas Eve« (»Heiliger Abend«), die er halb vollendet aufgab; offenbar war die Idee für eine andere Erzählung, »Hallow Eve« (»Abend vor Allerheiligen«) stärker. (Der Text von »Heiliger Abend« ist auf Seite 15 abgedruckt.) »Hallow Eve« wurde im Januar 1905 abgeschlossen und an Stanislaus Joyce geschickt, um möglicherweise in *The Irish Homestead* veröffentlicht zu werden. James Joyce hat zu diesem Zeitpunkt vielleicht einige Änderungen an der Erzählung vorgenommen. Sie beschäftigte ihn sehr, und er erwähnte sie häufig in seiner Korrespondenz während der nächsten Monate. Im September 1905 war der Titel in »Clay« (»Erde«) geändert worden. Im November 1906 arbeitete Joyce erneut an der Erzählung und fügte den Namen der Waschanstalt ein, in der Maria angestellt ist.

100,18 *zu den Friedfertigen* – vgl. Matthäus 5,9: »Selig sind die Friedfertigen; denn sie werden Gottes Kinder heißen.«

101,13 *Waschanstalt* Dublin by Lamplight – im November 1906 schrieb Joyce an seinen Bruder Stanislaus: »Was die *Dublin by Lamplight Laundry* bedeutet? Das ist der Name der Wäscherei in Ballsbridge, von der in der Erzählung die Rede ist. Sie wird von einer Gesellschaft protestantischer Jungfern, Witwen und kinderloser Frauen – glaube ich – als Magdalenenheim geführt. Der Ausdruck *Dublin by Lamplight* bedeutet, daß Dublin bei Lampenlicht ein sündiger

Ort voller sündiger und gefallener Frauen ist, die ein gütiges Komitee zusammenholt, damit sie, indem sie meine schmutzigen Hemden waschen, ein gutes Werk tun. Mir gefällt der Ausdruck, weil ›es eine sanfte Art ist, das auszudrücken‹.« (*Briefe I*, S. 357)

Die Waschanstalt Dublin by Lamplight stand unter dem Motto »(daß) sie wieder nüchtern würde aus des Teufels Strick, von dem sie gefangen sind zu seinem Willen« (2. Timotheus, 2,26). »Diese wohltätige Anstalt wird durch freiwillige Zuwendungen und die Anstrengungen der Insassinnen selbst erhalten. Eine ausgezeichnete Wäscherei ist angeschlossen, mit allen modernen Einrichtungen ausgestattet. Familienvorstände können der Anstalt materiell beistehen, indem sie die Dienste der Wäscherei in Anspruch nehmen. Mäßige Preise. Adresse: An die Aufseherin, 35 Ballsbridgeterrace.«

100,25 *Nelson-Säule* – ein prominentes Dubliner Wahrzeichen im Stadtzentrum auf der O'Connell Street (früher Sackville Street), von dem alle Tramlinien ausgingen. 1966 wurde die Säule von Terroristen gesprengt. – Ballsbridge ist ein südöstlicher, Drumcondra ein nördlicher Vorort von Dublin.

101,22 *Traktate an den Wänden* – protestantische Traktate.

102,1 *den Ring kriegen* – die zum Abend vor Allerheiligen gebackenen Kuchen wurden traditionell zu Wahrsagespielen benutzt. In den Kuchen wurde ein Ring und eine Nuß eingebacken. Wer den Ring bekam, heiratete zuerst; wer die Nuß bekam, heiratete eine Witwe oder einen Witwer; war die Nuß taub, blieb die betreffende Person unverheiratet.

103,24 *Zwei und vier bitte* – Zwei Shilling vier Pence, eine beträchtliche Summe für Maria; ihr Wochenlohn war eher ein Taschengeld.

103,33 *über den Abend vor Allerheiligen* – All Hallow Eve (Hallowe'en) ist der 31. Oktober, der Vorabend von Allerheiligen. Traditionell finden an ihm abergläubische und derbe Späße statt. Nach dem alten keltischen Kalender begann das Jahr am 1. November, so daß der letzte Abend des Oktober die Nacht aller Hexen war; die Kirche verwandelte ihn in den Abend vor Allerheiligen. Joyce hatte eine Zeitlang »Hallow Eve« als Titel für die Erzählung vorgesehen.

105,33 *stellten ein paar Untertassen auf den Tisch* – ein weiteres Wahrsagespiel. Wer das Gebetbuch berührte, ging ins Kloster; der Ring bedeutete Heirat; das Wasser langes Leben; die Erde Tod.

107,1 *Im Traum sah ich mich* – das berühmte Lied aus dem 2. Akt (Nr. 8) der Oper *The Bohemian Girl* von Michael William Balfe (Text von Alfred Bunn). Vgl. Anm. zu »Eveline« 37,35.

107,11 *ihren Irrtum* – Maria singt die erste Strophe zweimal und läßt die verräterische zweite aus; diese lautet:

I dreamt that suitors besought my hand,
That knights upon bended knee,
And with vows no maiden heart could withstand,
That they pledged their faith to me.
And I dreamt that one of this noble host
Came forth my hand to claim;
Yet I also dreamt, which charmed me most,
That you loved me still the same.

Und Freier sanken auf die Knie
im täuschenden Traum vor mir,
und mit heil'gem Eid gelobten sie mir
Treue für und für,
Und der Eine aus dieser edlen Schaar
wohl einem König glich,
doch das höchste Glück des Traumes war,
daß ich sah, du liebest mich.
(Deutsch von Joseph Staudigl)

»Ein betrüblicher Fall«

Als siebente Erzählung entstanden, wurde »Ein betrüblicher Fall« im Juli 1905 geschrieben. Joyce scheint mit ihr niemals ganz zufrieden gewesen zu sein, und in den Briefen finden sich verschiedene Hinweise auf mögliche Änderungen und Korrekturen. Biographische Hintergründe zur Erzählung finden sich in *Meines Bruders Hüter* von Stanislaus Joyce (s. S. 148 ff.).

108,1 *Chapelizod* – ein westlicher Vorort von Dublin, am Rand des Phoenix Park. Der Name wird auf *Chapelle d'Iseut* oder *La belle Izod* zurückgeführt und mit der Liebesgeschichte von Tristan und Isolde in Verbindung gebracht. In *Finnegans Wake* ist Chapelizod der Wohnort der Familie Earwicker.

108,20 *Maynooth-Katechismus* – der von der Nationalen Synode von Maynooth vorgeschriebene und vom Kardinal, dem Erzbischof und den Bischöfen von Irland gebilligte Katechismus für den allgemeinen Gebrauch in der irischen Kirche.

109,25 *Arrowroot-Biskuits* – Gebäck aus dem Stärkemehl, das aus den tropisch-amerikanischen Marante-(Pfeilwurz-)Pflanzen gewonnen wird.

110,9 *Rotunda* – Gebäude am oberen Ende der O'Connell Street (früher Sackville Street); beherbergt heute das Ambassador-Kino.

110,33 *Earlsfort Terrace* – eine Straße südlich von Stephen's Green; Konzerte wurden im Dublin International Exhibition Building abgehalten.

111,29 *einer irischen sozialistischen Partei* – es handelte sich um eine kleine Anzahl von Studiengruppen, deren vages Ziel »jegliche Verbesserung der Lebensverhältnisse« war; die Partei besaß nur geringe oder überhaupt keine politische Macht.

113,3 *Parkgate* – der südöstliche Eingang zum Phoenix-Park.

114,8 *Mail* – »The Evening Mail«, eine Dubliner Zeitung, die sich jeder nationalen Bewegung widersetzte.

114,19 *Sydney Parade* – eine kleine Straße im Süden Dublins, an der Eisenbahnstrecke von Dublin nach Dun Laoghaire (früher: Kingstown); der Bahnhof Sydney Parade mit seinen Schranken ist heute noch zu sehen, aber nicht mehr in Betrieb.

114,22 *Coroner* – städtischer Beamter, der plötzliche und unter verdächtigen Umständen eingetretene Todesfälle untersucht.

117,30 *Herald* – »The Evening Herald«, eine Dubliner Zeitung.

118,21 *die Anhöhe des Magazine Hill* – ein Hügel am Magazine Fort, einer Befestigung im Phoenix-Park.

»Efeutag im Sitzungszimmer«

Die Erzählung entstand als achte der Reihe und wurde in allen wesentlichen Zügen am 19. August 1905 vollendet. Im Mai 1906, bevor er »Die Toten« geschrieben hatte, sprach Joyce von »Efeutag im Sitzungszimmer« als der Erzählung, die ihn am meisten befriedigt habe. »Efeutag« ist von allen Geschichten in *Dubliner* am meisten abhängig von der Kenntnis der irischen Politik um die Jahrhundertwende. Der Schatten Charles Stewart Parnells liegt über der ganzen Geschichte.

Obwohl Charles Stewart Parnell (1846–1891) einer protestantischen Familie englischen Ursprungs entstammte, sollte er als »ungekrönter König von Irland« gefeiert werden. 1875 wurde er ins Parlament gewählt, und zwei Jahre später wurde er der Anführer jener Gruppe der Home-Rule-Bewegung, die überzeugt war, daß »Obstruktionismus« und nicht Kompromisse als beste Taktik gegen die Engländer anzuwenden sei. Als die allgemeinen Wahlen von 1880 Gladstone und die Liberalen wieder an die Macht brachten, übernahm Parnell die Führung der irischen Partei im Parlament; er verfolgte bewußt eine Politik, die jede Verbindung mit einer englischen Partei vermied, und erhielt damit das Gleichgewicht der Kräfte. Im Jahr 1882 wurden der englische Generalsekretär für Irland und sein Mitarbeiter im Phoenix-Park ermordet, und im folgenden versuchte man durch gefälschte Briefe, Parnell in den Mord zu verwickeln; 1889 waren diese Versuche fehlgeschlagen, und Parnell war als Nationalheld fest etabliert.

Im Augenblick von Parnells größtem Triumph jedoch kam es zu einem Skandal, der seinen tragischen Fall nach sich ziehen sollte. Er wurde im Scheidungsprozeß des Captain William O'Shea, eines seiner politischen Anhänger, des Ehebruchs beschuldigt (Parnell hatte einige Zeit ein Verhältnis mit Mrs. O'Shea). Zuerst schien es, als könnte Parnell sogar diesen Skandal durchstehen, aber eine Koalition politischer Gegner und fanatischer Katholiken drängte ihn aus der Führung der irischen Parlamentspartei, und die Landbevölkerung Irlands wandte sich mit wildem Haß gegen ihren früheren Helden. Sogar Parnells Leutnant Tim Healy, der geschworen hatte, seinen Führer niemals zu verlassen, ging zur Opposition über. Nach einem Jahr des Kampfes gegen seine Feinde starb Parnell am 6. Oktober 1891.

Joyces Vater reagierte bitter auf den »Verrat« an Parnell, und der neun Jahre alte James war davon so berührt, daß er ein Gedicht mit dem Titel »Et Tu, Healy« schrieb. Sein entzückter Vater ließ das Gedicht drucken und verteilte Exemplare an seine Freunde. Keines davon ist erhalten geblieben, aber wir wissen durch Joyces Bruder Stanislaus, daß am Ende des Gedichts »der tote Führer mit einem Adler verglichen [wird], der auf das kriechende Gewimmel irischer Politiker herabschaut; da

horstet er nun, hoch im Geklipp der Zeit,
wo des Jahrhunderts roher ... Lärm
ihn nimmermehr beirrt.«

Die mitfühlende Identifizierung des jungen Joyce mit Parnell hatte eine tiefe Wirkung auf seine sich entwickelnde Persönlichkeit. Die Arroganz und der Stolz des Helden, die Furcht vor Verrat und die Heuchelei des Pöbels sollten zu Leitmotiven in Joyces Leben und Kunst werden (vgl. die berühmte Szene des Weihnachtsmahls im 1. Kapitel von *A Portrait of the Artist as a Young Man*). Der Fall Parnells vermittelte Joyce die erste Ahnung, daß Irland »die alte Sau, die ihre Ferkel frißt« sein könnte. Während er heranwuchs, schien der Verlauf von Parnells Leben eine Vorahnung seiner eigenen Laufbahn zu geben. In der bitteren Attacke »Gas from a Burner« (1912, s. S. 133), die durch seine Frustration ausgelöst wurde, keinen Verleger für *Dubliner* zu finden, verknüpfte Joyce sein Schicksal mit dem Parnells:

But I owe a duty to Ireland:
I hold her honour in my hand,
This lovely land that always sent
Her writers and artists to banishment
And in a spirit of Irish fun
Betrayed her own leaders, one by one.
'Twas Irish humour, wet and dry,
Flung quicklime into Parnell's eye ...

(Doch ich habe gegen Irland eine Pflicht:/ Seine Ehre hab ich in meiner Hand,/ Dieses liebliche Land, das bis jetzt noch immer/ Seine Dichter und Künstler ins Ausland verbannte/ Und in einem Anflug von irischem Humor/ Seine Anführer, einen um den andern, verriet./ So war's denn mit richtigem irischem Spaß,/ Daß wir Parnell Kalk in die Augen warfen.)

Im selben Jahr wie »Gas from a Burner« schrieb Joyce einen Artikel für eine Triestiner Zeitung mit dem Titel »Der Schatten Parnells«, der mit diesem bitteren Abschnitt endet:

> »Der Geist des ›ungekrönten Königs‹ wird auf den Herzen derer lasten, die sich seiner erinnern ... aber es wird kein rachsüchtiger Geist sein. Die Melancholie, die seinen Geist bedrängte, war vielleicht die felsenfeste Überzeugung, daß in der Stunde der Not einer seiner Jünger, der die Hände in dieselbe Schale tauchte, ihn verraten würde. Daß er bis zum bitteren Ende mit dieser einsamen Gewißheit in seinem Kopfe kämpfte, darin besteht sein größter Anspruch auf Adel.
>
> In seinem letzten verzweifelten Appell an seine Landsleute bat er sie, ihn nicht den englischen Wölfen, die um sie heulten, zur Beruhigung vorzuwerfen. Es gereicht ihnen zur Ehre, daß sie sich diesem Appell nicht verschlossen. Sie warfen ihn nicht den englischen Wölfen vor; sie rissen ihn selbst in Stücke.«

Nach dem Tod Parnells wurde es bei seinen Anhängern Sitte, am 6. Oktober einen Efeuzweig zum Gedenken an ihren toten Führer zu tragen.

120,31 *Bezirk Royal Exchange* – dieser Bezirk ist ein tatsächlicher Wahlbezirk im Zentrum von Dublin.

120,32 *P.L.G.* – Poor Law Guardian. Die Poor Law Amendment Act von 1834 sollte »die Gemeinde zum härtesten Aufseher machen, indem leistungsfähige Männer angehalten wurden, ehrliche Arbeit andernorts zu suchen und nicht durch Untätigkeit der Gemeinde zur Last zu fallen«. Das Gesetz wurde durch Kuratoren durchgeführt, die von den Steuerzahlern jeder Gemeinde gewählt wurden. Die Kuratoren wurden allgemein als Unterdrücker der Armen angesehen.

121,20 *Christian Brothers* – vgl. Anm. zu »Arabia« 27,2.

123,4 *Kesselflicker* – englisch »tinker«. Die »tinkers« sind eine nomadisierende irische Bevölkerungsgruppe, die von Gelegenheitsarbeiten, etwa Kesselflickerei und Viehhandel, lebt. Sie genießen in Irland etwa eine soziale Wertschätzung wie Zigeuner in kontinentaleuropäischen Ländern.

123,26 *einem deutschen Monarchen* – Edward VII., König von England (1901–1910), war durch seine Eltern mit dem deutschen Haus Sachsen-Coburg-Gotha verwandt.

123,29 *daß sie Edward Rex mit einer Willkommensadresse begrüßen wollen* – im Jahr 1902 sagte Edward einen geplanten Besuch in Irland ab, weil seine Ratgeber einen unfreundlichen Empfang befürchteten; als er vom 21. Juli bis 1. August 1903 den Besuch durchführte, konnten die Nationalisten in der Dubliner Stadtverwaltung die übliche Ergebenheitsadresse verhindern.

123,31 *vor einem ausländischen König Kotau machen* – diese gegen die Krone gerichtete harte Sprache war ein Grund, warum Joyce mit seinen ersten Verlegern Differenzen bekam.

127,5 *von diesen Hillsiders und Feniern* – die Fenier waren Angehörige einer Organisation, die zur Unterstützung revolutionärer Bewegungen und zur Beseitigung der englischen Herrschaft in Irland gegründet worden war. Ihr Name stammt von einer Truppe von Kriegern, die zur Zeit des legendären Königs Finn MacCool die Verteidiger Irlands gewesen sein sollen. »Hillsiders« ist ein Spitzname für sie.

127,9 *im Sold des Castle* – im Sold der englischen Herrscher, die im Dubliner »Castle« ihr Hauptquartier hatten.

127,14 *einen gewissen kleinen Adligen mit Silberblick* – Königin Viktoria und König Edward VII. verliehen so vielen Dubliner Politikern und Geschäftsleuten den Adelstitel, daß ein Witzbold das Dublin der Jahrhundertwende »Die Stadt der schrecklichen Ritter« nannte.

127,18 *Major Sirr* – Henry Charles Sirr (1764–1841) wurde Nachfolger seines Vaters als Chef der Dubliner Polizei. Er kollaborierte mit den Engländern bei der Niederwerfung des Aufstandes von 1798, verfügte über ein berüchtigtes Spitzelwesen und wurde allgemein als Prototyp des irischen Renegaten angesehen.

129,34 *Mansion House* – Sitz des Oberbürgermeisters von Dublin.

129,35 *Würmelinpelz* – ein Wortspiel mit »Hermelin« (vermin – ermine). Die Amtsrobe des Oberbürgermeisters war mit Hermelin besetzt.

133,7 *die Konservativen* – die irischen Konservativen waren mit der konservativen Partei Englands (Protestanten – Besitzende – Establishment) verbunden. Sie mußten wahrscheinlich zwischen einem gemäßigt nationalistischen Kandidaten und einem radikaleren der United Irish League wählen.

133,29 *Poor Law Guardian* – s. Anm. 120,32.

134,10 *Hat nicht Parnell selbst* – als der Prince of Wales (später Edward VII.) Irland im Jahr 1885 besuchte, widersetzte sich Parnell einem offiziellen Empfang.

134,16 *Die Alte hat diese wilden Iren nie besucht* – tatsächlich hat Königin Viktoria während ihrer Regierungszeit Irland viermal besucht: 1849, 1853, 1861 und 1900.

134,22 *ist König Edwards Leben nun nicht eigentlich* – Edwards Privatleben als Prince of Wales war durch Klatsch und Skandal gekennzeichnet.

135,24 *vom Chief* – eine gängige Bezeichnung für Parnell.

136,14 *Unser ungekrönter König* – dieser Titel wurde Parnell von seinem Mitarbeiter Tim Healy gegeben, der ihn später »verriet«.

»Eine Mutter«

»Eine Mutter« entstand als zehnte der Erzählungen und wurde im späten September 1905 beendet.

139,1 *Eire-Abu-Gesellschaft* – (sprich: 'æɹə a'bu:) eine patriotische Vereinigung, deren gälischer Name, historischen Kriegsrufen nachgebildet, »Irland zum Sieg« bedeutet.

139,31 *an jedem ersten Freitag trat er an den Altar* – die Verehrung des Herz Jesu war in Dublin besonders stark, ihre Hauptübung war der Empfang des Abendmahls am ersten Freitag eines jeden Monats. Nach einer der Verheißungen, die der heiligen Margareta Maria Alacoque (vgl. Anm. 36,4) gemacht wurden, würde jeder, der an neun aufein anderfolgenden ersten Freitagen das Abendmahl empfing, dem Tod nicht unvorbereitet gegenübertreten.

140,12 *Akademie* – The Royal Academy of Music.

140,16 *Skerries ... Howth ... Greystones* – Ferienorte ganz in der Nähe Dublins, Howth und Skerries im Norden, Greystones im Süden.

140,17 *die Irische Renaissance* – das erneuerte Interesse für irische Sagen und die irische Sprache, verbunden mit nationalistischer Politik in den neunziger Jahren. Vgl. Anm. zur »keltischen Schule«, 74,35.

140,18 *aus dem Namen ihrer Tochter Nutzen zu ziehen* – Kathleen-ni-Houlihan, die traditionelle Personifizierung Irlands, wurde von den Schriftstellern der irischen Renaissance gefeiert. Sie wird gewöhnlich als armes, altes Weib dargestellt, das in Wahrheit eine Königin ist. Der Name war wieder populär gemacht worden durch die Dramen von Yeats, »The Countess Cathleen« (1892) und »Cathleen ni Houlihan« (1902).

140,23 *Pro-Cathedral* – die katholische Hauptkirche Dublins in der Marlborough Street. Vgl. Anm. zu »Die Pension«, 65,19.

140,32 *die Sprachbewegung* – das Studium und die Wiedereinführung des Gälischen (Irischen) war ein Ziel der patriotischen Irischen Renaissance; in der Republik Irland ist das Irische erste offizielle Landessprache und Pflichtfach in der Schule.

140,36 *in den Antient Concert Rooms* – die Antient (oder Ancient) Concert Rooms in Great Brunswick Street (heute Pearse Street), düstere, unansehnliche Säle für musikalische und dramatische Darbietungen; heute steht an der Stelle ein Kino.

141,6 *acht Guineen* – für eine erfahrene Künstlerin wäre der Betrag (8 £ 8 s.) nicht zu hoch. Zu beachten ist, daß Theater- und Konzertverträge dieser Art nicht unbedingt bindend waren, sofern es sich nicht um einen Star handelte. Die Summe wurde unter der Voraussetzung festgesetzt, daß die Veranstaltung ein finanzieller Erfolg würde; andernfalls erhielten die Mitwirkenden die nach Abzug der Unkosten verbleibende Summe. Mrs. Kearney verstößt also gegen dieses ungeschriebene Gesetz im Theater- und Konzertgeschäft.

141,24 *bei Brown Thomas* – vornehmes Geschäft für Seidenwaren, Textilien, Spitzenwaren usw. in der Grafton Street; heute ein Warenhaus.

145,16 *in der Oper Maritana* – »Maritana« (Musik von William Vincent Wallace, Libretto von Edward Fitzball) wurde 1846 in Dublin erstaufgeführt. Zu Joyces Zeit war diese sentimentale Oper bereits ein wenig verstaubt, aber immer noch bekannt.

145,17 *im Queen's Theatre* – in Great Brunswick Street, eines der drei wichtigeren Theater Dublins um die Jahrhundertwende.

145,26 *Feis Ceoil* – (sprich: **feʃ tʃɔil**, zu deutsch: Musikfest) seit 1897 ein jährliches Musikfestival. 1904 fand es in den Antient Concert Rooms statt; Joyce nahm daran teil und gewann nur deshalb nicht, weil er sich weigerte, an dem Test für das Vom-Blatt-Singen teilzunehmen. Er erhielt die Bronzemedaille für den dritten Platz.

147,20 *der Mann vom Freeman* – ein Reporter für *Freeman's Journal* – vgl. Anm. 14,14.

149,18 *Mrs. Pat Campbell* – Beatrice Stella Campbell (1865–1940), englische Schauspielerin von großem Ansehen.

150,4 *Killarney* – eine sentimentale Ballade von dem irischen Komponisten Michael William Balfe (vgl. Anm. 107,1) mit dem Refrain

Beauty's Home, Killarney,
Ever fair Killarney

(Heimat der Schönheit, Killarney,/ Ewig holdes Killarney).

»Gnade«

Als zwölfte der Erzählungen entstanden, nannte Joyce sie »die letzte«, da sie den ursprünglichen Plan von zwölf Erzählungen in vier Gruppen zu je drei abschloß. Er begann sie im Oktober 1905 und beendete sie einige Zeit darauf, bevor die zwölf Erzählungen (alle außer »Zwei Kavaliere«, »Eine kleine Wolke« und »Die Toten«) im Dezember dieses Jahres an den Verleger Grant Richards geschickt wurden. Doch während seines Aufenthalts in Rom im Jahr 1906 betrieb er zusätzliche Studien in der Biblioteca Vittorio

Emmanuele zu den theologischen Abschnitten der Erzählung. In seiner ausführlichen Darstellung des Hintergrundes der Geschichte berichtet Stanislaus Joyce, daß sein Bruder »Gnade« mit dem Gedanken an das Muster der *Divina Commedia* plante (s. S. 167 f.).

153,10 ›*Kuraten*‹ – vgl. Anm. zu »Zwei Kavaliere«, 57,18.

156,11 *Ballast Office* – das Ballast Office in der Westmoreland Street, am Südufer der Liffey, das Verwaltungsgebäude des Hafens von Dublin.

157,13 *im Royal Irish Constabulary Office* – eine sehr angesehene Position.

159,7 *Star of the Sea Church* – als Beschützerin der Seeleute wird die Jungfrau Maria der »Stern des Meeres« genannt.

161,9 *Herz Jesu* – zwar ist die private Verehrung des Herz Jesu in der Kirche sehr alt, die besondere Verehrung resultiert aber aus den Offenbarungen der heiligen Margareta Maria Alacoque (vgl. Anm. 36,4). Die Verehrung hat das Herz als natürliches Symbol der Liebe Christi zum Gegenstand und findet ihren liturgischen Hauptausdruck im Fest Herz Jesu und in öffentlichen Darstellungen des Herzens in Form von Statuen und Bildern.

161,12 *die irische Todesfee* – ir. Banshee, ein übernatürliches Wesen, von dem die Landleute glauben, es klage unter den Fenstern eines Hauses, in dem jemand gestorben ist.

161,29 *The Irish Times* und *The Freeman's Journal* – beide Zeitungen waren für ihre konservative (proenglische) oder zumindest gemäßigte Grundhaltung bekannt.

161,32 *City Coroner* – s. Anm. 114,22.

162,29 *bona-fide-Reisende* – an Sonntagen war es den Gaststätten erlaubt, an »legitime« Reisende alkoholische Getränke auszuschenken, nicht aber an Kunden aus dem Ort.

164,10 *Beamter des Castle* – das »Castle« war Sitz des britischen Vizekönigs, der britischen Beamten und ihrer irischen Helfer; vgl. Anm. 127,9.

164,31 *Yahoos* – ein von Swift in *Gullivers Reisen* erfundener Name für Tiere in Menschengestalt.

165,33 *M'Auley* – die Kneipe von Thomas M'Auley an der Kreuzung von Lower Dorset Street und North Circular Road, in unmittelbarer Nähe der Jesuitenkirche in der Gardiner Street.

167,17 *Es stimmt ... Das ist historisch* – Mr. Cunninghams Historie ist nicht ganz genau. Wenn auch der Jesuitenorden nie »erneuert« wurde, so war er doch häufig Angriffen und Pressionen ausgesetzt, und der Charakter des Ordens änderte sich im Laufe der Jahrhunderte. Die lange theologische Diskussion, die Mr. Cunninghams Bemerkungen folgt, ist eine Mischung aus Legende, Halbwahrheiten, Simplifikationen und eindeutigen Irrtümern, im ganzen aber dennoch nicht unrichtig.

168,5 *Pater Purdon* – im Dublin der Jahrhundertwende wäre der Name wohl mit dem einer Straße – Purdon Street – im Bordellviertel assoziiert worden.

168,20 *Pater Tom Burke* – Thomas Nicholas Burke (1830–1882), Dominikaner-Priester, hatte einen großen Ruf als Prediger und war auch Anhänger der irischen nationalistischen Bestrebungen.

169,4 *Den Gefangenen des Vatikans* – Victor Emmanuel (italienischer König von 1861 bis 1878) besiegte 1859 die päpstliche Armee und entkleidete den Papst seiner weltlichen Macht und Besitzungen; schließlich nahm er sogar Rom ein, das zur neuen Hauptstadt eines vereinigten Italien erklärt wurde. Papst Pius IX. (geboren 1792, Papst von 1846 bis 1878) blieb nur der Besitz der Vatikanstadt, er war also tatsächlich ein Gefangener in seinen eigenen Mauern.

169,6 *Orangist* – ursprünglich ein Mitglied einer 1795 gegründeten protestantischen politischen Gesellschaft, dann die allgemeine Bezeichnung für jemanden, der proenglisch eingestellt und Protestant war. Vgl. Anm. 76,3.

170,21 *Papst Leo XIII.* – Gioacchino Pecci (1810–1903), Papst von 1878 bis 1903. Politisch war er im wesentlichen konservativ. Er predigte gegen den internationalen Sozialismus und für die Erhaltung des *status quo*. Zum Befremden der Iren war er gegen die nationalistischen Bestrebungen in Irland eingestellt. Eines seiner Hauptanliegen war die Wiederherstellung der Einheit der christlichen Kirche, nicht nur die Einigung der römischen und griechischen Kirche, sondern auch die Wiedervereinigung mit den Anglikanern. Zur Entspannung verfaßte er mit Vorliebe lateinische Gedichte.

170,29 *Sein Wahlspruch ... war Lux auf Lux* – die Päpste legen sich keine offiziellen Wahlsprüche zu. In der »Prophezeiung der Päpste«, einem Werk, das dem heiligen Malachias von Armagh (1094–1148) zugeschrieben wird, sind die 111 Nachfolger des Papstes Coelestin II. (gewählt 1143) durch kurze prophetische Epitheta gekennzeichnet. – Leo XIII. wird der Wahlspruch *lumen in coelo* (Licht im Himmel) beigelegt, Pius IX. *crux de cruce* (Kreuz vom Kreuze). Die »Prophezeiung« des heiligen Malachias wird heute für eine Fälschung aus dem sechzehnten Jahrhundert gehalten.

170,36 *Pius IX.* – Giovanni Maria Mastai-Ferretti (1792–1878), Papst von 1846 bis 1878, begann sein Pontifikat als Reformer, wurde aber bald durch die ihm auferlegten Restriktionen nach 1848 verbittert. Er war dann ein Feind jeglicher Art des politischen Liberalismus oder Nationalgefühls. Die wichtigsten Ereignisse seines Pontifikats waren die Verkündung des Dogmas von der Unbefleckten Empfängnis Mariens (1854) und die Proklamation von der Unfehlbarkeit des Papstes durch das Vatikanische Konzil (1870).

171,12 *Penny-Schule* – eine National-Schule. Vgl. Anm. zu »Eine Begegnung« 18,20.

171,22 *eins der Gedichte von Papst Leo* – Leo XIII. hat tatsächlich ein lateinisches Gedicht über die Erfindung der Photographie (1867) geschrieben:

Ars Photographica

Expressa solis spiculo
Nitens imago, quam bene
Frontis decus, vim luminum
Refers, et oris gratiam.

O mira virtus ingeni
Novumque monstrum! Imaginem
Naturae Apelles aemulus
Non pulchriorem pingeret.

(Die photographische Kunst.// Gestaltet mit dem Griffel der Sonne,/ schimmerndes Bild, wie trefflich/ widerspiegelst du die Schönheit der Stirn, den Glanz der Augen/ und die Anmut des Mundes.// O erstaunliche Kraft des Geistes/ und neues Wunderwerk! Kein schöneres Bild/ könnte Apelles, der Rivale/ der Natur, malen.)

171,31 *Große Geister sind dem Wahnsinn nahe* – John Dryden, *Absalom and Achitophel*, I, 163: »Great wits are sure to Madness near allied«. Dryden übernahm einen antiken Gemeinplatz, der von Seneca zitiert wurde: »Es hat keinen großen Geist ohne einen Schuß Wahnsinn gegeben.« Fogarty zitiert falsch.

172,9 *ex cathedra* – wenn der Papst *ex cathedra* (»vom päpstlichen Stuhl aus«, kraft seines Amtes) spricht, gilt das Dogma von der Unfehlbarkeit (vgl. Anm. 170,36).

173,1 *ein deutscher Kardinal* – Johann Döllinger (1799–1890), kein Kardinal, sondern ein deutscher Theologe, wurde wegen seiner Opposition gegen das Dogma von der Unfehlbarkeit exkommuniziert. Dollinger war nicht Mitglied des Vatikanischen Konzils 1869–1870.

173,6 *John MacHale* – (1791–1881), Erzbischof von Tuam, Irland, 1835–1876, Held im irischen Kampf gegen die englische Herrschaft. Er erreichte es, daß der Vatikan 1850 die diplomatischen Beziehungen zu England abbrach. Er widersetzte sich dem Dogma von der Unfehlbarkeit, bis es vom Vatikanischen Konzil gebilligt wurde; dann unterwarf er sofort seinen Willen dem des Papstes und predigte die Unfehlbarkeit.

173,9 *es war irgendein Italiener oder Amerikaner* – am 18. Juli 1870, auf der vierten öffentlichen Sitzung des Vatikanischen Konzils, wurde das Dogma von der päpstlichen Unfehlbarkeit von allen außer zwei Mitgliedern gebilligt. Die beiden Opponenten waren die Bischöfe Riccio (Italien) und Fitzgerald (Arkansas, USA); sie stimmten mit *non placet*, sobald aber die Abstimmung vorüber war, unterwarfen sie sich dem Dogma. John MacHale scheint dieser Sitzung ferngeblieben zu sein, und die von Mr. Cunningham berichtete dramatische Szene fand niemals statt.

174,4 *des Denkmals von Sir John Gray* – auf der O'Connell Street im Dubliner Stadtzentrum. Gray (1816–1875) war ein protestantischer irischer Patriot, Herausgeber der Zeitung *Freeman's Journal,* Town Councillor und Mitglied des Parlaments. Edmund Dwyer Gray (1845–1888), sein Sohn, war ebenfalls Politiker und Herausgeber des *Freeman's Journal.* Beide Grays traten für die irische Home Rule ein, galten aber extremen Nationalisten als zu gemäßigt.

175,1 *Weiche von mir, Satan!* – Matthäus 16,23.

176,11 *Quincunxstellung* – ein Muster, das der Fünf auf dem Würfel entspricht. Dieses Muster wird mit dem Kreuz und den fünf Wunden Christi in Zusammenhang gebracht.

177,15 *Denn die Kinder dieser Welt* – aus dem Gleichnis vom ungerechten Haushalter, Lukas 16, 8–9.

»Die Toten«

Joyce plante die Geschichte während seines Aufenthaltes in Rom (Juli 1906–März 1907), begann sie aber erst niederzuschreiben, nachdem er im Frühjahr 1907 nach Triest zurückgekehrt war. Im ursprünglichen Plan zu *Dubliner* – der 1905 entstand – war sie nicht vorgesehen. Näheres über die Entstehung s. Richard Ellmann, »Die Hintergründe zu ›Die Toten‹«, S. 197 ff.

179,24 *am Usher's Island* – nicht, wie der Name vermuten ließe, eine Insel, sondern einer der oberen Quays an der Liffey.

179,33 *Kingstown und Dalkey* – Kingstown (heute Dun Laoghaire), eine Hafenstadt, und Dalkey, ein Ort im Süden von Dublin, Residenz vornehmer Familien; vgl. Anm. zu »Nach dem Rennen«, 42,7.

179,29 *Organistin in der Haddington Road* – St. Mary's Church, eine katholische Kirche, im Südosten Dublins.

180,2 *in der Kirche Adam and Eve* – am Südufer der Liffey im Zentrum.

180,26 *Ach, Mr. Conroy* – der Name stammt aus dem Roman *Gabriel Conroy* von Bret Harte (1836–1902). Auch ein Gastwirt in Howth hatte diesen Namen.

183,3 *Robert Browning* – (1812–1889); er wurde in der zweiten

Hälfte des neunzehnten Jahrhunderts als schwieriger Dichter der Avantgarde angesehen.

183,6 *Moores »Melodies«* – *Irish Melodies* von Thomas Moore, erschienen 1807–1834, die beliebteste irische Liedersammlung.

183,34 *Monkstown* – ein am Meer gelegener Vorort, etwa acht Kilometer vom Stadtzentrum entfernt.

185,8 *Christy Minstrels* – eine von Edwin Christy in Buffalo, N. Y., um 1843 gegründete Gesangstruppe. Der Name wurde später auch verwendet für Sängergruppen, die als Neger verkleidet auftraten und die Lieder und den Dialekt amerikanischer Neger nachahmten.

185,14 *im Gresham* – ein Luxushotel in Dublin, O'Connell Street (früher Sackville Street).

190,26 *ein Bild der beiden ermordeten Prinzen im Tower* – die Söhne Edwards IV., die auf Befehl ihres Onkels, Richard III., 1483 im Tower von London ermordet wurden.

191,9 *Balbriggan* – etwa 35 Kilometer im Norden von Dublin.

191,10 *Royal University* – die katholische Royal University of Ireland, nach dem Vorbild englischer Universitäten 1882 gegründet, verlangte nicht den Aufenthalt in einem College oder den Besuch von Vorlesungen. Sie war lediglich eine Institution zur Erlangung von Examen.

191,34 *eine irische Devise* – Miss Ivors wird dadurch mit der Irischen Renaissance in Verbindung gebracht (vgl. Anm. zu »Eine Mutter« 140,17).

192,10 *Daily Express* – eine konservative Zeitung, die gegen den nationalen Kampf opponierte.

192,16 *einen Westbriten* – abschätziger Ausdruck für einen »anglisierten« Iren.

193,5 *Universitätsfrage* – die Universität von Dublin, Trinity College (gegründet 1591), war überwiegend protestantisch. Die »Universitätsfrage« betraf Bestrebungen, römisch-katholischen Studenten gleiche Bildungschancen zu bieten. Die Royal University (vgl. Anm. 191,10) und das University College (die von Jesuiten geleitete Universität, die Joyce besuchte) stellten weitere Versuche dar, das Problem zu lösen.

193,12 *die Aran-Inseln* – Inseln vor der Westküste Irlands, auf denen die Eingeborenen noch Gälisch sprachen und ihre traditionellen Bräuche pflegten. Anhänger der Irischen Renaissance suchten auf den Aran-Inseln Inspiration, und J. M. Synge (der sie zuerst 1898 besuchte) fand dort viele Themen.

193,15 *Kathleen Kearney* – siehe »Eine Mutter«.

196,25 *Wellington-Denkmal* – ein 62 Meter hoher Obelisk auf einem Hügel in dem ausgedehnten, im Westen der Stadt gelegenen Phoenix-Park. Nicht weit vom Wellington-Denkmal hat sich Mr. Duffy am Ende von »Ein betrüblicher Fall« befunden.

197,23 *Bräutlich geschmückt* – Text von George Linley, nach einer Melodie aus *I Puritani* von Vincenzo Bellini.

Array'd for the bridal, in beauty behold her,
A white wreath entwineth a forehead more fair;
I envy the zephyrs that softly enfold her, enfold her,
And play with the locks of her beautiful hair.
May life to her prove full of sunshine and love, full of love, yes! yes! yes!
Who would not love her
Sweet star of the morning! shining so bright,
Earth's circle adorning, fair creature of light,
Fair creature of light.

(Bräutlich geschmückt, seht sie in Schönheit, / ein Kranz weißer Blüten umschlingt die noch holdere Stirn; / ich beneide die Zephire, die sanft sie umhüllen, umhüllen, / und mit den Locken ihrer schönen Haare spielen. / Möge das Leben für sie stets voll Sonnenschein und Liebe sein, voller Liebe, ja! ja! ja! / Wer würde sie nicht lieben, / süßer Morgenstern! Hell glänzend, / den Erdkreis ausschmückend, holdes Geschöpf des Lichts, / holdes Geschöpf des Lichts.)

199,12 *die Frauen aus den Chören hinauszusetzen* – Papst Pius X. hatte in seinem Motu Proprio vom 22. November 1903 erklärt, Sänger in den Kirchen besäßen eine liturgische Funktion, die von Frauen nicht erfüllt werden könne. Als Sopran- und Altstimmen seien deshalb Knaben einzusetzen.

200,29 *Beannacht libh* – (sprich: 'benaxt liv) gälisch: Lebewohl, mein Segen begleite dich.

201,13 *gewürztes Rindfleisch* – ein traditionelles irisches Weihnachtsgericht, Rindfleisch mit einer würzigen Teigkruste.

201,16 *Blancmanger* – eine Süßspeise aus Hausenblase oder Maismehl.

201,20 *Custard* – eine Süßspeise aus geschlagenen Eiern und Milch, wird gebacken oder in Soßenform serviert.

203,14 *im Theatre Royal* – mit dem Queen's Theatre (vgl. Anm. 145,17) und dem Gaiety Theatre (vgl. nächste Anmerkung) eines der wichtigsten.

203,19 *im Gaiety* – The Gaiety Theatre, in der South King Street, noch heute bestehendes, traditionsreiches Dubliner Theater.

203,33 *Mignon* – Oper von Ambroise Thomas in Anlehnung an Goethes »Wilhelm Meister«; Erstaufführung in Paris 1866.

204,1 *Tietjens, Ilma de Murzka, Campanini, die große Trebelli, Giuglini, Ravelli, Aramburo* – berühmte Sänger und Sängerinnen des neunzehnten Jahrhunderts.

204,6 *Laßt mich fallen wie ein Soldat* – aus der Oper »Maritana« (vgl. Anm. zu »Eine Mutter« 145,16).

204,12 *Dinorah* – komische Oper von Giacomo Meyerbeer (1859).

204,13 *Lukrezia Borgia* – italienische Oper von Gaetano Donizetti nach Victor Hugos »Lucrèce Borgia«.

204,30 *Parkinson* – der Sänger dieses Namens ist bisher noch nicht identifiziert worden, möglicherweise hat Joyce den Namen erfunden.

205,23 *Mount Melleray* – Trappistenkloster im Süden Irlands.

206,1 *in ihren Särgen schliefen* – eine erfundene »Ordensregel«, angeregt durch die harten Vorschriften der Trappisten.

207,12 *Fifteen Acres* – Name eines Teils von Phoenix Park, der Schauplatz von militärischen Übungen und – im 18. Jahrhundert – von Duellen.

213,15 *des Denkmals von König Billy* – das Reiterstandbild von Wilhelm III. von Oranien, der die Streitmacht der irischen Katholiken unter Jakob III. in der Schlacht am Boyne (1690) besiegte. Es stand im College Green, rechts von der Bank of Ireland. Als Symbol der britischen Herrschaft war es den Katholiken und Nationalisten ein Dorn im Auge, wurde oft beschmutzt, bemalt oder beschädigt, bis es 1949 endgültig verschwand.

215,34 *Ach, Regen fällt auf mein schweres Haar* – ein Teil des Refrains von »The Lass of Aughrim«, einer Ballade (Child Nr. 76), von der zahlreiche Versionen in Schottland und Irland kursieren. (Sie ist auch bekannt unter den Namen »Lord Gregory«, »The Lass of Lochroyan«, »The Lass of Ocram«, »The Lass of Roch Royal« und anderen.) Sie erzählt von einem jungen Mädchen, das verführt und verlassen wird. Als ihr Liebhaber zurückkehrt, will sie ihn sehen, sie steht im Regen mit ihrem Kind auf dem Arm, doch er stellt ihr nur eine Reihe von Fragen, ohne sie einzulassen.

Joyces Schwestern sollen lachend von einer traurigen Ballade, »The Lass of Aughrim«, gesprochen haben, die Joyce daheim dauernd sang. Er behauptete, 35 Strophen zu kennen, doch sie konnten sich nur einiger Zeilen erinnern:

The rain falls on my heavy hair
And the dew wets my skin,
If you be the Lord Gregory
Open and let me in.

(Ach Regen fällt auf mein schweres Haar / und der Tau netzt meine Haut, / wenn Ihr der Herr Gregory seid, / öffnet und laßt mich ein.)

Der Dialog geht weiter mit der Frage des Mannes

What was my last gift to you?
(Was gab ich dir zuletzt?)

und der Antwort des Mädchens

My babe lies cold in my arms
Lord Gregory let me in.
(Mein Kind, es liegt so kalt mir im Arm,
Lord Gregory laßt mich ein.)

Eine Version zweier folgender Strophen lautet:

Oh Gregory don't you remember
One night on the hill,
When we swapped rings off each other's hands,
Sorely against my will?
Mine was of the beaten gold,
Yours was but black tin.
The dew wets my yellow locks,

The rain wets my skin,
The babe's cold in my arms,
Oh Gregory let me in!
Oh if you be the lass of Aughrim,
As I suppose you not to be,
Come tell me the last token
Between you and me.
The dew wets etc.

(O Gregory, denkt Ihr nicht mehr / der Nacht auf dem Hügel, / als wir Ringe getauscht von unsern Händen, / schmerzlich gegen meinen Willen? / Mein Ring war von getriebenem Gold, / der deine von schwarzem Zinn. / Der Tau netzt meine gelben Locken, / der Regen näßt meine Haut, / das Kind es ist so kalt mir im Arm, / o Gregory laßt mich ein.

O wenn du die Dirn von Aughrim bist / für die ich dich nicht halte, / so nenn mir das letzte Pfand, / das zwischen uns getauscht. / Der Tau netzt usw.)

Eine andere Fassung findet sich in den Briefen, Band I, S. 428.

217,18 *Die Dirn von Aughrim* – s. vorstehende Anmerkung.

218,7 *der Palast der Four Courts* – der Hauptsitz der irischen Justiz, ein stattliches Gebäude aus dem 18. Jahrhundert, am gegenüberliegenden Ufer der Liffey.

220,7 *das Denkmal* – das Denkmal von Daniel (»Dan«) O'Connell (1775–1847), bekannt als der »Befreier«, weil seine politische Arbeit dazu beitrug, daß 1829 jenes Gesetz widerrufen wurde, welches die bürgerlichen und politischen Rechte der Katholiken einschränkte. O'Connell Bridge und O'Connell Street sind nach ihm benannt.

222,15 *Sovereign* – englische Goldmünze im Wert von 20 Shilling, also einem Pfund.

226,6 Oughterard – (sprich:) ein Dorf 27 Kilometer nördlich von Galway im Westen Irlands, in der Provinz Connacht.

229,6 *auf den Bog of Allen* – sumpfige Gegend im Westen von Dublin.

XI. Bibliographie

Die zahlreichen Hinweise, die sich in den Briefen von und an Joyce, in den Biographien und in den Erinnerungen finden, sind nicht im einzelnen aufgeführt. Die wichtigsten einschlägigen Werke sind:

Joyce, James: *Letters*, Band I hrsg. von Stuart Gilbert, London, 1957. Band II und III, hrsg. von Richard Ellmann, London, 1966. Deutsch: *Briefe* I – 1900–1916, hrsg. von Richard Ellmann, übersetzt von Kurt Heinrich Hansen, Redaktion Klaus Reichert unter Mitwirkung von Fritz Senn, Frankfurt, 1969. Briefe II – 1917–1930, Briefe III – 1931–1941, in Vorbereitung.
Siehe S. 27–129.

Joyce, Stanislaus: *My Brother's Keeper*, hrsg. von Richard Ellmann, London, 1958.
Deutsch: *Meines Bruders Hüter*, übersetzt von Arno Schmidt, Frankfurt, 1960. Siehe S. 143–160.

The Dublin Diary of Stanislaus Joyce, hrsg. von George Harris Healey, London, 1962.
Deutsch: Stanislaus Joyce: *Dubliner Tagebuch*, übersetzt von Arno Schmidt, Frankfurt, 1964. Neuausgabe edition suhrkamp Nr. 216, Frankfurt, 1967. Siehe S. 147 f., 152 ff.

Ellmann, Richard: *James Joyce*, New York, 1959.
Deutsch: *James Joyce*, übersetzt von Albert W. Hess, Klaus und Karl H. Reichert, Zürich (1961). Siehe S. 197–214.

Gorman, Herbert: *James Joyce: a definitive biography*, London, 1941.
Deutsch: *James Joyce: Leben und Werk*, übersetzt von Hans Hennecke, Hamburg, 1957.

Curran, Constantine P.: *James Joyce Remembered*, London 1968.

Über *Dubliner*

Adams, Robert M.: *James Joyce: Common Sense and Beyond*, New York, 1966, S. 63–90.

Arnold, Armin: *James Joyce* (Köpfe des XX. Jahrhunderts), Berlin, 1963, S. 17–19.

Atherton, James S.: »The Joyce of *Dubliners*«, in *James Joyce To-*

day, hrsg. von Thomas F. Staley, Bloomington und London, 1966, S. 28–53.

Burgess, Anthony: *Here Comes Everybody,* London, 1965, S. 38 bis 47. Deutsch: *Ein Mann in Dublin namens Joyce,* Bad Homburg, Berlin, Zürich, 1968, S. 32–41.

Baker, James R.: »Ibsen, Joyce, and the Living-Dead«, in *James Joyce Miscellany: Third Series,* Carbondale, 1962, S. 19–32.

Carrier, Warren: »*Dubliners:* Joyce's Dantean Vision«, »Renascence«, XVII, Sommer 1965, S. 211–215.

Colum, Padraic: »Introduction« in Joyce's *Dubliners,* New York, 1926, S. V–XIII.

Colum, Padraic: »Dublin in Literature«, »Bookman«, London, LXIII, Juli 1926, S. 555–561.

Daiches, David: *The Novel and the Modern World,* Chicago und London, 1960, S. 63–82.

Egri, Péter: »Thomas Mann es James Joyce elso vilaghaboru alotti novellai«, »Filologiai Kozlony«, Budapest, IX, Januar–Juni 1963, S. 71–86.

Friedrich, Gerhard: »The Gnomonic Clue to James Joyce's *Dubliners*«, »Modern Language Notes«, LXII, Juni 1957, S. 421–424.

Friedrich, Gerhard: »Joyce's Pattern of Paralysis in *Dubliners*«, »College English«, XXII, April 1961, S. 519–520.

Garrett, Peter K. (Herausgeber): *Twentieth Century Interpretations of Dubliners: A Collection of Critical Essays,* Englewood Cliffs, New Jersey, 1968.

Ghiselin, Brewster: »The Unity of Joyce's *Dubliners*«, »Accent«, XVI, Frühjahr 1956, S. 75–88; Sommer 1956, S. 196–213.

Gibbons, T. H.: »*Dubliners* and the Critics«, »Critical Quarterly«, IX, Sommer 1967, S. 179–187.

Gifford, Don: *Notes For Joyce: Dubliners and A Portrait of the Artist as a Young Man,* New York, 1967. Anmerkungen.

Goldberg, S. L.: *Joyce,* Edinburgh und London, 1962, S. 35–46.

Golding, Louis: *James Joyce,* London, 1933, S. 22–33.

Goldman, Arnold: *The Joyce Paradox,* London, 1966, S. 1–21.

Gorman, Herbert S.: *James Joyce, His First Forty Years,* New York, 1924, S. 33–64.

Gould, Gerald: *»A Review of Dubliners«,* »The New Statesman«, III, 27. Juni 1914. Siehe S. 178 ff.

Guidi, Augusto: *Il primo Joyce*, Rom, 1954, S. 7–40.
Hart, Clive (Herausgeber): *James Joyce's Dubliners: Critical Essays*, London, 1969. Mit Anmerkungen.
Hart, Clive: »Dubliners« in *James Joyce's Ulysses*, Sydney, 1968, S. 23–25.
Hentze, Rudolf: *»Dubliners«* in *Die proteische Wandlung im »Ulysses« von James Joyce*, Marburg, 1933, S. 41–42.
Hone, Joseph: »A Recollection of James Joyce«, »Envoy«, V, April 1951. Siehe S. 125 ff.
James Joyce Quarterly: Dubliners Number, Tulsa, Winter 1965, II, Nr. 2.
Jones, W. Powell: *James Joyce and the Common Reader*, Norman, 1955, S. 9–23.
Joyce, Stanislaus: »The Backgrounds to *Dubliners*«, »Listener«, LI, März 1954, S. 526–7. Siehe S. 164 ff.
Kenner, Hugh: *Dublin's Joyce*, London, 1955, S. 48–68.
Kenner, Hugh: *Flaubert, Joyce and Beckett, The Stoic Comedians*, Boston, 1962, S. 55–60.
Larbaud, Valery: »Préface – Gens de Dublin«, *Gens de Dublin*, o. J., S. 13–17.
Levin, Harry: *James Joyce: A Critical Introduction*, London, 1960, S. 37–45, 48–50.
Levin, Richard, und Shattuck, Charles: »First Flight to Ithaca: a New Reading of Joyce's *Dubliners*«, in James Joyce: *Two Decades of Criticism*, hrsg. von Seon Givens, New York, 1948, S. 47–94.
Litz, A. Walton: *James Joyce*, New York, 1966, S. 47–59.
Ludwig, Jack Barry: »James Joyce's *Dubliners*«, in *Stories: British and American*, hrsg. v. J. B. Ludwig und W. Richard Poirier, Boston, 1953, S. 384–391.
Magalaner, Marvin: »James Joyce and the Uncommon Reader«, »South Atlantic Quarterly«, LII, April 1953, S. 267–276.
Magalaner, Marvin: *Time of Apprenticeship: the Fiction of Young James Joye*, London, 1959. Mit Anmerkungen.
Magalaner, Marvin, und Kain, Richard M.: *Joyce, the Man, the Work, the Reputation*, New York, 1956, S. 53–101.
Majault, Joseph: *James Joyce*, Paris, 1963, S. 61–66.

Mayoux, Jean-Jacques: *Joyce*, Paris, 1965, S. 149–151. Deutsch: Frankfurt, 1967, S. 137–9.

Mercanton, Jacques: *Poètes de l'univers*, Paris, 1947, S. 70–76.

Montgomery, Judith: »The Artist as Silent Dubliner«, »James Joyce Quarterly«, VI, Nr. 4, Sommer 1969, S. 306–320.

Moseley, Virginia: »Two Sights For Ever a Picture«, in *Joyce and the Bible*, De Kalb, 1966, S. 19–30.

Murillo, L. A.: *The Cyclical Night: Irony in James Joyce and Jorge Luis Borges*, Cambridge, Mass., 1968, S. 15–24.

Murphy, Michael W.: »Darkness in *Dubliners*«, »Modern Fiction Studies«, XV, Frühjahr 1969, S. 97–104.

Noon, William T., S. J.: *Joyce and Aquinas*, New Haven, 1957, S. 83–85.

O'Brien, Darcy: *The Conscience of James Joyce*, Princeton, 1968, S. 14–21.

O'Connor, Frank: »Joyce and the Dissociated Metaphor«, in *The Mirror in the Roadway: A Study of the Modern Novel*, New York, 1956, S. 295–312.

O'Connor, Frank: »Work in Progress«, in *The Loneley Voice: A Study of the Short Story*, London, 1963, S. 113–127.

O Hehir, Brendan: »Glossary for Joyce's Other Works: *Dubliners*, in *A Gaelic Lexicon for Finnegans Wake*, Berkeley und Los Angeles, 1967, S. 333–335.

Ostroff, Anthony: »The Moral Vision in *Dubliners*«, »Western Speech«, XX, Herbst 1956, S. 196–209.

Pound, Ezra: »*Dubliners* and Mr. James Joyce«, mit weiteren Essays und Briefen, in *Pound/Joyce*, hrsg. v. Forrest Reid, London, 1968.

Pritchett, V. S.: »Current Literature: Books in General«, »New Statesman and Nation«, 15. Februar 1941, S. 162. Siehe S. 182 ff.

Quasha, George: *James Joyce's Dubliners and A Portrait of the Artist as a Young Man*, New York, 1965.

Rothe, Wolfgang: »Lebenspessimismus« in *James Joyce*, Wiesbaden, 1957, S. 24–28.

Ryan, Marjorie: »*Dubliners* and the Stories of Katherine Anne Porter«, »American Literature«, XXXI, Januar 1960, S. 464–473.

Ryf, Robert S.: »The *Portrait* and *Dubliners*«, in *A New Approach to James Joyce*, Berkeley und Los Angeles, 1962, S. 59–76.

Scholes, Robert, und Litz, A. Walton (Herausgeber): *James Joyce: Dubliners: Text, Criticism, and Notes*, New York, 1969. Mit Anmerkungen.

Scholes, Robert: »Further Observations on the Text of *Dubliners*«, »Studies in Bibliography«, XVII, 1964, S. 107–122.

Schutte, William M.: *Joyce and Shakespeare*, New Haven, 1957, S. 136–142.

Spinner, Kaspar: »James Joyce 1882–1941«, Vorwort zu *»Die Toten«*, Zürich, o. J., S. 7–25.

Staley, Thomas F. (Herausgeber): *Dubliners: A Critical Handbook*, 1969.

Stewart, J. I. M.: *James Joyce*, London, 1960, S. 11–16.

Stewart, J. I. M.: *Eight Modern Writers*, Oxford, 1963, S. 431 bis 435.

Strong, L. A. G.: *The Sacred River*, London, 1949, S. 17–23, 29–31.

Tindall, William York: *A Reader's Guide to James Joyce*, New York und London, 1959, S. 3–49.

Tysdahl, B. J.: *Joyce and Ibsen: A Study in Literary Influence*, Oslo, 1968, S. 55–59.

Walzl, Florence L.: »Pattern of Paralysis in Joyce's *Dubliners*«, »College English«, XXII, Januar 1961, S. 221–228.

Zimmer, Dieter E.: »Dublin – und immer Joyce im Kopf«, »Die Zeit«, 18. Juli 1969, S. 12–13.

Zu den einzelnen Erzählungen

Zu *The Sisters (Die Schwestern)*

Benstock, Bernard: »Joyce's ›The Sisters‹«, »Explicator«, XXIV, September 1965, Nr. 1.

Benstock, Bernard: »›The Sisters‹ and the Critics«, »James Joyce Quarterly«, IV, Nr. 1, Herbst 1966, S. 32–35.

Brandabur, Edward: »The Sisters«, in *Dubliners*, hrg. v. Scholes und Litz, S. 333–343.

Connolly, Thomas E.: »Joyce's ›The Sisters‹: A Pennyworth of Snuff«, »College English«, XXVII, Dezember 1965, S. 189–195.

Corrington, John William: »The Sisters«, in *James Joyce's Dubliners: Critical Essays,* hrsg. v. Hart, S. 13–25.

Fabian, David R.: »Joyce's ›The Sisters‹: Gnomon, Gnomic, Gnome«, »Studies in Short Fiction«, V, Winter 1968, S. 187–189.

Fahey, William: »Joyce's ›The Sisters‹«, »Explicator«, XVII, Januar 1959, Nr. 26.

Gleeson, W. F.: »Joyce's ›The Sisters‹«, »Explicator«, XXII, Dezember 1963, Nr. 30.

Kuehl, John: »à la Joyce: The Sisters Fitzgerald's Absolution«, »James Joyce Quarterly«, II, Nr. 1, Herbst 1964, S. 2–6.

Magalaner, Marvin: »›The Sisters‹ of James Joyce«, »University of Kansas City Review«, XVIII, Sommer 1952, S. 255–261.

Montgomery, Judith: »The Artist as Silent Dubliner«, »James Joyce Quarterly«, VI, Nr. 4, S. 307–312.

Senn, Fritz: »›He Was Too Scrupulous Always‹: Joyce's ›The Sisters‹«, »James Joyce Quarterly«, II, Nr. 2, Winter 1965, S. 66 bis 72.

Spielberg, Peter: »›The Sisters‹: No Christ at Bethany«, »James Joyce Quarterly«, III, Nr. 3, Frühjahr 1966, S. 192–195.

Stein, William Bysshe: »Joyce's ›The Sisters‹«, »Explicator«, XX, März 1962, Nr. 61, und XXI, September 1962, Nr. 2.

Walzl, Florence L.: »A Date in Joyce's ›The Sisters‹«, »Texas Studies in Literature and Language«, IV, Sommer 1962, S. 183 bis 187.

Zu *An Encounter (Eine Begegnung)*

Feshbach, Sidney: »Death in ›An Encounter‹«, »James Joyce Quarterly«, II, Nr. 2, Winter 1965, S. 82–89.

Kaye, Julian B.: »The Wings of Daedalus: Two Stories in *Dubliners*«, »Modern Fiction Studies«, IV, Nr. 1, Frühjahr 1958, S. 31 bis 37.

Montgomery, Judith: »The Artist as Silent Dubliner«, »James Joyce Quarterly«, VI, Nr. 4, S. 313–316.

Senn, Fritz: »An Encounter«, in *James Joyce's Dubliners: Critical Essays,* hrsg. v. Hart, S. 26–38.

Zu *Araby (Arabia)*

apRoberts, Robert P.: »›Araby‹ and the Palimpsest of Criticism; or, Through a Glass Eye Darkly«, »Antioch Review«, XXVI, Winter 1966–67, S. 469–489.

Atherton, James S.: »Araby«, in *James Joyce's Dubliners: Critical Essays*, hrsg. v. Hart, S. 39–47.

Benstock, Bernard: »Arabesques: The Third Position of Concord«, »James Joyce Quarterly«, V, Nr. 1, S. 30–39.

Bonazza, Blaze O., und Roy, Emil (Herausgeber): *Studies in Fiction*, New York, 1965, S. 24–28.

Brooks, Cleanth, und Warren, Robert Penn: *Understanding Fiction*, New York, 1959, S. 189–192.

Burto, William: »Joyce's ›Araby‹«, »Explicator«, XXV, April 1967, Nr. 67.

Collins, Ben L.: »Joyce's ›Araby‹ and the Extended Simile«, »James Joyce Quarterly«, IV, Nr. 2, Winter 1967, S. 84–90. Auch in *Twentieth Century Interpretations of Dubliners*, S. 93–99.

Dadufalza, Concepcion D.: »The Quest of the Chalice-Bearer in James Joyce's ›Araby‹«, *Diliman Review*, VII, Juli 1959, S. 317 bis 325.

Friedmann, Stanley: »Joyce's ›Araby‹«, »Explicator«, XXIV, Januar 1966, Nr. 43.

Going, William T.: »Joyce's ›Araby‹«, »Explicator«, XXVI, Januar 1968, Nr. 39.

LaHood, Marvin J.: »A Note on the Priest in Joyce's ›Araby‹, »Revue des langues vivantes«, XXXIV, 1968, S. 24–25.

Lyons, John O.: »James Joyce and Chaucer's Prioress«, »English Language Notes«, II, Dezember 1964, S. 127–132.

Male, Roy R.: »The Story of the Sensitive Young Man: A Brief Comparative Analysis«, in *Types of Short Fiction*, Belmont, 1962, S. 31–34.

Montgomery, Judith: »The Artist as Silent Dubliner«, »James Joyce Quarterly«, VI, Nr. 4, S. 316–320.

Stein, William Bysshe: »Joyce's ›Araby‹: Paradise Lost«, »Perspective«, XII, Frühjahr 1962, S. 215–222.

Stone, Harry: »›Araby‹ and the Writings of James Joyce«: »Antioch Review«, XXV, Herbst 1965, S. 375–410.

Zu *Eveline*

Dolch, Martin: »Eveline«, in *Insight II: Analyses of Modern British Literature,* hrsg. v. John V. Hagopian und Martin Dolch, Frankfurt am Main, 1964, S. 191–200.

Hart, Clive: »Eveline« in *James Joyce's Dubliners: Critical Essays,* hrsg. v. Hart, S. 48–52.

Hart, Clive: *Structure and Motif in Finnegans Wake,* London, 1962, S. 53–55.

Hedberg, Johannes: »Derevaun Seraun – A Joycean Puzzle«, »Moderna Språk«, LX, Nr. 2, 1966, S. 109–110.

Pira, Gisela: »James Joyce: ›Eveline‹«, »Neuere Sprachen«, XVI, Juli 1967, S. 552–554.

Stein, William Bysshe: »The Effects of Eden in Joyce's ›Eveline‹«, »Renascence«, XV, Frühjahr 1963, S. 124–126.

Torchiana, Donald T.: »Joyce's ›Eveline‹ and the Blessed Margaret Mary Alacoque«, »James Joyce Quarterly«, VI, Herbst 1968, S. 22–28.

Zu *After the Race (Nach dem Rennen)*

Bowen, Zack: »After the Race«, in *James Joyce's Dubliners: Critical Essays,* hrsg. v. Hart. S. 53–61.

Zu Two Gallants (Zwei Kavaliere)

Boyle, Robert, S. J.: »›Two Gallants‹ and »Ivy Day in the Committee-Room‹«, »James Joyce Quarterly«, I, Nr. 1, Herbst 1963, S. 3–9. Auch in *Twentieth Century Interpretations of Dubliners,* hrsg. v. Peter K. Garrett, S. 100–106.

Litz, A. Walton: »›Two Gallants‹«, in *James Joyce's Dubliners: Critical Essays,* hrsg. v. Hart, S. 62–71. Auch in *Dubliners,* hrsg. von Scholes und Litz, S. 368–378.

Torchiana, Donald T.: »Joyce's ›Two Gallants‹: A Walk Through the Ascendancy«, »James Joyce Quarterly«, VI, Nr. 2, Winter 1968, S. 115–127.

Walzl, Florence: »Symbolism in Joyce's ›Two Gallants‹«, »James Joyce Quarterly«, II, Nr. 2, Winter 1965, S. 73–81.

Zu *The Boarding House (Die Pension)*

Cixous, Hélène: »Sur un mode épiphanique: analyse de *Pension de famille*«, in *L'Exil de James Joyce*, Paris, 1968, S. 86–94.
Halper, Nathan: »The Boarding House«, in *James Joyce's Dubliners: Critical Essays*, hrsg. v. Hart, S. 72–83.
Kenner, Hugh: *Studies in Change: A Book of Short Stories*, Englewood Cliffs, 1965, S. VII–X.
Rosenberg, Bruce: »The Crucifixion in ›The Boarding House‹«, »Studies in Short Fiction«, V, Herbst 1967, S. 44–53.

Zu *A Little Cloud (Eine kleine Wolke)*

Boyle, Robert, S. J.: »A Little Cloud«, in *James Joyce's Dubliners: Critical Essays*, hrsg. v. Hart, S. 84–92.
Brodbar, Harold: »A Religious Allegory: Joyce's ›A Little Cloud‹«, »Midwest Quarterly«, II, Frühjahr 1961, S. 221–227.
Cixous, Hélène: »L'illusion de la liberté« und »Parodie d'un Byron manqué«, in *L'Exil de James Joyce*, Paris, 1968, S. 122 bis 129.
Harmon, Maurice: »Little Chandler and Byron's ›First Poem‹«, »Threshold«, Nr. 17, 1962, S. 59–61.
Ruoff, James: »›A Little Cloud‹: Joyce's Portrait of the Would-Be Artist«, »Research Studies of the State College of Washington«, XXV, 1957, S. 256–271.
Short, Clarice: »Joyce's ›A Little Cloud‹«, »Modern Language Notes«, LXXII, April 1957, S. 275–278.

Zu *Counterparts (Entsprechungen)*

Brown, Wentworth K., und Sterling, P. Olmstedt: »A Story Analyzed«, in *Language and Literature*, New York, 1962, S. 231–255.

Cixous, Hélène: »Correspondances«, in *L'Exil de James Joyce*, Paris, 1968, S. 181–184.
Foff, Arthur, und Knapp, Daniel: *Story: An Introduction to Prose Fiction*, Belmont, 1964, S. 142–145.
Hagopian, John V.: »The Epiphany in Joyce's ›Counterparts‹«, »Studies in Short Fiction«, I, Sommer 1964, S. 272–276.
Scholes, Robert: »Counterparts«, in *James Joyce's Dubliners: Critical Essays*, hrsg. v. Hart. S. 93–99. Auch in *Dubliners*, hrsg. v. Scholes und Litz, S. 379–387.
Stein, William Bysshe: »›Counterparts‹: A Swine Song«, »James Joyce Quarterly«, I, Nr. 2, Winter 1964, S. 30–32.

Zu *Clay (Erde)*

Brooks, Cleanth, Purser, John T., und Warren, Robert Penn: *An Approach to Literature*, New York, 1952, S. 137–140.
Carpenter, Richard, und Leary, Daniel: »The Witch Maria«, »James Joyce Review«, III, 1959, S. 3–7.
Connolly, Thomas E.: »Marriage Divination in Joyce's ›Clay‹«, »Studies in Short Fiction«, III, Frühjahr 1966, S. 293–299.
Cowan, S. A.: »Joyce's ›Clay‹«, »Explicator«, XXIII, März 1965, Nr. 50.
Davies, Phillips George: »Maria's Song in Joyce's ›Clay‹«, »Studies in Short Fiction«, I, Winter 1964, S. 153–154.
Glasheen, Adaline: »Clay«, in *James Joyce's Dubliners: Critical Essays*, hrsg. v. Hart, S. 100–106.
Hudson, Richard B.: »Joyce's ›Clay‹«, »Explicator«, VI, März 1948, Nr. 30.
Madden, David: »James Joyce's ›Clay‹«, »University Review«, XXXIII, Frühjahr 1967, S. 229–233.
Magalaner, Marvin: »The Other Side of James Joyce«, »Arizona Quarterly«, IX, Frühjahr 1953, S. 5–16.
Matthews, F. X.: »Punchestime: A New Look at ›Clay‹«, »James Joyce Quarterly«, IV, Nr. 2, Winter 1967, S. 102–106.
Noon, William T., S. J.: »Joyce's ›Clay‹: An Interpretation«, »College English«, XVII, November 1955, S. 93–95.
Pearson, Norman Holmes: »Joyce's ›Clay‹«, »Explicator«, VII, Oktober 1948, Nr. 9.

Scholes, Robert: »A Commentary on ›Clay‹«, in *Elements of Fiction*, New York, 1968, S. 66–77.

Short, Raymond, und Sewall, Richard B.: *A Manual of Suggestions for Teachers Using Short Stories For Study*, New York, 1956, S. 4–5.

Smith, G. Ralph: »A Superstition in Joyce's ›Clay‹«, »James Joyce Quarterly«, II, Nr. 2, Winter 1965, S. 133–134.

Staley, Thomas F.: »Moral Responsibility in Joyce's ›Clay‹«, »Renascence«, XVIII, Frühjahr 1966, S. 124–128.

Walzl, Florence: »Joyce's ›Clay‹«, »Explicator«, XX, Februar 1962, Nr. 46. Auch in *Twentieth Century Interpretations of Dubliners*, hrsg. v. Garrett, S. 107–109.

Weber, Robert: »Clay«, in *Insight II*, hrsg. v. Hagopian und Dolch, Frankfurt am Main, 1964, S. 206–212.

Zu *A Painful Case (Ein betrüblicher Fall)*

Barrows, Herbert: *Suggestions for Teaching 15 Stories*, Boston, 1950, S. 19–22.

Cixous, Hélène: »Un cas pénible«, in *L'Exil de James Joyce*, Paris, 1968, S. 192–201.

Connolly, Thomas E: »A Painful Case«, in *James Joyce's Dubliners: Critical Essays*, hrsg. v. Hart, S. 107–114.

Corrington, John William: »Isolation as Motif in ›A Painful Case‹«, »James Joyce Quarterly«, III, Nr. 3, Frühjahr 1966, S. 182–191.

Duffy, John J.: »The Painful Case of M'Intosh«, »Studies in Short Fiction«, II, Winter 1965, S. 183–185.

Gettmann, Royal A., und Harkness, Bruce: *Teacher's Manual For A Book of Stories*, New York, 1955, S. 7–9.

Kranidas, Thomas: »Mr. Duffy and the Song of Songs«, »James Joyce Quarterly«, III, Nr. 3, Frühjahr 1966, S. 220.

Magalaner, Marvin: »Joyce, Nietzsche, and Hauptmann in James Joyce's ›A Painful Case‹«, »PMLA«, LXVIII, März 1953, S. 95 bis 102.

Reid, Stephen: »›The Beast in the Jungle‹ and ›A Painful Case‹: Two Different Sufferings«, »American Imago«, XX, Herbst 1963, S. 221–239.

Wright, Charles D.: »Melancholy Duffy and Sanguine Sinico: Humors in ›A Painful Case‹«, »James Joyce Quarterly«, III, Nr. 3, Spring 1966, S. 171–181.

Zu *Ivy Day in the Committee Room (Efeutag im Sitzungszimmer)*

Blotner, Joseph L.: »›Ivy Day in the Committee Room‹: Death Without Resurrection«, »Perspective«, IX, Sommer 1957, S. 210 bis 217.
Boyle, Robert, S. J.: »›Two Gallants‹ and ›Ivy Day in the Committee Room‹«, »James Joyce Quarterly«, I, Nr. 1, Herbst 1963, S. 3–9.
Boyle, Robert, S. J.: »A Note on Hynes's ›The Death of Parnell‹«, »James Joyce Quarterly«, II, Nr. 2, Winter 1965, S. 133.
Cixous, Hélène: »Une illustration de l'ignominie politique: ›La réunion du 6 octobre‹«, in *L'Exil de James Joyce*, Paris, 1968, S. 325–334.
Glasheen, Adaline: »Parnell as God in ›Ivy Day in the Committee Room‹«, in »Joyce and the Three Ages of Charles Stewart Parnell«, *James Joyce Miscellany: Second Series*, hrsg. v. Marvin Magalaner, Carbondale 1959, S. 163–167.
Hodgart, M. J. C.: »Ivy Day in the Committee Room«, in *James Joyce's Dubliners; Critical Essays*, hrsg. v. Hart, S. 115–121.
Stegner, Wallace; Scowcroft, Richard, und Ilyin, Boris: *The Writer's Art*, Boston, 1950, S. 92–95.

Zu *A Mother (Eine Mutter)*

Hayman, David: »A Mother«, in *James Joyce's Dubliners: Critical Essays*, hrsg. v. Hart, S. 122–133.
O'Neill, Michael J.: »Joyce's Use of Memory in ›A Mother‹«, »Modern Language Notes«, LXXIV, März, 1959, S. 226–230. Siehe S. 191 ff.

Zu *Grace (Gnade)*

Baker, Joseph E.: »The Trinity in Joyce's ›Grace‹«, »James Joyce Quarterly«, II, Nr. 4, Sommer 1965, S. 299–303.

Cunningham, Frank R.: »Joyce's ›Grace‹: Gracelessness in a Lost Paradise«, »James Joyce Quarterly«, VI, Nr. 3, Frühjahr 1969, S. 219–223.

Jackson, Robert S.: »A Parabolic Reading of James Joyce's ›Grace‹«, »Modern Language Notes«, LXXVI, Dezember 1961, S. 719–724.

Kain, Richard M.: »Grace«, in *James Joyce's Dubliners: Critical Essays*, hrsg. v. Hart, S. 134–152.

Magalaner, Marvin: »Leopold Bloom Before *Ulysses*«, »Modern Language Notes« LXVIII, Februar 1953, S. 110–112.

Moseley, Virginia: »The ›Coincidence‹ of ›Contraries‹ in ›Grace‹«, »James Joyce Quarterly«, VI, Nr. 1, Herbst 1968, S. 3–21.

Newman, F. X.: »The Land of Ooze: Joyce's ›Grace‹ and the *Book of Job*«, »Studies in Short Fiction«, IV, Herbst 1966, S. 70 bis 79.

Niemeyer, Carl: »›Grace‹ and Joyce's Method of Parody«, »College English«, XXVII, Dezember 1965, S. 196–201.

Zu *The Dead (Die Toten)*

Bates, H. E.: *The Modern Short Story: A Critical Survey*, London, 1943, S. 154–156.

Benstock, Bernard: »The Dead«, in *James Joyce's Dubliners: Critical Essays*, hrsg. v. Hart, S. 153–169.

Bierman, Robert: »Structural Elements in ›The Dead‹«, »James Joyce Quarterly«, IV, Nr. 1, Herbst 1966, S. 42–45.

Blum, Morgan: »The Shifting Point of View: Joyce's ›The Dead‹ and Gordon's ›Old Red‹«, »Critique«, I, Winter 1956, S. 45–66.

Brandabur, Edward: »Arrayed for the Bridal: The Embodied Vision of ›The Dead‹, in *Joyce's The Dead*, hrsg. v. William T. Moynihan, S. 108–119.

Burke, Kenneth: »Three Definitions«, »Kenyon Review«, XIII, Frühjahr 1951, S. 186–192. Auch in *Dubliners*, hrsg. v. Scholes und

Litz, S. 410–416, und zum Teil in *Joyce's The Dead*, hrsg. v. Moynihan, S. 95–99.

Cox, Roger L.: »Johnny the Horse in ›The Dead‹«, »James Joyce Quarterly«, IV, Nr. 1, Herbst 1966, S. 36–41.

Damon, Philip: »A Symphasis of Antipaties in ›The Dead‹«, »Modern Language Notes«, LXXIV, Februar 1959, S. 111–114.

Deane, Paul: »Motion Picture Techniques in James Joyce's ›The Dead‹«, »James Joyce Quarterly«, VI, Nr. 3, S. 231–236.

Ellmann, Richard: »The Backgrounds of ›The Dead‹«, in *James Joyce*, New York und London, 1959, S. 252–263. Deutsch in *James Joyce*, Zürich, (1961) S. 249–259. Siehe S. 197 ff.

Friedrich, Gerhard: »Bret Harte as a Source for James Joyce's ›The Dead‹«, »Philological Quarterly«, XXXIII, Oktober 1954, S. 442–444.

Grace, William J.: »Art Form in Joyce's ›The Dead‹«, in *Response to Literature*, New York, 1965, S. 149–152.

Hedberg, Johannes (Herausgeber): *James Joyce: ›The Dead‹*, Stockholm 1968. Mit »Dublin and James Joyce«, S. 9–14, »Some Background Information«, S. 81–84.

Hedberg, Johannes: *James Joyce: ›The Dead‹ – Companion Volume*, Stockholm 1968.

Hutton, Virgil: »The Dead«, »East-West Review«, II, Winter 1965–66, S. 124–139.

Kaye, Julian B.: »The Wings of Dedalus: Two Stories in *Dubliners*«, »Modern Fiction Studies«, IV, Frühjahr 1958, S. 37–41.

Kelleher, John V.: »Irish History and Mythology in Joyce's ›The Dead‹«, »Review of Politics«, XXVII, Juli 1965, S. 414 bis 433.

Kenelly, Brendan: »The Irishness of ›The Dead‹ by James Joyce«, »Moderna Språk«, LXI, Nr. 3, 1967, S. 239–242.

Knox, George: »Michael Furey: Symbol-Name in Joyce's ›The Dead‹«, »Western Humanities Review«, XIII, Frühjahr 1959, S. 221–222.

Kopper, Edward A.: »Joyce's ›The Dead‹«, »Explicator«, XXVI, Februar 1968, Nr. 46.

Loomis, C. C.: »Structure and Sympathy in Joyce's ›The Dead‹: »PMLA«, LXXV, März 1960, S. 149–151. Auch in *Dubliners*, hrsg. v. Scholes und Litz, S. 417–422, und in *Twentieth Century*

Interpretations of Dubliners, hrsg. v. Garnett, S. 110–114, und in *Joyce's The Dead,* hrsg. v. Moynihan, S. 100–104.

MacDonagh, Donagh: »Joyce and ›The Lass of Aughrim‹«, »Hibernia«, Juni 1967, S. 21.

Magalaner, Marvin, und Volpe, Edmond L.: »Introduction« in *Twelve Short Stories,* New York, 1961, S. 28–30.

Miller, Milton: »Definition by Comparison: Chaucer, Lawrence, and Joyce«, »Essays in Criticism«, III, Oktober 1953, S. 377–381.

Moseley, Virginia: »Two Sights for Ever a Picture in James Joyce's ›The Dead‹«, »College English«, XXVI, März 1965, S. 426–433.

Moynihan, William T. (Herausgeber): *Joyce's The Dead, Boston,* 1965.

Neider, Charles: *Short Novels of the Masters,* New York, 1948, S. 37–40.

O Hehir, Brendan: »Structural Symbol in Joyce's ›The Dead‹«, »Twentieth Century Literature«, III, April 1957, S. 3–13. Auch in *Joyce's The Dead,* hrsg. v. Moynihan, S. 120–132.

Scheuerle, William H.: »›Gabriel Hounds‹ and Joyce's ›The Dead‹«, »Studies in Short Fiction«, II, Sommer 1965, S. 369–371.

Schmidt, Hugo: »Hauptmann's *Michael Kramer* and Joyce's ›The Dead‹«, »PMLA«, LXXX, März 1965, S. 141–142.

Scholes, Robert: »Some Observations on the Text of *Dubliners:* ›The Dead‹«, »Studies in Bibliography«, XV, 1962, S. 191–205.

Smith, Thomas F.: »Color and Light in ›The Dead‹«, »James Joyce Quarterly«, II, Nr. 4, Sommer 1965, S. 304–309.

Spiegelberg, Walter (Herausgeber): »James Joyce: The Dead«, München, 1962. Mit »The Backgrounds of ›The Dead‹«, S. 5–6, und »Anmerkungen zu James Joyce: ›The Dead‹«.

Stone, William B.: »Teaching ›The Dead‹: Literature in the Composition Class«, »College Composition and Communication«, XIX, Oktober 1968, S. 229–231.

Tate, Allan: »Three Commentaries«, »Sewanee Revie«, LVIII, Winter 1950, S. 10–15. Auch in *Dubliners,* hrsg. v. Scholes und Litz, S. 404–409.

Walzl, Florence L.: »Ambiguity in the Structural Symbols of Gabriel's Vision in Joyce's ›The Dead‹«, »Wisconsin Studies in Literature«, Nr. 2, 1965, S. 60–69.

Walzl, Florence L.: »Gabriel and Michael: The Conclusion of ›The Dead‹«, »James Joyce Quarterly«, IV, Nr. 1, Herbst 1966, S. 17–31. Auch in *Dubliners*, hrsg. v. Scholes und Litz, S. 423–443.
Ware, Thomas C.: »A Miltonic Allusion in Joyce's ›The Dead‹«, »James Joyce Quarterly«, VI, Nr. 3, S. 273–274.

Tonbandaufnahme

»The Dead«, gelesen von Paddy O'Broin, Paul Clarke, Denis Merritt, Edward Clarke, Jo McGrath, Eugenie Merritt, Miriam McCann; unter Leitung von Johannes Hedberg.
Stockholm, 1969.

Schallplattenaufnahmen

Silent O Moyle: auf LP ›Songs of Ireland‹, gesungen von Mary O'Hara (Emerald MLD 22; in Großbritannien vertrieben von Vogue).
I Dreamt That I Dwelt: auf LP ›Brillante Koloraturen, beliebte Melodien‹, gesungen von Joan Sutherland (Decca SXL 21137-B).
Lord Gregory (›The Lass of Aughrim‹, ›Die Dirn von Aughrim‹): auf LP ›dolly‹, gesungen von Dolly McMahon (Claddagh Records, Dublin).

Auf Grund vorhandener Bibliographien zusammengestellt und ergänzt von Fritz Senn.

Bibliographischer Nachtrag

Stand: September 1984
Zusammengestellt und ergänzt von
Wilhelm Füger

Bibliographien

Slocum, John J. and Herbert Cahoon. *A Bibliography of James Joyce, 1882–1941*, New Haven: Yale University Press 1953; London: Rupert Hart-Davis 1953 (Soho Bibliographies); Nd. Westport (Conn.): Greenwood Press 1971 [Primär-Bibliographie]

Deming, Robert H. *A Bibliography of James Joyce Studies.* Second Edition, Revised and Enlarged, Boston (Mass.): G. K. Hall & Co 1977; London: George Prior Publications 1977 [bislang umfassendste Sekundär-Bibliographie]

Forschungsberichte

Staley, Thomas F. »James Joyce«, in: Richard J. Finneran, ed. *Anglo-Irisch Literature. A Review of Research,* New York: The Modern Language Association of America 1976, p. 366–435 (speziell zu *Dubliners:* p. 398–402); dazu Ergänzungsband: *Recent Research on Anglo-Irish Literature.* Edited by Richard J. Finneran, New York: The Modern Language Association of America 1983, p. 181–202 (speziell zu *Dubliners:* p. 195–197)

Feshbach, Sidney and William Herman. »The History of Joyce Criticism and Scholarship«, in: *A Companion to Joyce Studies.* Edited by Zack Bowen and James F. Carens, Westport (Conn.) and London: Greenwood Press 1984, p. 727–780 (speziell zu *Dubliners:* p. 742–747)

Kommentare und Nachschlagewerke

Gifford, Don with the assistance of Robert J. Seidman. *Notes for Joyce: ›Dubliners‹ and ›A Portrait of the Artist as a Young Man*, New York:

E. P. Dutton & Co 1967; second edition, revised and enlarged, Berkeley/Los Angeles/London: University of California Press 1982
Hart, Clive. »Appendix«, in: ders. ed., *James Joyce's Dubliners: Critical Essays,* New York: The Viking Press 1969, p. 171–179
Magalaner, Marvin. »Notes to the Text of Joyce's *Dubliners*«, in: ders. *Time of Apprenticeship: The Fiction of Young James Joyce,* London/New York/Toronto: Abelard-Schuman 1959, Appendix A, p. 147–171
Reichert, Klaus, Fritz Senn und Dieter E. Zimmer. »Anmerkungen zu ›Dubliner‹«, in: dies. eds., *Materialien zu James Joyces ›Dubliner‹,* Frankfurt: Suhrkamp Verlag 1969, S. 232–272
Scholes, Robert and A. Walton Litz. »Notes to the Stories«, in: dies. eds., *James Joyce, Dubliners. Text, Criticism and Notes,* New York: The Viking Press 1969, p. 462–504
Bauerle, Ruth. *The James Joyce Songbook,* New York and London 1982 (enthält Texte und Noten zu Liedern aus *Dubliners*)
Bidwell, Bruce and Linda Heffer. *The Joycean Way: A Topographical Guide to ›Dubliners‹ and ›A Portrait of the Artist as a Young Man‹,* Dublin 1981

Konkordanzen

Lane, Gary. *Word Index to James Joyce's ›Dubliners‹,* New York 1972
Füger, Wilhelm. *Concordance to James Joyce's ›Dubliners‹, with a Reverse Index, a Frequency List, and a Conversion Table,* Hildesheim and New York 1980

Studien zu *Dubliners*

Adicks, Richard. »The Unconsecrated Eucharist in *Dubliners*«, *Studies in Short Fiction* 5 (1968), 295–296
Agromayor, Luis. »Dublineses: La odisea de James Joyce«, *País Semanal* [Madrid] (11. Dec. 1983), 75–77
Allen, Walter. *The Short Story in English,* Oxford 1981, p. 113–120
Andô, Ichirô. [»A Study of *Dubliners*«], in: Sei Ito, ed *Joisu Kenkyu* [*A Study of Joyce*], Tokio 1955, rev. and enl. ed. 1965, p. 299–316

Atherton, James S. »The Joyce of *Dubliners*«, in: Thomas F. Staley, ed. *James Joyce Today*, Bloomington and London 1966, p. 28–53

Averill, Deborah M. »James Joyce«, in: dies. *The Irish Short Story from George Moore to Frank O'Connor*, Washington 1982, p. 45–68 und *passim*

Baker, James R. and Thomas F. Staley, eds. *James Joyce's Dubliners: A Critical Handbook*, Belmont (Calif.) 1969

Baugsgaard, Holm. »Dublin fortaellinger: Temaer, miljo skildring og tids billede«, in: Bent Wiberg et al., eds. *James Joyce, 1882–1982: Essays*, Kopenhagen 1982, p. 27–34

Beachcroft, T. S. *The Modest Art: A Survey of the Short Story in English*, London and New York 1968, *passim*

Beck, Warren. *Joyce's Dubliners: Substance, Vision and Art*, Durham (N. C.) 1969

Beckson, Karl. »Moore's *The Untilled Field* and Joyce's *Dubliners:* The Short Story's Intricate Maze«, *English Literature in Transition, 1880–1920* 15 (1972), 291–304

Beja, Morris. »One Good Look at Themselves: Epiphanies in *Dubliners*«, in: Richard F. Peterson, Alan M. Cohn, and Edmund Epstein, eds. *Work in Progress: Joyce Centenary Essays*, Carbondale and Edwardsville 1983, p. 3–14

Bennett, Linda. »George Moore and James Joyce: Story-teller versus Stylist«, *Studies in Style* 66 (1977), 275–291

Benstock, Bernard. »Joyce's Rheumatics: The Holy Ghost in *Dubliners*«, *Southern Review* 14 (1978), 1–15

Bonheim, Helmut. *The Narrative Modes: Techniques of the Short Story*, Cambridge 1982, *passim*

Bowen, Zack. »Joyce and the Epiphany Concept: A New Approach«, *Journal of Modern Literature* 9 (1981/82), 103–114

–. »Joyce's Prophylactic Paralysis: Exposure in *Dubliners*«, *James Joyce Quarterly* 19 (1982), 257–273

Brandabur, Edward James. *Quest and Flight: A Study of Fact and Symbol in Dubliners*, Diss. Cincinnati 1962 (Dissertation Abstracts 22: 3197–3198)

–. *A Scrupulous Meanness: A Study of Joyce's Early Work*, Urbana (Ill.) 1971

Breier, Harald. »James Joyce's *Dubliners* auf der Sekundarstufe II«, *Praxis des Neusprachlichen Unterrichts* 23 (1976), 115–122

Brown, Homer O. *James Joyce's Early Fiction*, Hamden (Conn.) 1975

Brown, Terence. »The Dublin of *Dubliners*«, in: Bushrui, Sukeil Badi and Bernard Benstock, eds. *James Joyce: An International Perspective*, Gerrards Cross and Totowa 1982, 11–18

Budrecki, Lech. »Poczatek *Ulissesa*«, *Tworczosc* [Warschau] 15 (1959), 136–141 (Rezension der polnischen *Dubliners*-Übersetzung)

Buil, Ricardo Solá. »La imagem del padre en *Dubliners*«, in: García Tortosa et al., eds. *James Joyce: A New Language*, Sevilla 1982, p. 39–45

Busch, Günther. »Einspruch gegen das Hauptwerk: Zur Neuauflage des ›Jugendbildnisses‹ und der Novellen ›Dublin‹ von James Joyce«, *Wort in der Zeit* 5 (1959), 45–48

Ceserani, Remo. Begleitessay zu seiner zweisprachigen Ausgabe von »Clay«: James Joyce. *Argilla*, Neapel 1975

Chesnutt, Margaret. »Joyce's *Dubliners*: History, Ideology, and Social Reality«, *Eire – Ireland* 14 (1979), 93–105

Church, Margaret. »*Dubliners* and Vico«, *James Joyce Quarterly* 5 (1968), 150–156

Cooke, M. G. »From Comedy to Terror: On *Dubliners* and the Development of Tone and Structure in the Modern Short Story«, *Massachusetts Review* 5 (1968), 331–343

Cope, Jackson I. »An Epigraph for *Dubliners*«, *James Joyce Quarterly* 7 (1970), 362–364

Corrington, J. W. *The Themes of Corruption, Escape and Frustration in James Joyce's Dubliners*, Diss. University of Sussex 1964

Corti, Claudia. »La simonia nella paralisi di Dublino«, *Studi inglesi* 2 (1975), 257–274

Creighton, Joanne Vanish. *›Dubliners‹ and ›Go Down Moses‹: The Short Story Composite*, Diss. Michigan 1970 (Dissertation Abstracts 31: 1792–1793)

Curry, Martha. »Transatlantic Innovations: Joyce's *Dubliners* and Anderson's *Winesburg, Ohio*«, *Society for the Study of Midwestern Literature* 5 (1975), 3 [abstract]

Daly, John P. »*Dubliners* by James Joyce: Novel or Short Story?«, *Phoebus* [Seoul] 4 (1980), 10–14

Davies, Stan Gébler. *James Joyce. A Portrait of the Artist*, New York 1975, *passim*

Davis, Joseph K. »The City as Radical Order: James Joyce's *Dubliners*«, *Studies in the Literary Imagination* 3 (Oct. 1970), 79–96

Davis, William V. »Point of View in Joyce's *Dubliners*«, *CEA Critic: An Official Journal of the College English Association* 31 (1969), 6

Deguchi, Yasuo. »Dabuvin no Hito Bito« [*Dubliners*], in: Masato Ara and Schoichi Saeki, eds. *Joisu Nyumon* [An Introduction to James Joyce], Tokio 1960; erweitere Fassung 1966, p. 18–26

Delany, Paul. »Joyce: The Political Development and the Aesthetic of *Dubliners*«, *College English* 34 (1972), 256–268; Nd. in: Benjamin R. Barber and Michael J. Gargas McGrath, eds. *The Artist and Political Vision,* New Brunswick and London 1982, p. 221–231

Diaz Solis, Gustavo. »James Joyce: La ›quidditas‹ en *Dublineses*«, *Exploraciones críticas* [Caracas] 19 (1968), 87–104

Duffy, John J. »Ernest Dowson and the Failure of Decadence«, *University of Kansas City Review* 34 (1967), 45–49

–. »The Stories of Frederick Wedmore: Some Correspondences with *Dubliners*«, *James Joyce Quarterly* 5 (1968), 144–149

Engel, Monroe. »*Dubliners* and Erotic Expectation«, in: Reuben A. Brower, ed. *Twentieth-Century Literature in Retrospect,* Cambridge (Mass.) 1971, p. 3–26

Ferguson, Suzanne. »A Sherlook at *Dubliners*: Structural and Thematic Analogues in Detective Stories and the Modern Short Story«, *James Joyce Quarterly* 16 (1978/79), 111–121

Fischer, Therese. *Bewußtseinsdarstellung im Werk von James Joyce. Von ›Dubliners‹ zu ›Ulysses‹,* Frankfurt 1973, S. 29–65

Franke, Rosemarie. *James Joyce und der deutsche Sprachbereich: Übersetzung, Verbreitung und Kritik in der Zeit von 1919–1967,* Diss. Berlin 1970, S. 58–59, 105–109

French, Marilyn. »Missing Pieces in Joyce's *Dubliners*«, *Twentieth Century Literature* 24 (1978), 443–478

–. »Joyce and Language«, *James Joyce Quarterly* 19 (1982), 239–255

Freyer, Grattan. »A Reader's Report on *Dubliners*«, *James Joyce Quarterly* 10 (1973), 455–457

Friedrich, Gerhard. »The Gnomic Clue to James Joyce's *Dubliners*«, *Modern Language Notes* 62 (1957), 421–424

–. »Joyce's Pattern of Paralysis in *Dubliners*«, *College English* 22 (1961), 519–520

–. »The Perspective of Joyce's *Dubliners*«, *College English* 26 (1965), 421–426; Nd. in: James R. Baker and Thomas F. Staley, eds. *James Joyce's Dubliners: A Critical Handbook*, Belmont 1969, p. 71–78

Frye, Northrop. »Four Forms of Prose Fiction«, *Hudson Review* 2 (1950), 582–595

Füger, Wilhelm. »Von der quantitativen zur qualitativen Inhaltsanalyse literarischer Texte. Dargelegt am Beispiel diverser Wort-Indizes zu James Joyces *Dubliners*«, *ITL: Review of Applied Linguistics* [Leuven] 37 (1977), 41–82

Fusco, Antonio. *Gente di Dublino: Approccio psicologico,* Roma 1979

Gajdusek, Robert E. »Dubliners in Michigan: Joyce's Presence in Hemingway's ›In Our Time‹«, *Hemingway Review* 2 (1982), 48–61

Gabler, Hans Walter. »Preface« to: James Joyce. *›Dubliners‹: A Facsimile of Drafts and Manuscripts,* New York 1978

Garcier, Fabienne. »James Joyce et la nouvelle«, *Cahiers victoriens et edwardiens* 14 (1981), 1–11

Garrett, Peter K. *Scene and Symbol: George Eliot to James Joyce: Studies in Changing Fictional Mode,* New Haven (Conn.) 1969, p. 214–276

Garrison, Joseph M. »*Dubliners:* Portraits of the Artist as a Narrator«. *Novel: A Forum on Fiction* 8 (1975), 226–240

Gerhart, Mary. »Resentfulness Transformed: Joyce – from *Dubliners* to *Finnegans Wake*«, *Cross Currents* 31 (1981), 194–213

Ghiselin, Brewster. »The Unity of Joyce's *Dubliners*«, *Accent* 16 (Spring 1956), 75–88, (Summer 1956), 196–213; Nd. in: Peter Garrett, ed. *Twentieth-Century Interpretations of Dubliners: A Collection of Critical Essays,* Englewood Cliffs 1968, p. 57–85; Robert Scholes and A. Walton Litz, eds. *James Joyce's Dubliners:* Text, Criticism, and Notes, New York 1969, p. 316–332; James R. Baker and Thomas F. Staley, eds. *James Joyce's Dubliners: A Critical Handbook,* Belmont 1969, p. 35–62

Gibbons, T. H. »*Dubliners* and the Critics«, *Critical Quarterly* 9 (1967), 179–187

Going, William T. »America in Joyce's *Dubliners*«, *Ball State University Forum* 17 (1976), 46–49

Gordon, John. »The Dialogue of *Dubliners*«, in: ders. *James Joyce's Metamorphoses,* Dublin 1981, p. 13–27, *passim*

Gray, Paul Edward. *James Joyce's Dubliners: A Study of the Narrator's Role in Modern Fiction,* Diss. University of Virginia 1966 (Dissertation Abstracts 26: 6042)

Groden, Michael. »Preface« to: James Joyce. *›Dubliners‹: A Facsimile of Proofs for the 1910 Edition,* New York 1977

–. »Preface« to: James Joyce. *›Dubliners‹: A Facsimile of Proofs for the 1914 Edition,* New York 1977

Grose, Kenneth. *James Joyce,* London 1975, p. 18–24

Halter, Peter. »Die Epiphanien in James Joyces *Dubliners*«, in: ders. *Katherine Mansfield und die Kurzgeschichte*, Zürich 1972, S. 56–73
Halper, Nathan. »The Life Chronology of *Dubliners* (II)«, *James Joyce Quarterly* 16 (1979), 473–477
Hamlet, Betsy L. »A Comparative Study of Two Motifs in *Howards End, Dubliners*, and *The Waste Land*«, *Notes on Contemporary Literature* 13 (1983), 2–4
Hancock, Geoffrey. »Pure Fiction: The Lessons in James Joyce's *Dubliners*«, *Canadian Author and Bookman* 54 (1979), 39–40
Harmon, Maurice. »The Early Joyce«, *North-West Review* 3 (1959), 60–66
Hart, John Raymond. »Moore on Joyce: The Influence of *The Untilled Field* on *Dubliners*«, *The Dublin Magazine* 10 (1973), 61–76
Hasegawa, Kazuo. [»*Dubliners* by James Joyce«], *Shosen Koto senmon gakko kiyo* 3 (1971), 334–344
Hayashi, Kazuhito. [»Repetition in *Dubliners*«], in: ders. *Yamakawa Kozo Kyoju Taikan Ronbunshu*, Toyonaka 1981, p. 387–399
Hedberg, Johannes. »Some Notes on Language and Atmosphere in *Dubliners*«, *Moderna Språk* 75 (1981), 113–132; Nd. in: ders. ed. *Nordic Rejoycings 1982*, Norberg 1982, p. 27–46
Hodgart, Matthew. *James Joyce. A Student's Guide*, London/Henley/Boston 1978, p. 44–56
Ingram, Forrest L. »American Short Story Cycles: Foreign Influences and Parallels«, *Proceedings of the Comparative Literature Symposium* 5. Edited by Wolodymyr T. Zyla and Wendell M. Aycock, Lubbock (Texas) 1971, p. 19–37
–. *Representative Short Story Cycles of the Twentieth Century: Studies in a Literary Genre*, The Hague 1971, p. 21–23, 26–34 und *passim*
Jedynak, Stanley Louis. *Epiphany and Dantean Correspondences in Joyce's ›Dubliners‹: A Study in Structure*, Diss. Syracuse (N. Y.) 1962 (Dissertation Abstracts 23: 1018–1019)
–. »Epiphany as Structure in *Dubliners*«, *Greyfriar* 12 (1971), 29–56
Johnsen, William A. »Joyce's *Dubliners* and the futility of modernism«, in: W. J. McCormack and Alastair Stead, eds. *James Joyce and Modern Literature*, London 1982, p. 5–21
Jones, David E. »Approaches to *Dubliners*: Joyce's«, *James Joyce Quarterly* 15 (1978), 108–117
Jordan, Richard Douglas. »The Trouble with *Dubliners*«, *Durham University Review* N.S. 39 (1977), 33–40

Jurkeniene, Irena. »Psichologines problematikos Ypatumai Dzeimso Dzoiso apsakymu rinkynije *Dublinieciai*«, *Literatura* 24 (1982), 14–20
Kain, Richard M. *Dublin in the Age of William Butler Yeats and James Joyce,* Norman (Okl.) 1962, ²1967, *passim*
Keen, William P. »The Rhetoric of Spatial Focus in *Dubliners*«, *Studies in Short Fiction* 16 (1979), 195–203
Kennedy, Sister Eileen. »Moore's *Untilled Field* and James Joyce's *Dubliners*«, *Eire – Ireland* 5 (1970), 81–89
Kilchenmann, Ruth J. *Die Kurzgeschichte: Formen und Entwicklung,* Stuttgart 1967, *passim*
Knuth, Leo Alphonse-Maria. *The Wink of the Word. A Study of James Joyce's Phatic Communication,* Amsterdam 1976, *passim*
Korninger, Siegfried. »Artistic Integration in Joyce's *Dubliners*«, *Festschrift für Herbert Koziol.* Hgg. von Gero Bauer, F. K. Stanzel und Franz Zaic, Wien und Stuttgart 1973, S. 147–168
Kruse, Horst. »Die deutschsprachigen Ausgaben von James Joyce's *Dubliners* in ihrem Verhältnis zum Original: Probleme der literarischen Übersetzung«, in: *Studien zur englischen und amerikanischen Literatur. Festschrift für Helmut Papajewski.* Hgg. von Paul Buchloh et al., Neumünster 1974, S. 249–266
Lachtman, Howard. »The Magic-Lantern Business: James Joyce's Ecclesiastical Satire in *Dubliners*«, *James Joyce Quarterly* 7 (1969), 82–92
Lang, Frederick Karel. *The Joycean Liturgy: Religious Symbols and Ritual from Dubliners* through *Ulysses,* Diss. Columbia 1982 (Dissertation Abstracts 42: 4007A–4008A)
La Valley, Albert J. »›Doublin Their Mumper‹: Some Thoughts on the Symbolist Drama of Joyce's *Dubliners*«, in: *Literary Studies: Essays in Memory of Francis A. Drumm.* Edited by John H. Dorenkamp, Worcester (Mass.) 1973, p. 172–190
Leigh, James. »The Gnomic Principle in *Dubliners*«, *Lamar Journal of Humanities* 9 (1983), 35–40
Lester, John A. »Joyce, Yeats, and the Short Story«, *English Literature in Transition, 1880–1920* 15 (1972), 305–314
Lodge, David. *Modes of Modern Writing: Metaphor, Metonymy, and the Typology of Modern Literature,* Ithaca 1977, *passim*
Löwstedt, Patricia. »An Analysis of James Joyce's *Dubliners*«, *Moderna Språk* 71 (1976), 221–225
Lyons, F. L. S. »James Joyce's Dublin«, *Twentieth-Century Studies: Ireland* 4 (1970), 6–25

Lyons, John B. »Diseases in *Dubliners:* Tokens of Disaffection«, *Irish Renaissance Annual* 2 (1981), 185–194

Macy, John. *The Critical Game,* New York 1922, p. 322

Magalaner, Marvin. *James Joyce's ›Dubliners‹,* Diss. Columbia 1951 (Dissertation Abstracts 23: 1018–1019)

–. »The Other Side of James Joyce«, *Arizona Quarterly* 9 (Spring 1953), 5–16

–. »The Evolution of *Dubliners*«, in: ders. *Time of Apprenticeship: The Fiction of Young James Joyce,* London 1959, p. 72–96

Maher, Raphael Alphonse Joseph. *›The Intellectual Imagination‹: A Study of Contrary Modes of Perception in Joyce's ›Dubliners‹, ›A Portrait‹, ›Exiles‹ and ›Ulysses‹,* Diss. Toronto 1977 (Dissertation Abstracts 38: 3436A)

Martin, Jacky. »›Paralysie‹, ›Simonie‹, ›Gnomon‹: Les conditions de représentation du désir dans *Dubliners*«, *Cahiers victoriens et edwardiens* 14 (1981), 29–37

–. »Pessimisme et fonctionnements textuels dans *Dubliners* de James Joyce«, *Cahiers victoriens et edwardiens* 15 (1982), 87–90

McGuinness, Arthur. »The Ambience of Space in Joyce's *Dubliners*«, *Studies in Short Fiction* 11 (1974), 343–351

Meindl, Dieter. »Der Kurzgeschichtenzyklus als modernistisches Genre«, *Germanisch-Romanische Monatsschrift* N.F. 33 (1983), 216–228

Montale, Eugenio. »Croniche delle Letterature Straniere«, *La Fiera* 2/38 (19. Sept. 1926), 5; englische Fassungen: »James Joyce: *Dubliners*«, in: Eugenio Montale, *Selected Essays,* Manchester 1978, p. 105–108 (Ü: G. Singh); »James Joyce: *Dubliners*«, *James Joyce Quarterly* 15 (1978), 186–191 (Ü: Corinna del Greco Lobner)

Montgomery, Benilde. »A Nietzschean Reading of Joyce's *Dubliners*«, *Journal of the American Academy of Religion* (1978), 43–66

Multhaup, Uwe. *James Joyce,* Darmstadt 1980, S. 63–73, 125–145

Murphy, Geraldine. *The Study of Literature in High School,* Waltham (Mass.) 1968, *passim*

Murphy, Michael W. »Darkness in *Dubliners*«, *Modern Fiction Studies* 15 (1969), 97–104

Nagahara, Kazuo. [*Dubliners* – The Center of Paralysis], *Otaru shoka daigaku jinmon kenkyu* 43 (1971), 217–248

Owens, Coilin Don. *›Dubliners‹ and the Irish Tradition,* Diss. Ann Arbor 1975 (Dissertation Abstracts 36: 3698A–3699A)

Peake, C. H. *James Joyce: The Citizen and the Artist*, London 1977, Chapter 1: *Dubliners* (p. 1–55)
Peterson, Richard F. »Joyce's Use of Time in *Dubliners*«, *Ball State University Forum* 14 (1973), 43–51
Pritchard, William H. »Related Exercise on Joyce and Faulkner«, *Exercise Exchange* 10 (1962), 3–5
Rabaté, Jean Michel. »Le Silence dans *Dubliners*«, *Cahiers victoriens et edwardiens* 14 (1981), 13–27; englische Fassung in: Colin MacCabe, ed. *James Joyce: New Perspectives*, Brighton 1982, 45–72
Reichert, Klaus, Fritz Senn und Dieter E. Zimmer, eds. *Materialien zu James Joyces ›Dubliner‹*, Frankfurt 1969
Reynolds, Mary T. *Joyce and Dante. The Shaping Imagination*, Princeton and Guildford 1981, p. 149–159, 163f., 236–247
–. »The Dantean Design of Joyce's *Dubliners*«, in: Bernard Benstock, ed. *The Seventh of Joyce*, Bloomington and Brighton 1982, p. 124–130
Ristkok, Tuuli-Ann. *A Study of Joyce's Narrative Technique in ›Dubliners‹*, Diss. Chicago 1970
Rossi, Annunziata. »Dante e Joyce: Obras de juventud«, *Revista de la Universidad de México* 33 (1979), 46–49
Rubinstein, Joseph and Earl Farley. *He who destroyes a good Booke, kills reason itselfe: an exhibition of books which have survived Fire, the Sword, and the Censors*, Lawrence (Kansas) 1955, p. 10
Russell, John. »James Joyce's Sentences *(Dubliners)*«, *Style* 6 (1972), 260–293
–. »James Joyce: *Dubliners*«, in: ders. *Style in Modern British Fiction. Studies in Joyce, Lawrence, Forster, Lewis, and Greene*, Baltimore and London 1978, p. 17–42
Rybárová, Viera. »James Joyce: *Dublinčania*«, *Slovenské Pohľady* 97 (1981), 140–142 (Rezension der slowakischen *Dubliners*-Übersetzung)
Ryf, Robert S. »The *Portrait* and *Dubliners*«, in: ders. *A New Approach to Joyce. The Portrait of the Artist as a Guidebook*, Berkeley and Los Angeles 1966, p. 59–76
San Juan, Epifanio, Jr. *James Joyce and the Craft of Fiction: An Interpretation of Dubliners*, Rutherford (N. J.) 1972
Sarkany, Stéphane. »Qu'en est-il d'une institution littéraire internationale? (Remarques à propos de l'histoire éditoriale de *Dubliners* de Joyce et des structures de l'institution anglo-saxonne)«, *Zagadnienia rodzajów literackich* 25 (1982), 73–82
Saul, George Brandon. »James Joyce«, in: ders. *Rushlight Heritage:*

Reflections on Selected Irish Short-Story Writers of the Yeatsian Era, Philadelphia 1969, p. 55–61
Schneider, Ulrich. *James Joyce: ›Dubliners‹*, München 1982
Scholes, Robert. »Grant Richards to James Joyce«, *Studies in Bibliography* 16 (1963), 139–160
Schwartzman, Myron. *The Continuity of Joyce's ›Dubliners‹, ›A Portrait of the Artist as a Young Man‹, and ›Ulysses‹*, Diss. Stony Brook (SUNY) 1974 (Dissertation Abstracts 34: 5992A)
Seib, Kenneth. *»Portrait of the Artist as a Young Dog:* Dylan's *Dubliners«*, *Modern Fiction Studies* 24 (1978), 17–42 (ursprünglich in *Style* 1972; revidiert)
Senn, Fritz. »Bibliographical Vagaries of *Dublin(er)*«, *James Joyce Quarterly* 16 (1979), 359–361
Slocum, John J. and Herbert Cahoon. »Introduction«, in: *A James Joyce Miscellany.* Third Series. Edited by Marvin Magalaner, Carbondale (Ill.) 1962 [Bemerkungen zu der unpublizierten Geschichte »Christmas Eve«]
Somerville, Jane. »Money in *Dubliners*«, *Studies in Short Fiction* 12 (1975), 109–116
Sutliffe, Richard Allan. *Narrative Perspective and Voice in Fiction: Some Representative Examples,* Diss. University of Massachusetts (Dissertation Abstracts 43: 3903A–3904A)
Thurston, Jarvis et al. »James Joyce«, in: dies. *Short Fiction Criticism: A Checklist of Interpretation,* Denver 1960, 115–120
Torchiana, Donald D. »The Opening of *Dubliners*: A Reconsideration«, *Irish University Review* 1 (1971), 149–160
–. »James Joyce's Method in *Dubliners*«, in: *The Irish Story.* Edited by Patrick Rafroidi and Terence Brown, Gerrards Cross 1979, p. 127–140; dass. in *Cahiers irlandais* [Lille] 7/8 (1979)
Toriumi, Hisayoshi. »Kitanai Dublin no Itoshii Hitobito: *Dublin no Hitobito*«, in: Yukio Suzuki, ed. *Joyce kara Joyce e,* Tokio 1982, p. 93–106
Verhaeghen, Victor. »Capriolen on Joyce«, *De Periskoop* 8 (1958), 7
Voelker, Joseph C. »Chronicles of Disorder: Reading the Margins of *Dubliners*«, *Comparative Literature Quarterly* 18 (1982), 126–144
W., D. »Die *Dubliner*-Übersetzung als Liebesmüh: Gespräch mit Dieter E. Zimmer«, *Die Weltwoche* [Zürich] (6. Febr. 1970), 27
Wachtel, Albert. »The Genesis of Constructive Self-Destruction in Joyce's *Dubliners*«, *Spectrum* 16 (1974), 79–96

Waggoner, Jeffrey. »Irish Fiction: *Dubliners*«, in: Richard F. Peterson and Nancy Fischer, eds. *Modern Irish Politics and Culture: An Undergraduate Journal,* Carbondale 1983, p. 100–105

Walker, Warren S. »James Joyce«, in: *Twentieth-Century Short Story Explication: Interpretations 1900–1975 of Short Fiction since 1800,* Third Edition, Hamden (Conn.) 1977, p. 391–406

Walsh, Ruth M. »That Pervasive Mass – in *Dubliners* and *Portrait of the Artist*«, *James Joyce Quarterly* 8 (1971), 205–220

Walzl, Florence F. »The Life Chronology of *Dubliners*«, *James Joyce Quarterly* 14 (1977), 408–415; Summary in: Jacques Aubert and Maria Jolas, eds. *Joyce and Paris: 1902–1920, 1940–1975,* 2 vols., Lille 1979, II, 143–146

–. »A Book of Signs and Symbols: The Protagonist«, in: Bernard Benstock, ed. *The Seventh of Joyce,* Bloomington and Brighton 1982, p. 117–123

–. »*Dubliners*: Women in Irish Society«, in: Suzette Henke and Elaine Unkeless, eds. *Women in Joyce,* Urbana (Ill.) 1982, p. 31–56

–. *»Dubliners«,* in: *A Companion to Joyce Studies.* Edited by Zack Bowen and James F. Carens, Westport (Conn.) and London 1984, p. 157–228

West, Michael. »George Moore and the Hermeneutics of *Dubliners*«, *Harvard University Bulletin* 26 (1978), 212–235

White, Alison. »The Devil Has a Dublin Accent«, in: *Children's Literature: The Great Excluded,* vol. 2. Edited by Francella Butler, Storrs (Conn.) 1973, p. 139–141

Wigginton, B. Eliot. »*Dubliners* in Order«, *James Joyce Quarterly* 7 (1970), 297–314

Wood, Carl. »The Unity of Joyce's *Dubliners*«, *Southern Central Bulletin* 35 (1975), 77–78 (abstract)

Zlotnik, Joan. »Of Dubliners and Ohioans: A Comparative Study of Two Works«, *Ball State University Forum* 17 (1976), 33–36

Zu *The Sisters (Die Schwestern)*

Burman, Jack. »›A Rhetorician's Dream‹: Joyce's Revision of ›The Sisters‹«, *Studies in Short Fiction* 16 (1979), 55–59
Chadwick, Joseph. »Silence in *The Sisters*«, *James Joyce Quarterly* 21 (Spring 1984), 245–255
Crawford, Claudia. »James Joyce's *The Sisters*: A Letter-L-Analysis«, *American Image* 41/2 (Summer 1984), 181–199
Cronin, Edward J. »James Joyce's Trilogy and Epilogue: ›The Sisters‹, ›An Encounter‹, ›Araby‹, and ›The Dead‹«, *Renascence* 31 (1979), 229–248
Cushman, Keith. »Scott Fitzgerald's Scrupulous Meanness: ›Absolution‹ and ›The Sisters‹«, *Fitzgerald/Hemingway Annual* (1979), 115–121
Doherty, Paul C. »Words as Idols: The Epiphany in James Joyce's ›The Sisters‹«, *CEA Critic: An Official Journal of the College English Association* 32 (1969), 10–11
Fischer, Therese. »From Reliable to Unreliable Narrator: Rhetorical Changes in Joyce's ›The Sisters‹«, *James Joyce Quarterly* 9 (1971), 85–92
Herring, Philip. »Structure and Meaning in Joyce's ›The Sisters‹«, in: Bernard Benstock, ed. *The Seventh of Joyce,* Bloomington and Brighton 1982, p. 131–144
Kennedy, Eileen. »›Lying Still‹: Another Look at ›The Sisters‹«, *James Joyce Quarterly* 12 (1975), 362–370
Korninger, Siegfried. »Artistic Integration in Joyce's *Dubliners*«, in: *Festschrift für Herbert Koziol.* Hgg. von Gero Bauer, F. K. Stanzel und Franz Zaic, Wien und Stuttgart 1973, S. 147–168
Kruse, Horst. »Joyce: ›The Sisters‹«, in: *Die englische Kurzgeschichte.* Hgg. von Heinz Göller und Gerhard Hoffmann. Düsseldorf 1973, S. 147–161, 368–372
Lyons, John B. »Paralysis and ›The Sisters‹«, *Structure* [Dublin] 2 (1973), 7–9
–. »Animadversions on Paralysis as a Symbol in ›The Sisters‹«, *James Joyce Quarterly* 12 (1975), 362–370
Newell, Kenneth B. »The Sin of Knowledge in Joyce's ›The Sisters‹«, *Ball State University Forum* 20 (1979), 44–53

Reynolds, Michael S. »The Feast and the Most Precious Blood and Joyce's ›The Sisters‹«, *Studies in Short Fiction* 6 (1969), 336
Righetti, Angelo. »Il padre negato: Letteratura delle due versione pubblicate di ›The Sisters‹ di James Joyce«, *Annali della Facoltà di Lingue e Letterature Straniere di Ca'Foscari* 10 (1971), 239–264
San Juan, Epifanio. »Method and Meaning in Joyce's ›The Sisters‹«, *Die Neueren Sprachen* (1971), 317–327
Senn, Fritz. »Umgang mit Anfängen«, in: ders. *Nichts gegen Joyce. Joyce versus Nothing*, Zürich 1983, S. 85–93
Staley, Thomas F. »A Beginning: Signification, Story, and Discourse in Joyce's ›The Sisters‹«, *Genre* 12 (1979), 533–549; Nd. in: Ronald Schleifer, ed. *The Genres of the Irish Literary Revival*, Dublin and Norman 1980, p. 121–137
Torchiana, Donald T. »The Opening of *Dubliners*: A Reconsideration«, *Irish University Review* 1 (Spring 1971), 149–160
Waisbren, Burton A. and Florence L. Walzl. »Paresis and the Priest: James Joyce's Symbolic Use of Syphilis in ›The Sisters‹«, *Annals of Internal Medicine* 80/6 (June 1974), 758–762
Walzl, Florence L. »Joyce's ›The Sisters‹: A Development«, *James Joyce Quarterly* 10 (1973), 375–421
West, Michael. »Old Cotter and the Enigma of Joyce's ›The Sisters‹«, *Modern Philology* 67 (1970), 370–372

Zu *An Encounter (Eine Begegnung)*

Bluefarb, Sam. »Quest, Initiation, and Escape: ›American‹ Themes in James Joyce's ›An Encounter‹«, *Dublin Magazine* 10 (1973), 53–60
Cronin, Edward J. »James Joyce's Trilogy and Epilogue: ›The Sisters‹, ›An Encounter‹, ›Araby‹, and ›The Dead‹«, *Renascence* 31 (1979), 229–248
Davies, Walford. »Imitation and Invention: The Use of Borrowed Material in Dylan Thomas' Prose«, *Essays in Criticism* 18 (1968), 275–295
Degnan, James P. »The Reluctant Indian in Joyce's ›An Encounter‹«, *Studies in Short Fiction* 6 (1969), 152–156
Kimmey, John L. *Instructor's Manual for Experience and Expression: Reading and Responding to Short Fiction*, Glenview 1976, p. 10–12
Leatherwood, A. M. »Joyce's Mythic Method: Structure and Unity in ›An Encounter‹«, *Studies in Short Fiction* 13 (1977), 71–78

Pomeranz, Victory. »A Queer Old Josser«, *James Joyce Quarterly* 12 (1975), 439–441
Schott-Kristensen, Bert. »Annotations«, in: ders. ed. *An Encounter. The Boarding House,* Kopenhagen 1968
Thornburn, David. »Reading Fiction: Joyce's ›An Encounter‹«, *Report of the Yale Conference on the Teaching of English* 14 (1968), 51–63
Van Voorhis, John W. »The Smoothing Iron: A Topographical Note to ›An Encounter‹«, *James Joyce Quarterly* 10 (1973), 266

Zu *Araby (Arabia)*

Bacon, Wallace A. *The Art of Interpretation.* Second Edition, New York 1972, p. 44–47, 422–425
Barroll, J. Leeds, III, and Austin M. Wright. *The Art of the Short Story: An Introductory Anthology,* Boston 1969, p. 25–27
Brooks, Cleanth and Robert Penn Warren. »An Interpretation of ›Araby‹, in: dies. *The Scope of Fiction,* New York 1960, p. 169–172; Nd. in: John Hamilton McCallum, ed. *Prose and Criticism,* New York 1966, p. 674–676; und in: Baker, James R. and Thomas F. Staley, eds. *James Joyce's Dubliners: A Critical Handbook,* Belmont 1969, p. 73–76
–. John Thibaut Purser and Robert Penn Warren. *An Approach to Literature.* Fifth Edition, Englewood Cliffs 1975, p. 126–127
Brugaletta, John C. and Mary H. Hayden. »The Motivation for Anguish in Joyce's ›Araby‹«, *Studies in Short Fiction* 15 (1978), 11–17
Chatman, Seymour. »New Ways of Analyzing Narrative Structure, with an Example from Joyce's *Dubliners*«, *Language and Style* 2 (1969), 3–36
Cronin, Edward J. »James Joyce's Trilogy and Epilogue: ›The Sisters‹, ›An Encounter‹, ›Araby‹, and ›The Dead‹«, *Renascence* 31 (1979), 229–248
Egan, Joseph J. »Romantic Ireland, Dead and Gone: Joyce's ›Araby‹ as National Myth«, *Colby Library Quarterly* 15 (1979), 188–193
Freimarck, John. »›Araby‹: A Quest for Meaning«, *James Joyce Quarterly* 7 (1970), 366–386
Fuller, James A. »A Note on Joyce's ›Araby‹«, *CEA Critic: An Official Journal of the College English Association* 20 (1958), 8
Garrison, Joseph M. Jr. »The Adult Consciousness of the Narrator in Joyce's ›Araby‹«, *Studies in Short Fiction* 10 (1973), 416–417

Gross, Theodore and Norman Kelvin. *An Introduction to Fiction,* New York 1967, p. 173–179
Guerin, Wilfred et al. *Manual for Mandala,* New York 1970, p. 17–19
Hamilton, Alice. »Between Innocence and Experience: From Joyce to Updike«, *Dalhousie Review* 49 (1969), 102–109
Higham, Anne S. »An Aspect of Style in ›Araby‹«, *Language and Style* 15 (1982), 15–22
Hirsch, David H. »Linguistic Structure and Literary Meaning«, *Journal of Literary Semantics* 1 (1972), 80–88 [Erwiderung auf Ohmann, s. u.]
Johnson, James D. »Joyce's ›Araby‹ and Romans VII and VIII«, *American Notes and Queries* 13 (1974), 38–40
Malagón, Albert. »›Arabia‹ en tercera persona«, *Pequeño Universo* 1 [Santo Domingo] (1971), 15–18
Mandel, Jerome. »The Structure of ›Araby‹«, *Modern Language Studies* 3 (1973), 48
–. »Medieval Romance and the Structure of ›Araby‹«, *James Joyce Quarterly* 13 (1976), 234–237
Marcus, Fred H. *Manual for Perception and Pleasure,* Boston 1968, p. 27–28
Marx, Paul. *Instructor's Manual for Twelve Short Stories,* New York 1970, p. 10–13
Mellard, James M. *Four Modes: A Rhetoric of Modern Fiction,* New York 1973, p. 335–337
Miami University Research Group Experiment. »The MURGE Project: ›Araby‹ as Story and Discourse«, *James Joyce Quarterly* 18 (1981), 235–299 [Auseinandersetzung mit S. Chatman, s. o.]
Mizener, Arthur. *A Handbook to Modern Short Stories: The Use of the Imagination,* New York 1971, p. 138–140
Morse, Donald E. »›Sing Three Songs of Araby‹: Theme and Allusion in Joyce's ›Araby‹«, *College Literature* 5 (1978), 125–132
Ohmann, Richard. »Literature as Sentences«, *College English* 27 (1966), 261–267
Peters, Margot. »The Phonological Structure of James Joyce's ›Araby‹«, *Language and Style* 6 (1973), 135–144
Robinson, Gabriele Scott. »Irish Joyce and Southern O'Connor«, *Flannery O'Connor Bulletin* 5 (1976), 82–97
Rohrberger, Mary, Samuel H. Woods, and Bernard F. Dukore. »For Comment«, in: dies. *An Introduction to Literature,* New York 1968, p. 181–182

Rosowski, Susan J. »Joyce's ›Araby‹ and Imaginative Freedom«, *Research Studies of the State College of Washington* 44 (1976), 183–188
Russell, John. »From Style to Meaning in ›Araby‹«, *College English* 28 (1966), 170–171 [Erwiderung auf Ohmann, s. o.]
Skau, Michael and Donald L. Cassidy. »Joyce's ›Araby‹«, *Explicator* 35 (1976), 5–6
Sosnoski, James J. »Story and Discourse and the Practice of Literary Criticism: ›Araby‹ a Test Case«, *James Joyce Quarterly* 18 (1981), 255–265
Stone, Harry. »›Araby‹ and the Writings of James Joyce«, in: *James Joyce's Dubliners: Text, Criticism, and Notes.* Edited by Robert Scholes and A. Walton Litz, New York 1969, p. 344–367 (Nd. aus *Antioch Review* 25 (1965), 375–410)
Turaj, Frank. »›Araby‹ and *Portrait*: Stages of Pagan Conversion«, *English Language Notes* 7 (1970), 209–213
Waldhorn, Arthur and Hilda K. »Araby«, in: dies. *The Rite of Becoming: Stories and Studies of Adolescence*, Cleveland 1966, p. 145–146, 150–152
Walzl, Florence F. »Pigs' Cheeks in ›Araby‹«, *Cahiers victoriens et edwardiens* 16 (1982), 175–176
West, Ray B. »The Use of Theme in ›Araby‹«, in: ders. *Reading the Short Story*, New York 1968, p. 123–128

Zu *Eveline*

Bredella, Lothar. »Das Verstehen entfremdeter Handlungen in literarischen Texten«, in: ders. *Das Verstehen literarischer Texte*, Stuttgart 1980, S. 161–168
D'Elia, G. »›Eveline‹ and Its Frame«, *Trames* [Collège anglais, Limoges] 2 (1979), 103–108
Dilworth, Thomas. »The *Numina* of Joyce's ›Eveline‹«, *Studies in Short Fiction* 15 (1978), 456–458
Dolch, Martin. »Eveline«, in: James R. Baker and Thomas F. Staley, eds. *James Joyce's Dubliners: A Critical Handbook*, Belmont 1969, p. 96–101 (Nd. aus: *Insight II: Analyses of Modern British Literature.* Edited by John W. Hagopian and Martin Dolch, Frankfurt 1964, p. 193–200)
Feshbach, Sidney. »›Fallen on His Feet in Buenos Ayres‹ (*D* 39): Frank in ›Eveline‹«, *James Joyce Quarterly* [illegible] (1983), 223–227

Filmore, Charles J. »Remarks on a Selected Text Type«, in: Siegfried J. Schmidt, ed. *Pragmatik/Pragmatics: Zur Grundlegung einer expliziten Pragmatik,* München 1976, II, 96–104; Nd. in: Peter Cole, ed. *Radical Pragmatics,* New York 1981, p. 157–165

Hrushovski, Benjamin. »Integrational Semantics: An Understander's Theory of Meaning in Context«, in: Heidi Byrnes, ed. *Contemporary Perceptions of Language: Interdisciplinary Dimensions,* Georgetown University Round Table on Languages and Linguistics, Washington 1982, p. 156–190 (hier: p. 176–184)

Jefferson, Ann. »The Place of Free Indirect Discourse in the Poetics of Fiction: With an Example from Joyce's ›Eveline‹ «, *Essays in Poetics* 5 (1980), 36–47

Melzer, Sondra. »In the Beginning There Was ›Eveline‹ «, *James Joyce Quarterly* 16 (1979), 479–485

Mischkowski, Hans Günter. »Anwendungsmöglichkeiten der Textlinguistik im Englisch-Unterricht der Sekundarstufe II, dargestellt anhand von Joyce's ›Eveline‹ «, *Neusprachliche Mitteilungen* 32 (1979), 93–100

Monod, Sylvère. »Lecture d'›Eveline‹ «, in: Claude Jacquet, ed. *Génèse et Metamorphoses du Texte Joycien,* Paris 1984, chap. 2

Moseley, Virginia. »The ›Dangerous‹ Paradox in Joyce's ›Eveline‹ «, *Costerus* 1 (1972), 169–182

Pooley, Robert C., George K. Anderson, Paul Farmer, and Helen Thornton. »James Joyce's ›Eveline‹ «, in: dies. *Teacher's Resource Book To Accompany England in Literature,* Chicago 1965, p. 187–188

Rollins, Ronald and Michael Coran. »Eden as Field and Fortress: A Note on Joyce's ›Eveline‹ «, *Modern British Literature* 3 (1978), 78–79

San Juan, Epifanio. »›Eveline‹: Joyce's Affirmation of Ireland«, *Eire – Ireland* 4 (1969), 46–52

Scholes, Robert. »Semiotic Approaches to a Fictional Text: Joyce's ›Eveline‹ «, *James Joyce Quarterly* 16 (1978/79), 65–80

–. »Semiotic Approaches to Joyce's ›Eveline‹ «, in: ders. *Semiotics and Interpretation,* New Haven and London 1982, p. 87–104

Skerl, Jennie. »A New Look at Vladimir Propp's Narrative Grammar: The Example of Joyce's ›Eveline‹ «, *Essays in Literature* 8 (1981), 151–167

Solomon, Albert J. »The Background of ›Eveline‹ «, *Eire – Ireland* 6 (1971), 23–28

–. »The Sound of Music in ›Eveline‹: A Long Note on a Barrel-Organ«, *Costerus* 9 (1973), 187–194

Taube, Myron. »Joyce and Shakespeare: ›Eveline‹ and *Othello*«, *James Joyce Quarterly* 4 (1967), 152–153
Wachtel, Albert. »The Prince of Dreams: Eveline's Hard Choice of Misery«, *Participant* [Pitzer College] 9 (1976), 12–13
Wilding, Michael. »James Joyce's ›Eveline‹ and *The Portrait of a Lady*«, *English Studies* 49 (1968), 552–556

Zu *After the Race (Nach dem Rennen)*

Blayac, Alain. »›After the Race‹, ou les avatars d'un texte polysémique«, *Cahiers victoriens et edwardiens* 14 (Octobre 1981), 39–46
Bowen, Zack. »Hungarian Politics in ›After the Race‹«, *James Joyce Quarterly* 7 (1969), 138–139
Torchiana, Donald T. »Joyce's ›After the Race‹. The Race of Castlebar, and Dun Laoghaire«, *Eire – Ireland* 6 (1971), 119–128
Ward, David F. »The Race before the Story: James Joyce and the Gordon Bennett Cup Automobile Race«, *Eire – Ireland* 2 (1967), 27–35

Zu *Two Gallants (Zwei Kavaliere)*

Bogorad, Samuel N. »Saved or Stolen? The Gold Coin in ›Two Gallants‹«, *Eire – Ireland* 7 (1972), 62–66
Ciniglio, Ada V. »›Two Gallants‹: Joyce's Wedding Guests«, *James Joyce Quarterly* 10 (1973), 264
Day, Robert Adams. »Joyce's Gnomons, Lenehan, and the Persistence of an Image«, *Novel: A Forum on Fiction* 14 (1980), 5–19
Epstein, Edmund L. »Hidden Imagery in James Joyce's ›Two Gallants‹«, *James Joyce Quarterly* 7 (1970), 369–370
Humphreys, Susan L. »Ferrero Etc.: James Joyce's Debt to Guglielmo Ferrero«, *James Joyce Quarterly* 16 (1979), 239–251
Kane, Thomas S. and Leonard J. Peters. *Some Suggestions for Using the Short Story and the Reader: Discovering Narrative Techniques*, New York 1976, 27–29
O'Toole, L. M. »Narrative Structure and Living Texture: Joyce's ›Two Gallants‹«, *PTL: A Journal for Descriptive Poetics and Theory* 1 (1976), 441–458

Zu *The Boarding House (Die Pension)*

Hutcheon, Linda and Sharon A. Butler. »The Literary Semiotics of Verbal Irony: The Example of Joyce's ›The Boarding House‹«. *The Canadian Journal of Research in Semiotics* 1 (1981), 244–260
James, Phil. »Joyce's ›The Boarding House‹ in Context«, *Tennessee Philological Bulletin* 4 (1967), 4 [Kurzfassung eines Vortrags]
Marx, Paul. *Instructor's Manual for Twelve Short Stories*, New York 1970, p. 10–13
San Juan, Epifanio. »Joyce's ›The Boarding House‹«, *University Review* 35 (1969), 229–236; Nd. in: ders., *James Joyce and the Craft of Fiction. An Interpretation of ›Dubliners‹*, Rutherford 1972, 101–114
Schneider, Ulrich. »Eine irische Hochzeit: James Joyce's ›The Boarding House‹«, *Englisch-Amerikanische Studien* 1 (1980), 99–105
Schott-Kristensen, Bert. »Annotations«, in: ders. ed., *An Encounter. The Boarding House*, Kopenhagen 1968
Scott, Virgil. »James Joyce: ›Counterparts‹; ›The Boarding House‹«, in: *Instructor's Manual for Studies in the Short Story*. Alternate Edition, New York and Winston 1971, p. 67–69, 94–96
Senn, Fritz. »Umgang mit Anfängen«, in: ders. *Nichts gegen Joyce: Joyce Versus Nothing*, Zürich 1983, p. 85–93 (hier: 86–87)

Zu *A Little Cloud (Eine kleine Wolke)*

Benstock, Bernard. »Sean O'Casey's Little Cloud«, *O'Casey Annual* 1 (1982), 64–72
Casty, Alan. *Teaching Suggestions and Examples for the Shape of Fiction*, Boston 1967, p. 1–2, 18–20
Cox, Sidney and Edmund Freeman, eds. *Prose Preferences*, New York and London 1924, p. 115–130
Heilman, Robert B., ed. *Modern Short Stories: A Critical Anthology*, New York 1950, p. 133–147
Jaffe, Adrian H. and Virgil Scott. *Instructor's Manual for Studies in the Short Story*. Third edition, New York 1968, p. 87–90
Orth, Gita. »Joyce's ›A Little Cloud‹«, *Explicator* 40 (1982), 35–36
Perrine, Laurence, ed. *Story and Structure*. Second edition, New York 1966, p. 88–99
Ruoff, James. »›A Little Cloud‹: Joyce's Portrait of the Would-be

Artist«, in: James R. Baker and Thomas F. Staley, eds. *James Joyce's Dubliners: A Critical Handbook,* Belmont 1969, p. 107–120 (Nd. aus: *Research Studies of the State College of Washington 25* [1957], 256–271)

Schorer, Mark, ed. *The Story: A Critical Anthology*, New York 1950, p. 288–305

Solomon, Albert J. »The ›Celtic Note‹ in ›A Little Cloud‹«, *Studies in Short Fiction* 9 (1972), 269–270

Weir, David. »Meditation Structure in ›A Little Cloud‹«, *James Joyce Quarterly* 14 (1976), 84–86

–. »›A Little Cloud‹ – New Light on the Title«, *James Joyce Quarterly* 17 (1980), 301–302

Zu *Counterparts (Entsprechungen)*

Casey, Paul Foley. »›Counterparts‹: A Note on Names«, *Modern Fiction Studies* 26 (1980), 266–269

Davis, William V. »The Loss of Time in ›Counterparts‹«, *James Joyce Quarterly* 10 (1973), 336–339

Divissi, Annabella. »›Counterparts‹: Un campione della tecnica joyciana di epifanizzazione dell'ogetto«, *Annali della Facoltà di Lingue e Letterature Straniere di Ca'Foscari* 16 (1977), 99–108

Gopaleen, Myles na (Flann O'Brien, Brian Nolan). »Cruiskeen Lawn«, *Irish Times* (July 20, 1955)

Hagopian, John V. »Counterparts«, in: John V. Hagopian and Martin Dolch, eds. *Insight II: Analyses of Modern British Literature*, Frankfurt 1964, p. 201–206. Nd. in: James R. Baker and Thomas F. Staley, eds. *James Joyce's Dubliners: A Critical Handbook,* Belmont 1969, p. 120–124

Kibodeaux, R. Bruce. »›Counterparts‹: *Dubliners* without Ends«, *James Joyce Quarterly* 14 (1976), 87–92

Owens, Cóilín. »A Man with Two Establishments to Keep Up: Joyce's Farrington«, *Irish Renaissance Annual* 4 (1983), 128–156

Scholes, Robert. »›Counterparts‹ and the Method of ›Dubliners‹«, in: Clive Hart, ed. *James Joyce's Dubliners: Critical Essays*, London 1969, p. 93–99; Nd. in: *Dubliners: Text, Criticism, and Notes.* Edited by Robert Scholes and A. Walton Litz, New York 1969, p. 379–387

Scott, Virgil. »James Joyce: ›Counterparts‹; ›The Boarding House‹«, in:

Instructor's Manual for Studies in the Short Story. Alternate Edition, New York and Winston 1971, p. 67–69, 94–96
Sider, David. »›Counterparts‹ and the *Odyssey*«, *James Joyce Quarterly* 8 (1970), 182–184
Skaggs, Calvin and Merrill M. Skaggs. *Instructor's Manual for Galaxy,* New York 1967, p. 23–25

Zu *Clay (Erde)*

Bernhart, Walter. »›Human Nature's Intricacies‹ und ›Rigorous Truth‹: Joyce's ›Clay‹, Becketts ›Dante and the Lobster‹ und die Individuation«, *Arbeiten aus Anglistik und Amerikanistik* 1 (1976), 25–64; 2 (1977), 63–98
Brooks, Cleanth. »The Criticism of Fiction: The Role of Close Analysis«, in: ders. *A Shaping Joy: Studies in the Writer's Craft,* New York 1971, p. 143–165
Connolly, Francis. *The Types of Literature,* New York 1955, p. 127–130, 709–710
Cowan, S. A. »Celtic Folklore in ›Clay‹: Maria and the Irish Washerwoman«, *Studies in Short Fiction* 6 (1969), 213–215
Deneau, Daniel P. »Joyce's ›Minute‹ Maria«, *Journal of Narrative Technique* 2 (1972), 26–45
Dietrich, R. F. and Roger H. Lundell. *Instructor's Manual for the Art of Fiction,* New York 1967, 58–64
Doherty, Paul C. »›Clay‹ and Rousseau's *Confessions*«, *James Joyce Quarterly* 11 (1974), 165–166
Easson, Angus. »Parody as Comment in James Joyce's ›Clay‹«, *James Joyce Quarterly* 7 (1969), 75–81
Greco Lobner, Corinna del. »Maria as *La Befana* in ›Clay‹«, *James Joyce Quarterly* 19 (1979), 477–479
Halper, Nathan. »The Name Maria«, *James Joyce Quarterly* 12 (1974), 305–306
Kennedy, X. J. *Instructor's Manual To Accompany an Introduction to Fiction,* Boston 1976, p. 5–6
Kieckhefer, Patricia. »Maria's Plants in ›Clay‹«, *James Joyce Quarterly* 11 (1974), 165–166
Kloss, Robert J. »The Function of Forgetting in Joyce's ›Clay‹«, *University of Hartford Studies in Literature: A Journal of Interdisciplinary Criticism* 6 (1974), 167–179

Laroque, François. »Hallowe'en Customs in ›Clay‹: A Study of Joyce's Use of Folklore in *Dubliners*«, *Cahiers victoriens et edwardiens* 14 (1981), 47–56

Lynskey, Winifred, ed. *Reading Modern Fiction.* Third Edition, New York 1962, 311–317

McDermott, M. Hubert. »›Clay‹ and *Clé* in *Dubliners*«, *James Joyce Quarterly* 20 (1983), 227–228

McFate, Patricia. »›A Letter to Rome‹ and ›Clay‹: Similarities in Character and Conclusion«, *Studies in Short Fiction* 9 (1972), 277–279

Mizener, Arthur. *Handbook to Accompany Modern Short Stories.* Revised Edition, New York 1967, p. 118–120

Nebeker, Helen. »James Joyce's ›Clay‹: The Well-Wrought Urn«, *Renascence* 28 (1976), 123–138

Schneider, Ulrich. »Interpretation erzählender Prosa: James Joyce's ›Clay‹«, in: Jobst C. Rojahn, ed. *Einführung in das Studium der englischen Literatur,* Heidelberg 1974, p. 73–86

Solomon, Albert J. »The Mysteries of the Hymeneal Future: Tradition and Games in ›Clay‹«, *James Joyce Quarterly* 17 (1980), 303–306

Walzl, Florence F. »A Social Note on Joyce's ›Clay‹«, *James Joyce Quarterly* 9 (1971), 119–121

–. »Joyce's ›Clay‹: Fact and Fiction«, *Renascence* 35 (1983), 119–137

Zu *A Painful Case (Ein betrüblicher Fall)*

Bershtel, Sara. »A Note on the Forgotten Apple in James Joyce's ›A Painful Case‹«, *Studies in Short Fiction* 16 (1979), 237–240

Black, Elizabeth. »Commentary, Glossary, Questions«, in: dies. ed. *A Painful Case,* Cambridge 1975, p. 10–15

Delaney, Paul and D. E. Young. »Turgenev and the Genesis of ›A Painful Case‹«, *Modern Fiction Studies* 20 (1974), 217–221

Hedberg, Johannes. »A Coincidence According to the Gospel of St. James«, *Moderna Språk* 72 (1978), 1–11

Heumann, J. Mark. »Writing – And Not Writing – in Joyce's ›A Painful Case‹«, *Eire – Ireland* 16 (1981), 81–97

Hurley, C. Harold. »James Joyce's ›A Painful Case‹ a Source for Camus' *L'étranger?*«, *Romance Notes* 20 (1979/1980), 157–162

Hyman, Suzanne Katz. »›A Painful Case‹: The Movement of a Story through a Shift of Voice«, *James Joyce Quarterly* 19 (198[illegible]), 111–118

Lyons, John O. »The Man in the Macintosh«, in: *A James Joyce Miscellany*. Second Series, ed. Marvin Magalaner, Carbondale 1959, p. 133–138
Miller, James E. and Bernice Slote. »›A Painful Case‹«, in: dies. *Notes for Teaching the Dimension of the Short Story*, New York 1964, p. 22–23
Power, Mary. »The Bile Beans Advertisement«, *James Joyce Quarterly* 13 (1976), 462–464 (vgl. dazu Leserbrief an *JJQ* 14 [1977], 371–372)
Raleigh, John Henry. »Who was Macintosh?«, *James Joyce Review* 3 (1959), 59–62
San Juan, Epifanio. »From Contingency to Probability: Joyce's ›A Painful Case‹«, *Research Studies of the State College of Washington* 37 (1969), 139–144
Schneider Ulrich. »›A Painful Case‹: Eine Modellanalyse«, in: ders. *James Joyce: ›Dubliners‹*, München 1982, p. 66–90
Sloan, Barbara L. »The d'Annunzian Narrator in ›A Painful Case‹«, *James Joyce Quarterly* 9 (1971), 26–36
Smith, Paul. »Crossing the Lines in ›A Painful Case‹«, *Southern Humanities Review* 17 (1983), 203–208
Tucker, Lindsay. »Duffy's Last Supper: Food, Language, and the Failure of Integrative Processes in ›A Painful Case‹«, *Irish Renaissance Annual* 4 (1983), 118–127
Voelker, Joseph C. »›He Lumped the Emancipates Together‹: More Analogues for Joyce's Mr. Duffy«, *James Joyce Quarterly* 18 (1980), 23–35
West, Michael and William Hendricks. »The Genesis and Significance of Joyce's Irony in ›A Painful Case‹«, *Journal of English Literary History* 44 (1977), 701–727
Zlotnick, Joan. »Influence or Coincidence: A Comparative Study of ›The Beast in the Jungle‹ and ›A Painful Case‹«, *Colby Library Quarterly* 11 (1974), 132–135

Zu *Ivy Day in the Committee Room (Efeutag im Sitzungszimmer)*

Beards, Richard D. »›Ivy Day in the Committee Room‹: The Identity of Tierney«, *Studies in Short Fiction* 14 (1977), 290–293
Burgess, C. F. »A Note on ›The Death of Parnell‹ in Joyce's ›Ivy Day in the Committee Room‹«, *James Joyce Quarterly* 9 (1971), 123–125

Huntley Horowitz, Sylvia. »More Christian Allegory in ›Ivy Day in the Committee Room‹«, *James Joyce Quarterly* 21 (1984), 145–154

Maguin, Jean-Marie. »Le fonctionnement symbolique de ›Ivy Day in the Committee Room‹«, *Cahiers victoriens et edwardiens* 14 (1981), 57–69

Ormsby, Frank and John Cronin. »›A Very Fine Piece of Writing‹: ›Ivy Day in the Committee Room‹«, *Eire – Ireland* 7 (1972), 84–94

San Juan, Epifanio. »Form and Meaning in Joyce's ›Ivy Day in the Committee Room‹«, *Archiv* 207 (1970), 185–191

Stern, Frederick C. »›Parnell is Dead‹: ›Ivy Day in the Committee Room‹«, *James Joyce Quarterly* 10 (1973), 228–239

Zu *A Mother (Eine Mutter)*

Collins, Ben L. »Joyce's Use of Yeats and of Irish History: A Reading of ›A Mother‹«, *Eire – Ireland* 5 (1970), 45–66

Power, Mary. »The Naming of Kathleen Kearney«, *Journal of Modern Literature* 5 (1976), 532–534

Scarry, John. »The ›First Tenor‹ in James Joyce's ›A Mother‹«, *Eire – Ireland* 7 (1972), 67–69

Walzl, Florence F. »Molly's Rivals, Fanny M'Coy and Kathleen Kearney in *Ulysses*: Two Vocalists from the *Dubliners* Stories«, in: Jacques Aubert and Maria Jolas, eds. *Joyce and Paris 1902–1920, 1940–1975*, 2 vols., Lille 1979, II, 152–153

Zu *Grace (Gnade)*

Abbott, H. Porter. »The Importance of Martin Cunningham«, *James Joyce Quarterly* 5 (1967), 47–52

Adams, Robert Martin. *Surface and Symbol: The Consistency of James Joyce's ›Ulysses‹*, New York 1962, p. 177–181

Boyle, Robert. »Swiftian Allegory and Dantean Parody in Joyce's ›Grace‹«, *James Joyce Quarterly* 7 (1969), 11–21

B(rown), R(ichard). »A Grace Beyond the Reach of Art«, *James Joyce Broadsheet* 5 (1981), 1

Dick, Susan. »Tom Kernan and the Retrospective Arrangement«, *James Joyce Quarterly* 18 (1981), 147–159

Duffy, Charles F. »The Seating Arrangement in ›Grace‹ «, *James Joyce Quarterly* 9 (1972), 487–489
Frakes, James R. and Isadore Traschen, eds. »Critical Comments«, in: dies. *Short Fiction: A Critical Collection.* Second Edition, Englewood Cliffs 1968, p. 368–371
Gates, Robert A. »Tom Kernan and Job«, *James Joyce Quarterly* 19 (1982), 273–287
Gozzi, Francesco. »Dante nell'inferno di Joyce«, *English Miscellany* 23 (1972), 195–229
Kefauer, Elaine M. »Swift's Clothing Philosophy in ›A Tale of a Tub‹ and Joyce's ›Grace‹ «, *James Joyce Quarterly* 5 (1968), 162–165
Marengo, Carla. »Nota Introddutiva« zur italienischen Übersetzung von »Grace«: *La Grazia,* Milano 1976, p. 11–19
Matheus, Robin. »Callaghan, Joyce, and the Doctrine of Infallibility«, *Studies in Canadian Literature* 6 (1981), 286–293
Morencos, Blanca. »Morfologia del sujeto en ›Grace‹ de James Joyce«, *Filologie Moderne* 68–70 (1979/1980), 273–288
Senn, Fritz. »A Rhetorical Account of James Joyce's ›Grace‹ «, *Moderna Språk* 74 (1980), 121–128
Tylee, Claire M. »›Grace‹ or ›The Dead‹: Alternative Endings to *Dubliners*«, in: García Tortosa et al. eds. *James Joyce: A New Language,* Sevilla 1982, 39–45
Walzl, Florence F. »Molly's Rivals, Fanny M'Coy and Kathleen Kearney in *Ulysses*: Two Vocalists from the *Dubliners* Stories«, in: Jacques Aubert and Maria Jolas, eds. *Joyce and Paris, 1902–1920, 1940–1975,* 2 vols., Lille 1979, II, 152–153

Zu *The Dead (Die Toten)*

Baker, Christopher B. »The Dead Art of ›The Dead‹ «, *South Central Bulletin* 37 (1977), 290–292; Nd. in *English Studies* 63 (1982), 531–534
Balaita, George. »O nuvela de Joyce: ›Cei Morti‹ «, *Ateneu* 7/3 (1970), 3, 13
Barr, Isabelle H. »Footnote to ›The Dead‹ «, *A. D.* 2 (1951), 112
Bastian, Katherine. »James Joyces *The Dead*«, *Neue Studien zur Anglistik und Amerikanistik* 26 (1983), 47–51
Bates, H. E. »Is this the Greatest Short Story?«, *Irish Digest* 55 (January 1956), 103

Begnal, Michael H. »A Source for ›Distant Music‹ «, *James Joyce Quarterly* 17 (1980), 303

Bogorad, Samuel N. »Gabriel Conroy as ›Whited Sepulchre‹: Prefiguring Imagery in ›The Dead‹ «, *Ball State University Forum* 14 (1973), 52–58

Boyd, John D. »Gabriel Conroy's Secret Sharer«, *Studies in Short Fiction* 17 (1980), 499–501

– and A. Ruth. »The Love Triangle in Joyce's ›The Dead‹ «, *University of Toronto Quarterly* 42 (1973), 202–217

Boyle, Robert. »Ellmann's Revised Conroy«, *James Joyce Quarterly* 21 (Spring 1984), 257–264

– and Thomas F. Staley. »The He and the She of It: The Furnace Image in ›The Dead‹ «, *James Joyce Quarterly* 16 (1979), 361–364

Bradsher, Frieda. »The Use of Place in ›The Dead‹ «, *Graduate English Papers* [Arizona] 6 (1974), 26–27

Brendan, Kenelly. »The Irishness of ›The Dead‹ by James Joyce«, *Moderna Språk* 61 (1967), 239–242

Brunner, Larry. »Irony and Epiphany in Joyce's ›The Dead‹ «, *South Central Bulletin* 37 (1977), 95 [abstract]

Cronin, Edward J. »James Joyce's Trilogy and Epilogue: ›The Sisters‹, ›An Encounter‹, ›Araby‹ and ›The Dead‹ «, *Renascence* 31 (1979), 229–248

Davis, Robert Gorham. *Ten Modern Masters,* New York 1959, p. 43–45

Demorest, Margaret. »Subliminal Devices in Joyce's ›The Dead‹ «, *Rocky Mountains Review* 36 (1983), 157 [abstract]

Detoni, Gianantonio. »Su una pagina di Joyce«, *Aut Aut* 2/8 (1952), 138–147

Diskin, Patrick. »Joyce's ›The Dead‹ and Hardy's *The Woodlanders*«, *Notes & Queries.* N. S. 30 (August 1983), 330–331

Dolan, Paul J. *Modes of Fiction* (Manual), New York 1970, p. 40–43

Dunleavy, Janet Egleson. »The Ectoplasmic Truthteller of *The Dead*«, *James Joyce Quarterly* 21 (Summer 1984), 307–319

Eggers, Tilly. »What is a Woman . . . a Symbol of?«, *James Joyce Quarterly* 18 (1981), 379–395

Elgar, Viti. »The Interpretation of Symbols: Criteria, Methods, and Implications«, *Comparison* 6 (1977), 3–28; Nd. »The Interpretation of Symbols in Literature«, *PTL: A Journal for Descriptive Poetics and Theory* 1 (1979), 15–30

Enroth, C. A. *Joyce and Lawrence,* New York and Toronto 1969

Erzgräber, Willi. »Das Korrespondenzprinzip in James Joyces ›The Dead‹«, *Germanisch-Romanische Monatsschrift* N.F. 33 (1983), 146–166

Feeley, John. »Joyce's ›The Dead‹ and the Browning Quotation«, *James Joyce Quarterly* 20 (1982), 87–96

–. »James Clarence Mangan in Joyce's ›The Dead‹«, *English Language Notes* 20 (1983), 27–30

Foster, John W. »Passage through ›The Dead‹«, *Criticism* 15 (1973), 91–108

Gandolfo, Anita. »A Portrait of the Artist as Critic: Joyce, Moore, and the Background of ›The Dead‹«, *English Literature in Transition (1880–1920)* 22 (1979), 239–250

Geckle, George L. »The Dead Lass of Aughrim«, *Eire–Ireland* 9 (1974), 86–96

Going, William T. »Joyce's Gabriel Conroy and Robert Browning: The Cult of ›Broad Cloth‹«, *Papers on Language and Literature* 13 (1977), 202–207

Gordon, Caroline and Allen Tate. »Commentary on ›The Dead‹«, in: dies. *The House of Fiction*, New York 1950, p. 279–282; Nd. in: *James Joyce's Dubliners: Text, Criticism, and Notes.* Edited by Robert Scholes and A. Walton Litz, New York 1969, p. 404–409

Grove, T. N. »The Evolvement of Gabriel Conroy: An Exploration of Paralysis in James Joyce's ›The Dead‹«, *Explorations* [Lahore] 6 (1979), 1–29

H., U. »Kurzkritik: James Joyce: ›Die Toten‹«, *Die Welt der Literatur* 3 (1966), 8

Haden, Walter. »Religious Connotations in James Joyce's ›The Dead‹«, *Tennessee Philological Bulletin* 8 (July 1971), 45–46 [abstract]

Halper, Nathan. »The Grave of Michael Bodkin«, *James Joyce Quarterly* 12 (1975), 273–280

Handy, William J. »Criticism of Joyce's Works: A Formalist Approach«, in: *Proceedings of the Comparative Literature Symposium*, vol. 2. Edited by Wolodymyr Zyla, Lubbock 1969; Nd. in: Handy, W. J. *Modern Fiction: A Formalist Approach*, Carbondale and Edwardsville 1971, p. 29–61

Hasegawa, Kazuo. (»James Joyce's ›The Dead‹«) [japanisch], *Mie daigaku eibunkaishi* 11 (1972), 39–51

Hedberg, Johannes. »The Dangers of Criticism: An Example from Richard Ellmann's *James Joyce*«, *Moderna Språk* 63 (1969), 24–25

Hederman, Mark Patrick. »›The Dead‹ Revisited«, *The Crane Bag* 2 (1978), 29–38
Higgins, Joanna. »A Reading of the Last Sentence of ›The Dead‹«, *English Language Notes* 17 (1980), 203–207
Humma, John B. »Gabriel and the Bedsheets: Still Another Reading of the Ending of ›The Dead‹«, *Studies in Short Fiction* 10 (1973), 207–209
Hunter, Robert. »Joyce's ›The Dead‹«, *James Joyce Quarterly* 7 (1970), 365
Johnson, Greg. »Dreaming Lives: The Inner World of Joyce's ›The Dead‹«, *Ball State University Forum* 20 (1979), 36–43
Kelleher, John V. »Irish History and Mythology in James Joyce's ›The Dead‹«, *Review of Politics* 27 (July 1965), 414–433; Nd. in: *Irish Studies.* Literature Series 2, Chicago 1971
Küpers, Herbert. »The Dead«, in: *Insight V.* Analyses of Twentieth Century British and American Authors. Hgg. von Hermann J. Weiand, Frankfurt 1981, S. 135–143
Logan, Dorothy. »Joyce's ›The Dead‹«, *Explicator* 32 (1973), item 16
Lucente, Gregory L. »Encounters and Subtexts in *The Dead*: A Note on Joyce's Narrative Technique«, *Studies in Short Fiction* 20/4 (Fall 1983), 281–287
Ludwig, Jack B. »James Joyce's *Dubliners*«, in: *Stories British and American.* Edited by Jack B. Ludwig and W. R. Poirier, Houston 1953, p. 384–391; Nd. in: *James Joyce's Dubliners: A Critical Handbook.* Edited by James R. Baker and Thomas F. Staley, Belmont 1969, p. 159–162
Lytle, Andrew. »A Reading of Joyce's ›The Dead‹«, *Sewanee Review* 77 (1969), 193–216
MacDonagh, Donagh. »Joyce and ›The Lass of Aughrim«, *Hibernia* 31 (June 1967), 21
–. »The Lass of Aughrim or the Betrayal of James Joyce«, in: Maurice Harmon, ed. *The Celtic Master: Contributions to the First James Joyce Symposium Held in Dublin, 1967,* Dublin 1969, p. 17–25; Nd. in *Hibernia* 33 (June 1969), 18
MacNicholas, John. »Comic Design in James Joyce's ›The Dead‹«, *Modern British Literature* 1 (1976), 56–65
Mannin, Ethel. »Contemporary Irish Fiction«, in: *Modern British Writing.* Edited by Danis Val Baker, New York 1947, p. 165–177
Marx, Paul. *Instructor's Manual for Twelve Short Stories,* New York 1970, p. 10–13

McDermott, Hubert. »Some Structuring Devices in Joyce's ›The Dead‹«, *Irish Studies* 1 (1980), 125–132
–. »Conroy and Coffin in Joyce's ›The Dead‹«, *Notes & Queries.* N.S. 27 (December 1980), 533
McFate, Patricia Ann. »Gabriel Conroy and Ned Carnady: A Tale of Two Irish Geese«, *College Literature* 5 (1978), 133–138
McKenna, John P. »An Ill-Starred Magus«, *James Joyce Quarterly* 9 (1971), 126–128
–. »Joyce's ›The Dead‹«, *Explicator* 30 (1971), item 1
Menegelli, Pietro. »Gabriel Conroy e l'isola: Joyce e il mito della communità ›organica‹ in ›The Dead‹«, *Rivista di letterature moderne e comparate* 34 (1981), 117–126
Murphy, Mary C. »Petronius in Dublin: The Influence of Petronius' ›Dinner at Trimalchio's‹ on James Joyce's ›The Dead‹«, *Essays in Literature* [Denver] 2 (1974), 1–10
O'Connor, Frank (Michael O'Donovan). »At the Microphone«, *The Bell* 3/6 (March 1942), 415–419
Power, Mary. »A Note on Hospitality and ›The Dead‹«, *James Joyce Quarterly* 13 (1975), 109
Rafroidi, Patrick. »James et Nora, Gabriel et Gretta, Richard et Bertha: Autobiographie et fiction dans ›The Dead‹ et ›Exiles‹ de Joyce«, *Etudes Irlandaises,* N.S. 5 (1980), 37–51
Rauter, Herbert. »The Dead«, in: *Die englische Kurzgeschichte.* Hgg. von K. H. Göller und G. Hoffmann, Düsseldorf 1973, p. 137–146
Robinson, Eleanor M. »Gabriel Conroy's Cooked Goose«, *Ball State University Forum* 11 (1970), 25
Sale, William M., James Hall, and Martin Steinmann. *Short Stories: Tradition and Direction,* Norfolk 1949, p. 178–224
Scarry, John. »›Poor Georgina Burns‹ in Joyce's ›The Dead‹«, *English Language Notes* 10 (1972), 123–126
–. »The ›Negro Chieftain‹ and Disharmony in Joyce's ›The Dead‹«, *Revue des langues vivantes* 39 (1973), 182–183
–. »William Parkinson in Joyce's ›The Dead‹«, *Journal of Modern Literature* 3 (1973), 105–107
–. »Dating Parkinson's ›Prime‹ in Joyce's ›The Dead‹«, *Notes & Queries.* N.S. 23 (Jan. 1977), 21–22
Scholes, Robert. »Some Observations on the Text of *Dubliners*: ›The Dead‹«, *Studies in Bibliography* 15 (1962), 191–205
Senn, Fritz. »Reverberations«, *James Joyce Quarterly* 3 (1966), 222

–. »Not too Scrupulous Always«, *James Joyce Quarterly* 4 (1967), 244
Shurgot, Michael W. »Windows of Escape and the Death Wish in Man: Joyce's ›The Dead‹«, *Eire – Ireland* 17 (1982), 58–71
Sklare, Arnold B. *Art of the Novella,* New York 1965, p. 182–183
Spinner, Kaspar. »Vorwort« zu: James Joyce: *Die Toten: Erzählungen,* Zürich 1966, S. 7–25
Tate, Allen. »The Dead«, in: ders. *Memoirs and Opinions, 1926–1974,* Chicago 1975, p. 164–169
Taylor, Gordon O. »Joyce ›after‹ Joyce: Oate's ›The Dead‹«, *Southern Review* 19 (1983), 596–605
Theoharis, Theoharis Constantine. »Hedda Gabler and *The Dead*«, *English Literary History* 50 (Winter 1983), 781–809
Torchiana, Donald D. »The Ending of ›The Dead‹: I Follow Saint Patrick«, *James Joyce Quarterly* 18 (1981), 123–132
Trilling, Lionel. »Characterization in ›The Dead‹«, in: ders. *The Experience of Literature,* New York 1967, p. 228–231; Nd. in: *James Joyce's Dubliners: A Critical Handbook.* Edited by James R. Baker and Thomas F. Staley, Belmont 1969, p. 155–159
–. »›The Dead‹: James Joyce, 1882–1941«, in: ders. *Prefaces to the Experience of Literature,* New York and London 1979, p. 112–117
Tylee, Claire M. »›Grace‹ or ›The Dead‹: Alternative Endings to *Dubliners*«, in: García Tortosa et al. eds. *James Joyce: A New Language,* Sevilla 1982, p. 47–55
Zasadinski, Eugene. »Joyce's ›The Dead‹«, *Explicator* 40 (1982), 3–4

Tonband- und Plattenaufnahmen

Dubliners and *A Portrait of the Artist as a Young Man,* gelesen von Robert Morris; Center for Cassette Studies, nr. 28431
Songs in Dubliners, in: The James Joyce Cassette Series, nr. 4 (Joyce Cassettes, PO Box 97, Brookfield [Conn.] 06804)
James Joyce's ›The Dead‹ and Ireland's ›Split Little Pea‹, gesprochen von Jean O'Tuama; University of Minnesota (nr. 100–71–796)

Bühnen- und Fernsehfassungen

James Joyce's Dubliners, Szenenfolge von J. W. Riordan auf der Basis von Stanislaus Joyces *My Brother's Keeper* (New York 1958), Regie: Gene Feist; Roundabout Theater/Stage One (New York), 25. 2.–4. 5. 1975

Dubliners, »Story Theater« Version, Regie: Paul Walker; Actors and Directors Theater New York, 1982; Rezension von Mel Gussow in *New York Times* (6 June 1982), 62

»Grace«, adapted by David Storey, BBC – 2 TV, 30 March 1974

»The Dead«, adapted by Hugh Leonard, Regie: Donald McWhinnie; Granada International Television Production 1975

Übersetzungen

(A: des Gesamtzyklus; B: von Teilen des Zyklus;
C: von Einzelgeschichten)

Arabisch

A: *Nas Min Dablin* (Ü: 'Inayat 'Abd-al'Aziz), Kairo: Dat Sa'd Misr 1960

Armenisch

A: *Dublincy* (Ü und Nachwort: A. Arutiunian), Erevan: Sovetakan grokh 1978

C: »Araby« (Ü: A. Arutiunian), *Avangard* (1969)
»Eveline« (Ü und Vorwort: A. Arutiunian), *Garun* 1 (1972)
»The Boarding House« (Ü: V. Avetisian), *Grakan tert* (1979)
»The Dead« (Ü: A. Arutiunian), *Garun* 7 (1978), 70–91

Chinesisch

A: *Tu Po Lin Jen Chi Ch'i Yen Chiu* (Ü: Hsien Tai Wen, Hsüeh Tsa-Chi-She), Taipei: The Morning Bell Publishing Co. 1970

C: *Ssu Ch'ü Ti Ching Jen* (»The Dead«) (Ü: Ch'u Ju), Taipei: Wan Shan Book Co. 1969

Dänisch

A: *Dublin Fortaellinger* (Ü: Ove Brusendorff), Kopenhagen: Athenaeum Dansk Forlag 1942, ^{2}1964

Deutsch

A: *Dublin. Novellen* (Ü: Georg Goyert), Basel: Rhein Verlag 1928,

⁴1953; Nd. Frankfurt: Fischer Bücherei 1961; Darmstadt: Moderner Buchklub 1966
Dubliner (Ü: Dieter E. Zimmer), Frankfurt: Suhrkamp 1969, ²1974; Lizenzausgabe (mit Nachwort von Joachim Kreyhan) Berlin: Verlag Volk und Welt 1977, ²1983

B: *Die Toten* (Ü: Georg Goyert; Vorwort von Kaspar Spinner, Illustrationen von Werner Hofmann), Zürich: Diogenes Verlag o. D. (enthält: »A Little Cloud«, »Counterparts«, »Grace«, »The Dead«)
Die Toten: Erzählungen aus ›Dubliner‹ und Erzählstücke aus den Romanen (Ü: Dieter E. Zimmer; Nachwort von Fritz Senn), Zürich: Diogenes 1979; Neuausgabe als: *Das James Joyce Lesebuch*, Zürich: Diogenes 1982 (enthält: »A Little Cloud«, »Counterparts«, »Grace«, »The Dead«)

C: *Grace/Gnade* (Ü: Dieter E. Zimmer; Nachwort von Helmut Winter), Stuttgart: Philipp Reclam 1979 (zweisprachige Ausgabe)
Die Toten – The Dead (Ü: Dieter E. Zimmer; Nachworte von Richard Ellmann und Eberhard Späth), Frankfurt: Suhrkamp 1976 (zweisprachige Ausgabe)

Estisch

A: *Dubliners* (Ü: J. Riakhesoo), Tallin: Periodika 1969

Finnisch

A: *Dublinilaisia* (Ü: Pentti Saarikoski), Helsinki: Tammi 1965

C: *Kuollut* (»The Dead«) (Ü: Jorma Etto), Hämlenlinna: A. A. Karisto 1958

Französisch

A: *Gens de Dublin* (Ü: Yva Fernandez, Hélène du Pasquier, Jacques-Paul Reynaud; Vorwort von Valéry Larbaud), Paris: Librairie Plon, Plon Nourrit et Cie 1926, ³1963; Paris: Le Club français du livre 1952; Paris: Presses Pocket 1980
Gens de Dublin (Ü: Jacques Aubert; Vorwort von Valéry Larbaud), Paris: Gallimard 1974, ²1982 (Bibliothèque de la Pléiade)

B: *Gens de Dublin* (Ü: o. A.), Lausanne: La Guilde du Livre 1941 (enthält alle Geschichten außer: »An Encounter«, »Two Gallants«, »A Little Cloud«)
Dublinois: Les Morts; Contreparties (Ü: Jean-Noel Vuarnet; Einleitung von Hélène Cixous), Paris: Aubier-Flammarion 1949, ²1974 (»Counterparts«, »The Dead«)

C: »Les Morts« (Ü: Jacques-Paul Reynaud), *Intentions* 1/5 (Mai 1922), 3–12

»L'Arabie« (Ü: Hélène du Pasquier), *Les Ecrits Nouveaux* 9/2 (Nov. 1922), 17–23

»Eveline« (Ü: Hélène du Pasquier), *Les Ecrits Nouveaux* 8/2 (Nov. 1921), 31–36

»Un Petit Nuage« (Ü: Yva Fernandez), *Les Ecrits Nouveaux* 9/12 (Dec. 1922)

»Cendres« (»Clay«) (Ü: Yva Fernandez), *La Revue Nouvelle* 2/15 (Febr. 1926), 1–7

»Un Incident Regrettable« (Ü: Hélène du Pasquier), *La Revue de Genève* 1/21 (März 1922), 359–369

Gälisch

C: »Eibhlin« (»Eveline«) (Ü: Sean O'Maolbhride), *Feasta* 35/12 (1982), 15–17

Georgisch

A: *Dublincy* (Ü: L. Imeralishvili und M. Shatberashvili; Nachwort von N. Kiasashvili), Tiflis: Sabchota Sakartvelo 1970

C: *Mertvye* (»The Dead«) (Ü: Dzh. Mchedlishvili), Tiflis: Nakaduli 1969

Griechisch

A: *Doublinesi* (Ü: Manto Arabantinou), Athen: Galaxias 1971

I Doublinesi (Ü: Kosmos Polites), Athen: Gobostes 1971

Hebräisch

A: *Dablina'im* (Ü: Abraham Yavin), Tel Aviv: Ha Kibbutz ha-Meuhad 1971

Italienisch

A: *Gente di Dublino* (Ü: Annie und Adriano Lami), Milano: Edizioni Corvaccio 1933; Milano: Oglio 1965; Milano: Club degli Editori 1970

Gente di Dublino (Ü: Franca Cancogni), Torino: Einaudi 1949, ^{4}1974; Genf: Edito Service 1972

Dublinesi (Ü: Margherita Ghirardi Minoja), Milano: Rizzoli 1961; dass. als: *Gente di Dublino* (mit Einleitung und Anmerkungen von Attilio Brilli), Milano: Rizzoli 1980

Gente di Dublino (Ü: Maria Pia Balboni), Milano: Fratelli Fabbri 1970, ^{4}1980

Gente di Dublino (Ü: Aldo Tagliaferri), Milano: A. Mondadori 1971

Gente di Dublino (Ü: Marina Emo Capodilista), Roma: Newton Compton Italiana 1974

B: *Araby* (Ü: Amalia Risolo), Trieste: Casa Editrice Triestine Carlo

Moheni 1935 (enthält: »Araby«, »Eveline«, »A Little Cloud«, »Counterparts«, »The Dead«)

C: »Arabia« (Ü: Carlo Linati), *Il Convegno* [Milano] 5/5 (Mai 1924), 301–308

»Argilla« (»Clay«) (Ü: Remo Ceserani), Neapel 1975 (zweisprachige Ausgabe mit Bibliographie und Begleitessay)

»Un Caso Penoso« (Ü: Giacomo Prampolini; Illustrationen von M. Vellani-Marchi), *La Fiera Letteraria* 4/23 (Juni 1928), 5

»Un Caso Pietoso« (Ü: Nina Ruffini), *Il Convegno* [Milano] 10/5 (Mai 1929), 258–267

La Grazia (Ü: Margherita Ghirardi Minoja; herausgegeben und eingeleitet von Carla Marengo), Milano: Bibliotheca Universale Rizzoli 1976 (zweisprachige Ausgabe)

Japanisch

A: *Daburin No Hito Bito* (Ü: Tei Nagamatsu), Tokio: Kinsei Do 1931

Daburin Shiseiji (Ü: Ichirô Andô), Tokio: Kôbundo Shobo 1940/41

Dublin Shimin (Ü: Ichirô Andô), Tokio: Kawade Shobo 1952; Tokio: Shincho-Sha 1953; Tokio: Kôdansha 1969 (zusammen mit: *A Portrait of the Artist as a Young Man*)

Dublin-Jin (Ü: Iijima Yoshihide), Tokio: Mikasa Shobo 1955 (zusammen mit: *A Portrait of the Artist as a Young Man*); Tokio: Kadokawa Shoten 1958

B: *Tan-Pen-Shu* [*Short Stories*] (Ü: Tei Nagamatsu), Tokio: Kinsei Do 1932 (enthält: »Araby«, »Eveline«, »Two Gallants«, »A Little Cloud«, »Clay«)

C: »A Painful Case« (Ü: Tomoji Abe), in: *Ei Bei Tan-Pen-Shu* [*English and American Short Stories*], Tokio: Kawaide Shobo 1926

The Dead (Ü: Ichirô Andô; Einleitung von Arundell del Re), Tokio: Kaitikusha 1930 (zweisprachige Ausgabe)

Koreanisch

A: *Dublin sarandeul* (Ü: Kim Bylong Cheaol), Seoul: Meurye 1977

Kroatisch

A: *Dablinci* (mit: *Izganizi = Exiles*) (Ü: Mirjana Bulan und Ante Stamac), Zagreb: Zora 1965

Lettisch

C: »Araby« (Ü: E. Melbardze), *Literatura un maksla* (29 Jan. 1970), 10

»Eveline« (Ü: E. Melbardze), *Literatura un maksla* (20 Juni 1970), 10

Litauisch

C: »The Sisters« (Ü: J. Miltinis), *Naujoji Romuva* 39 (1937), 693–696

»Araby« (Ü: V. Nastopkiene), *Literatura ir menas* (6 Oct. 1973), 6
»A Mother« (Ü: J. Miltinis), *Naujoji Romuva* 21/22 (1937), 469–473
»Grace« (Ü: A. Valdemaras), in: *Teismas Rinktinia anglu autoriai*, Kaunas 1939, p. 279–314
»The Dead« (Ü: N. Zilinskiene), *Nemunas* 8 (1967), 32–40

Makedonisch

A: *Dablinci* (Ü: Tome Momirovski), Skopje: Koco Racin 1963; Skopje: Makedonska Kniga 1970

Niederländisch

A: *Dubliners* (Ü: Rein Bloem), Amsterdam: Polak en Van Gennep 1968, ^{2}1971

Norwegisch

A: *Dublinere* (Ü: Olav Angell), Oslo: Glydendal Norsk Forlag – Lanterne-Bokene 1974

Persisch

A: *Tab'idiha* (Ü: Homayun-e Nur Ahmar), Teheran: Amir Kabir 1970

Polnisch

A: *Dublínczycy* (Ü: Kalina Wojciechowska), Warschau: Czytelnik 1958

Portugiesisch

A: *Gente de Dublin* (Ü: Virgina Mota), Lissabon: Livros do Brasil 1963
Dublinenses (Ü: Hamilton Trevesan), Rio de Janeiro: Civilização Brasileiro 1970 (zweite, revidierte Ausgabe)

B: *Os Melhores Contos de James Joyce* (Ü: María da Paz Ferreira; hgg. und eingeleitet von João Gaspar Simões), Lissabon: Editorial Hélio 1946 (enthält 10 Geschichten aus *Dubliners*)

C: »Arábia« (Ü: Cabral do Nascimento), in: *Os Melhores Contos Inglêses*. Hgg. von João Gaspar Simões, Lissabon: Portugália Editora o. D., p. 215–225
»O Morto« (Ü: Carmo Vaz), in: *Contos Inglêses Modernos*. Hgg. von Carmo Vaz, Lissabon: Editorial Gleba o. D., p. 35–90

Rumänisch

B: »Oameni din Dublin« (Ü: Frida Papadache), *Secolul* 20 (1965); dass. als eigenständige Publikation Bukarest: Editura Pentrue Literature Universala 1966 (enthält: »The Boarding House«, »Clay«, »A Painful Case«, »The Dead«)

Russisch

A: *Dublintsy* (Ü: J. A. Kashkina; Nachwort von N. Garin), Moskau: Goslitizdat 1937
Dublinci (Ü: o. A.), Neapel: Edizioni Scientifiche Italiane 1966

Dubliners (mit: *A Portrait of the Artist as a Young Man)* (englischsprachige Ausgabe, mit russischer Einleitung und Anmerkungen von Julia Genieva), Moskau: Progress Publishers 1982
B: *Dublintsy* (Ü und Einleitung: E. N. Feodovoi), Leningrad: Izdatelsvo Mysl 1927 (enthält alle Geschichten außer: »The Sisters«, »An Encounter«, »After the Race«, »A Mother«)
Dublintsy (mit: *Giacomo Joyce*) (Ü: M. P. Bogoslovskaia-Bolrova; J. K. Romanovich; E. D. Kalashnikova; N. A. Volzhina; M. Toper; N. L. Daruses; O. P. Kholmskaia), Moskau 1982 (enthält alle Geschichten außer: »A Mother«)
C: »Bazar« (»Araby«) (Ü: o. A.), *Britanskii soiuznik* 10 (1946), 11
»Evelina« (Ü: o. A.), *Literaturnye sredy* (Beilage zu: *Krasnaia gazeta*) (1927), 4–5
»Priskorbnyi sluchai« (»A Painful Case«) (Ü: N. Daruses), *Tridsat' dnei* 12 (1936), 47–54
»Mat'« (»A Mother«) (Ü: N. Daruses), *Tridsat' dnei* 12 (1936), 57–64
»Mertvye« (»The Dead«) (Ü: J. A. Kashkin), in: *Prabuzhdenie Rasskazy irlandskikh pisatelei,* Leningrad 1975, p. 139–181
Schwedisch
A: *Dublinor* (Ü: Thomas Warburton), Stockholm: Prisma 1956, ^{2}1966
B: *Dublin – Noveller* (Ü: Emilie Kullman), Stockholm: Wahlström & Widstrand 1931 (enthält alle Geschichten außer: »Ivy Day in the Committee Room«)
Serbisch
A: *Dablinci* (Ü: Rada Prikelmajer), Belgrad: Prosveta 1958
Slowakisch
A: *Dublinčania* (Ü: Božica Vilikovská), Bratislava: Slovenský Spisovatel 1980
Slowenisch
A: *Ljudje iz Dublina* (Ü: Herbert Grün, Janez Menart), Ljubljana: Državna založba Slovenije 1955
Spanisch
A: *Gente de Dublin* (Ü: I. Abelló), Barcelona: Editorial Tartessos 1942, ^{2}1961
Gente de Dublin (Ü: Oscar Muslera), Buenos Aires 1961
Dublineses (Ü: Guillermo Cabrera-Infante), Barcelona: Salvat 1972; Barcelona: Lumen 1975; Madrid: Alianza Editorial 1972, ^{2}1975
B: *Dublineses* (Ü: L. A. Sanchez), Santiago (Chile): Ediciones Er-

cilla 1941, [2]1945 (enthält alle Geschichten außer: »A Mother«, »Grace«)

C: »Evelina« (Ü: o. A.; Teilübersetzung), *Hoy* 4 (Sept. 1935), 67–69
»Dos Entretenidos« (Ü: o. A.; Teilübersetzung von »Two Gallants«), *Hoy* 4 (Aug. 1935), 50–53
»La Casa de Pension« (Ü: o. A.; Teilübersetzung), *Hoy* 6 (Mai 1937) 76–78
Los Muertos (Ü: o. A.), Barcelona: Editorial Grano de Oro 1941

Tschechisch

A: *Dublinané* (Ü: Joseph Hruša), Prag: Nakladelstvi Jos. R. Vilímek 1933
Dublinané (Ü: Zdenek Urbanek), Prag: Česki Spisovatel 1959

Türkisch

C: *Kardesler* (»The Sisters«) (Ü: Gülçin Yücel), Istanbul: Ataç Kitabevi 1965

Ukrainisch

B: »Eveline«; »The Boarding House« (Ü: A. Kostetskii; Ja. Stel'makli; Einleitung von D. Zatonskii), *Vitchizna* 5 (1973), 107–115

Ungarisch

A: *Dublini emberek* (Ü: Zoltán Papp und Agnes Gergely), Budapest: Europa 1959; Budapest: Irodalmi Könyvkiado 1966; Budapest: Magyar Helikon 1970

Urdu

C: »Ta C-Ame Khane« (Ü: o. A.; Teilübersetzung von »The Boarding House«), *Afsaneh* [Lahore] 1/1 (April 1933)

Übersetzernachweise

I. Texte von James Joyce. Deutsch von Dieter E. Zimmer. »Sie weint über Rahoon«, deutsch von Hans Wollschläger.

II. Der Briefwechsel mit dem Verleger Grant Richards. Die Briefe von Joyce an Richards wurden übersetzt von Kurt Heinrich Hansen (enthalten in James Joyce, Werke Band 5, Briefe I, Frankfurt 1969), die Briefe von Richards an Joyce, sofern sie nicht in den Anmerkungen des Briefbandes standen, von Rolf Dornbacher.

III. Frühe Briefe an und von Stanislaus Joyce. Deutsch von Kurt Heinrich Hansen (a. a. O.).

IV. Fernere Briefe zum Schicksal der ›Dubliner‹. Deutsch von Kurt Heinrich Hansen (a. a. O.). – Joseph Hone: ›Eine Erinnerung an James Joyce‹, deutsch von Rolf Dornbacher.

V. Zwei Dokumente vom James Joyce zum Streit mit Maunsel. »Gas von einem Brenner«, deutsch von Hans Wollschläger. – »Eine merkwürdige Geschichte«, deutsch von Kurt Heinrich Hansen (a. a. O.).

VI. Stanislaus Joyce über die ›Dubliner‹. Aus *Meines Bruders Hüter* (Frankfurt 1960) und *Dubliner Tagebuch* (Frankfurt 1964 und 1967), deutsch von Arno Schmidt. (Die deutschen Titel der Dubliner-Erzählungen wurden denen der Neuübersetzung von Dieter E. Zimmer angeglichen.) – ›Erinnerungen an James Joyce‹ und ›Der reale Hintergrund zu »Dubliner«‹, deutsch von Rolf Dornbacher.

VII. Erste Reaktion in der Presse. Deutsch von Rolf Dornbacher, bis auf »Ezra Pound: ›Dubliners‹ und Mr. James Joyce«, deutsch von Hiltrud Marschall, aus *Ezra Pound/James Joyce, Die Geschichte ihrer Beziehung in Briefen und Dokumenten,* herausgegeben und kommentiert von Forrest Read, Zürich 1972.

VIII. Zu den Quellen. Michael J. O'Neill: ›Die Verarbeitung von Erinnerungen . . .‹: deutsch von Rolf Dornbacher. – Richard Ellmann: ›Die Hintergründe zu den »Toten«‹, deutsch nach Richard Ellmann, *James Joyce* (a. a. O.).

X. Anmerkungen zu ›Dubliner‹. Sofern aus amerikanischen bzw. englischen Kommentaren übernommen, übersetzt von Rolf Dornbacher.

Abbildungsnachweise

Die Photos Nr. 1, 2, 3, 8, 9, 10, 12, 14, 15, 16, 17 und 18 wurden im Juni 1969 von Dieter E. Zimmer in Irland aufgenommen.
Die Photos Nr. 4, 5, 6, 7, 11 und 13, um die Jahrhundertwende aufgenommen, wurden uns von der National Library of Ireland, Dublin, zur Verfügung gestellt.

[illegible] Vorankündigung

[illegible]

[illegible]

suhrkamp taschenbücher materialien

st 2039 Brochs »Verzauberung«
Herausgegeben von Paul Michael Lützeler

Über keines von Hermann Brochs Büchern gehen die Meinungen derart weit auseinander, weichen die Wertungen so sehr voneinander ab wie über seinen Roman *Die Verzauberung.* Solche unterschiedlichen Reaktionen haben zu tun mit der Komplexität und dem Provokationspotential des Werkes. Waren Brochs *Schlafwandler* von 1930/32 der Versuch gewesen, Tendenzen des Kulturverfalls in der Wilhelminischen Zeit zu vergegenwärtigen, so ging es in dem neuen Werk um eine Auseinandersetzung mit jenen gesellschaftlichen Kräften, massenpsychologischen Mechanismen und quasi-metaphysischen Erwartungshaltungen, welche die Heraufkunft des Faschismus in den zwanziger und dreißiger Jahren ermöglicht hatten. In der *Verzauberung* werden auf dichterische Weise jene Probleme unserer Zivilisation bedacht, die anzugehen immer dringlicher wird, und für die eine Lösung nicht in Aussicht ist: im Metaphysischen die Krise der überlieferten Religionen, im Gesellschaftlichen die abgewirtschaftete patriarchalische Ordnung, im Politischen die Tendenz zur Brutalisierung und zum Totalitären, in der Technik eine ziellos gewordene Rationalität sowie im Bereich der zwischenmenschlichen Beziehungen eine inhumane Funktionalisierung. – Dem in seiner Aktualität und gleichzeitigen Offenheit begründeten zunehmenden Interesse an diesem Roman, bis in den schulischen Bereich hinein, wird der Materialienband in der Verbindung von genetisch wichtigen Texten, Dokumentationen der brieflichen Kommentare, neuen Analysen und einem Forschungsbericht mit einer Bibliographie zur Sekundärliteratur gerecht.

st 2040 Hans Magnus Enzensberger
Herausgegeben von Reinhold Grimm

Der vorliegende Band über Hans Magnus Enzensberger enthält in einer ersten Abteilung – unveröffentlichte oder an entlegener Stelle erschienene – Texte des Autors selbst, in einer zweiten Äußerungen von Kollegen, Wissenschaftlern und Kritikern, den bedeutenden Briefwechsel mit Hannah Arendt, die Diskussion mit Peter Weiss und zwei Interviews aus den Jahren 1969 und 1979; die dritte Abteilung bietet »Längsschnitte, Querschnitte«, in denen das Nachwirken der Antike in Enzensbergers Werk ebenso thematisiert ist wie sein mögliches Einwirken auf die heutige ›Dritte Welt‹. Der vierte Abschnitt verbindet wissenschaftliche Untersuchungen und Würdigungen, Besprechungen und Stellungnahmen. Die Bibliographie schließlich ist der bislang umfassendste Nachweis zu Enzensbergers Œuvre und seiner Sekundärliteratur.

st 2041 Lateinamerikanische Literatur
Herausgegeben von Mechtild Strausfeld

Die vorliegenden Aufsätze zur lateinamerikanischen Literatur wollen dem deutschen Leser einen ersten Eindruck von dem breiten Panorama der neuen Literatur des Kontinents vermitteln. Sie ist in der Bundesrepublik weithin unbekannt, obwohl sie immer nachdrücklicher als einzige Alternative zur problematischen europäischen erzählenden Prosa bezeichnet wird. Während die Rezeption und kritische Auseinandersetzung mit diesen bedeutenden Werken bereits in den sechziger Jahren – auch als »Dekade des Booms der lateinamerikanischen Literatur« apostrophiert – sowohl in den USA als auch in den anderen europäischen Ländern begann, fehlt noch heute ein vergleichbares Echo in der Bundesrepublik. Dies gilt für die Kritik wie für die Universität.

Die ausgewählten Arbeiten behandeln entweder einzelne Romane oder das Gesamtwerk eines Autors. Dieser Materialienband soll u. a. dazu beitragen, ein größeres Verständnis für die neue lateinamerikanische Literatur zu ermöglichen, die nur allzu oft als »Produkt überschäumender Phantasie« bezeichnet wird. Bibliographische Angaben zu den Autoren sowie eine Liste der wichtigsten Sekundärliteratur und Porträtfotos vervollständigen den Band.

st 2042 Brechts Romane
Herausgegeben von Wolfgang Jeske

Mit dem vorliegenden Band gehen die Materialien-Bände zu Brecht erstmals über die mit seinem Namen am meisten verbundene Gattung hinaus und unternehmen den Versuch, den durchaus vielgelesenen und zu seiner Zeit, besonders beim *Dreigroschenroman,* auch anerkannten Romancier vorzustellen. Da sich aus der vorliegenden Forschung zu den veröffentlichten Romanen und Roman-Projekten in sich geschlossene Teiluntersuchungen schwer extrahieren lassen, wurde hier auf solche Auszüge verzichtet; durch die Heranziehung jeweils erster Reaktionen nach der Veröffentlichung der Romane läßt sich andererseits die Diskrepanz zwischen der Anerkennung des Romanciers Brecht bei Lesern und Kritik auf der einen und der relativ langen Unterschätzung und Nichtberücksichtigung in der Forschung auf der anderen Seite zeigen. Erstmals werden hier Roman-Projekte aus den zwanziger Jahren mit der Wiedergabe der vorliegenden Texte im Zusammenhang vorgestellt.

st 2043 Friederike Mayröcker
Herausgegeben von Siegfried J. Schmidt

In der Vielfalt kritischer Zeugnisse, Reaktionen, Dokumente und Meinungen sollen Zugänge zum Werk einer Dichterin geöffnet werden, die heute als eine der bedeutendsten deutschsprachigen Autorinnen gilt; aber auch als eine Autorin, deren Arbeiten Rezipienten brauchen, die noch zu kreativem Lesen bereit sind. Die Beiträge dieses Bandes, das kein Kult- und Feierbuch, sondern Spiegel einer kritischen Auseinandersetzung sein will, belegen die oft vertretene Ansicht, daß Friederike Mayröcker im Laufe ihrer dichterischen Entwicklung eine eigenständige Poetik entwickelt hat, die ihrem Rang nach in die Reihe der großen literarischen Experimente dieses Jahrhunderts seit James Joyce und Gertrude Stein gehört.

Der Band enthält exemplarische Rezensionen zu ihren verschiedenen Arbeitsperioden und Arbeitsbereichen, verfaßt von Schriftsteller-Kollegen, Literaturkritikern und Literaturwissenschaftlern. Präsentiert werden Interviews mit Friederike Mayröcker, aus denen die Poetik ihrer Arbeiten erkennbar wird. Eine Sammlung von Zeichnungen dokumentiert diesen oft übersehenen wichtigen Produktionsbereich der Autorin. Die öffentliche Reaktion auf Mayröckers literarische und künstlerische Produktion spiegelt eine auf Vollständigkeit bedachte Bibliographie der Sekundärliteratur.

st 2044 Samuel Beckett
Herausgegeben von Hartmut Engelhardt

Nach einer Reihe von Textsammlungen, die einzelne Werke Becketts zum Thema hatten, bemüht sich der neue Materialienband um eine Gesamtanschauung von Becketts Œuvre. Sicherlich kann – schon vom Umfang her – ein Materialienband zu Becketts Gesamtwerk dieses nicht ausschöpfen, kann dies nicht einmal versuchen. Dementsprechend sind Beiträge – Übersetzungen von bislang nicht in deutscher Sprache vorliegenden wichtigen französisch- und englischsprachigen Untersuchungen sowie Originaltexte – versammelt, die Aspekte beleuchten, Spuren verfolgen, Zusammenhänge rekonstruieren, aber Vollständigkeit weder anstreben noch vortäuschen. Dabei werden einerseits die ›klassischen‹ Werke – *Warten auf Godot* und *Endspiel* vor allem – berücksichtigt, liegt andererseits ein besonderer Akzent auf weniger populär gewordenen Arbeiten wie *Watt* oder *Wie es ist* sowie auf den Dramen und Prosastücken des Spätwerks. Themen der Originalbeiträge sind u. a.: Versuch, Spielstücke zu verstehen, Kunst im Kopf – Becketts späte Prosa und das Imaginäre, Becketts *Company* im Computer, Zum Protestanteil Beckettscher Dichtung, Becketts ›Losigkeit‹ – ein Versuch in Dekomposition, Becketts späte Dramen.